先行事例からわかる

自治体のための

個人情報保護法運用ガイド

髙野祥一［編著］

地方自治体にとって歴史的・現代的意義を有する本書を推薦する

　本書は、日本における個人情報保護制度の複雑性等の特殊事情の中で、歴史的・現代的意義を有する著作である。

日本の個人情報保護制度の複雑性と理解困難性の指摘
　日本の個人情報保護は、それぞれ異なる時期に制度化されてきたこともあって、その制度は、外国から見ると分かりにくいと言われるばかりでなく、国内から見ても極めて複雑なものとなってきた。

　地方自治体では、コンピュータ導入との関係で、早いところでは、1975年に条例を制定したところが出てきた。これがきっかけになって1970年代後半以降、条例制定は全国に広まっていった。しかし、各自治体の判断で、それぞれ用語の定義を規定したりしたため、様々な概念が作られた。例えば、基本的な概念である「個人情報」についても独自に定義規定を設けてきたので、不統一が生じてきた。

　国では、まず、1988年に「行政機関の保有する電子計算機処理に係る個人情報の保護に関する法律」（行政機関電子計算機処理個人情報保護法）が制定された。また、政府においては民間部門を対象とする個人情報保護法の制定に向けて1999年から議論され、2003年に「個人情報の保護に関する法律」（個人情報保護法）が成立した。その同じ時に、前述の1988年行政機関電子計算機処理個人情報保護法を全面的に改正する「行政機関の保有する個人情報の保護に関する法律」（行政機関個人情報保護法）及び「独立行政法人等の保有する個人情報の保護に関する法律」（独立行政法人等個人情報保護法）が制定された。

　地方自治体の個人情報保護条例に加えて、2003年に複数の個人情報保護法が制定されたことは、日本の個人情報保護制度を一層複雑化した。

独立性のあるデータ保護機関の欠如と設置
　プライバシー・個人情報保護は、今やグローバルな視点で論じられるため、

日本の個人情報保護制度に独立性のあるデータ保護機関（Data Protection Authority, DPA）が欠如していることが、国際的には批判の的になっていた。
　分野は特定的であったが、「行政手続における特定の個人を識別するための番号の利用等に関する法律」（番号法・マイナンバー法）が2013年に制定されて、2014年1月に、特定個人情報保護委員会が、いわゆる三条委員会としてようやく設置され、2015年改正の個人情報保護法で、2016年1月に現在の個人情報保護委員会になった。

2015年改正個人情報保護法附則第12条「検討」の規定

　この2015年改正個人情報保護法は、その後の個人情報保護法制に大きな影響を与えた。その一つが附則第12条の「検討」（見直し）に関する規定であり、その第6項は、「政府は、新個人情報保護法の施行の状況、第1項の措置の実施の状況その他の状況を踏まえ、新個人情報保護法第2条第1項に規定する個人情報及び行政機関等保有個人情報の保護に関する規定を集約し、一体的に規定することを含め、個人情報の保護に関する法制の在り方について検討するものとする」と規定した。この中に出てくる「新個人情報保護法」は、附則第2条で「第2条の規定による改正後の個人情報の保護に関する法律（以下「新個人情報保護法」という。）」とされている。

個人情報保護制度見直しタスクフォース

　地方自治体の個人情報保護条例も含め、見直しを検討したのが2019年12月に内閣官房に設けられた「個人情報保護制度の見直しに関するタスクフォース」である。
　同タスクフォースは、2020年12月に、「個人情報保護制度の見直しに関する最終報告」（「最終報告」）を公表した。
　最終報告は、「平成27年改正個人情報保護法の附則第12条第6項において『政府は…個人情報及び行政機関等保有個人情報の保護に関する規定を集約し、一体的に規定することを含め、個人情報の保護に関する法制の在り方について検討する』と規定されたことを踏まえ、令和元年12月、民間部門、行政機

関、独立行政法人等に係る個人情報の保護に関する規定を集約し、一体的に規定すること及び事務処理体制の在り方について検討するため、内閣官房に『個人情報保護制度の見直しに関するタスクフォース』(議長：内閣官房副長官補(内政担当)。以下『本タスクフォース』という)が設置された」と、設置根拠、検討目的等を明らかにしている。

有識者検討会での検討
　そして、最終報告は、「個人情報保護制度の見直しに関する検討会」について、「令和2年3月、本タスクフォースの議長決定に基づき、本タスクフォースに対して有識者としての立場からの提案を行うため、『個人情報保護制度の見直しに関する検討会』(…『有識者検討会』という)が開催され、計11回にわたり議論が行われた(うち3回は書面開催)。このうち、第7回から第10回にかけては、主として地方公共団体及び地方独立行政法人(以下『地方公共団体等』という)の個人情報保護制度の在り方について検討が行われた(第7回と第10回は地方三団体からのヒアリングを実施)。本最終報告は、先般提出された有識者検討会からの提案内容(最終報告案)を踏まえた、本タスクフォースとしての考え方を取りまとめたものである」と有識者検討会との関係にも言及している。

最終報告の構成
　「最終報告」は、次のような構成になっていた。そのうち、地方自治体に関する事項は、この構成から明らかなように、「4．地方公共団体等の個人情報保護制度の在り方」の部分である。
　「1．総論的事項
　　1－1　法の形式及び法の所管
　　1－2　医療分野・学術分野における規制の統一
　　1－3　学術研究に係る適用除外規定の見直し(精緻化)
　2．個人情報の定義等の統一等
　　2－1　個人情報の定義等の統一

2－2　行政機関等における匿名加工情報の取扱い
　3．監視監督・事務処理体制
　　3－1　行政機関等に対する監視監督の在り方
　　3－2　行政機関等の開示決定等への不服申立ての扱い（情報公開・個人情報保護審査会の在り方）
　4．地方公共団体等の個人情報保護制度の在り方
　　4－1　法律による全国的な共通ルールの設定
　　4－2　規律の具体的内容
　5．個人情報保護法令和2年改正の公的部門への反映の在り方」

　この最終報告の趣旨を踏まえて、2021年に個人情報保護法が改正されたが、2021年個人情報保護法改正は、「デジタル社会の形成を図るための関係法律の整備に関する法律」（デジタル社会形成整備法）で行われた。

個人情報保護関係3法の統合・地方公共団体等の共通ルールの規定

　2021年改正個人情報保護法は、国の個人情報保護法3法を統合するばかりでなく、地方公共団体等の個人情報保護制度について統合後の法律の中で全国的な共通ルールを規定し、独立規制機関である個人情報保護委員会が、民間事業者、国の行政機関、独立行政法人等、地方公共団体等の4者における個人情報の取扱いを一元的に監視監督する体制を構築することになった。それは、また別々の制度による規制の不均衡・不整合を是正することを目的とした。

自治体の立場の理解

　ところが、個人情報保護条例を長年にわたって運用してきた経験を蓄積してきた地方自治体にとっては、改正個人情報保護法に必ずしも馴染まない解釈・運用を優先させたくなることがあることは理解できる。私は、地方自治体における個人情報保護条例制定にいくつか関わり、また、1990年の東京都個人情報保護条例制定に参加し、その後東京都情報公開・個人情報保護審議会会長として、運用の一翼を担ってきた。本書の編者の髙野祥一教授とは同氏が東京都で個人情報保護条例を担当していたことから、一緒に議論してきた間柄であるの

で、地方自治体の考え方もよく分かる経験者でもある。

歴史的・現代的意義

　とはいえ、地方自治体は、国の法令の枠内で対応しなければならない。その際、参考になるのが先行事例である。本書は、日本における個人情報保護制度の約50年（半世紀）にわたるあゆみの中で大きな転換期にまとめられたという歴史的意義を有する。

　それとともに、地方自治体は、転換期の現在において対応を迫られている。自治体において実際に対応した具体的事例を数多く収めている本書は、現代的意義も有している。

　地方自治体においてばかりでなく、国においても、民間においても、参照価値に満ちている本書が、より多くの関係者によって利用されることを期待している。

2024年10月

一橋大学名誉教授・初代個人情報保護委員会委員長
堀　部　政　男

はしがき

　令和3年の「個人情報の保護に関する法律」(個人情報保護法)の改正に伴い法制一元化が図られた我が国の個人情報保護制度は、改正法の施行(令和5年4月1日)から1年余りが経過し、まさに今、各地方自治体において、その運用に関して様々な課題が顕在化している状況である。

　従来の各地方自治体における個人情報保護条例に基づく制度運用を排し、法の趣旨に基づく統一的運用の名の下に、国(個人情報保護委員会)のガイドラインや事務対応ガイドでは、「〇〇してはならない」、「〇〇はできない」などの強い文言で、地方自治体の解釈権や運用上の裁量権を極力限定しようとする考えが明確にされている。さらに、これまで各地方自治体の制度運用の適正化に多大な貢献を果たしてきた個人情報保護審議会等に関しては、ガイドラインにおいて「法及びガイドライン等の適正な運用をもって個人情報の保護が図られることとなることに加え、地方公共団体は、法第166条の規定に基づき、専門性を有する委員会に助言を求めることも可能であることから、個別の事案について重ねて審議会等の意見を聴くことが必要となる場面は少なくなると考えられる」として、その役割が大幅に縮小されるかのように記載している。

　しかし、筆者が以前から指摘しているように、個人情報保護委員会には、地方自治体の個別事務の詳細に係る知見やノウハウが乏しいし、過去の事例に関するデータの蓄積もほとんどないものと考えられ、仮に委員会に個別事案に関する助言を求めても、実務として役に立つ回答は期待できない。この点については、本書の地方自治体の事例においても明らかとなっている。

　そのような実情から、各地方自治体は、従来の個人情報保護条例に基づく制度運用を踏まえたうえで、その継続性も重視しつつ、改正法の趣旨に即した例規整備や個別事案に係る対応を検討・実施していかなければならず、審議会等への諮問が制限されたことにより、制度担当セクションの責任と負担は非常に増大している。

　本書は、こうした状況の中で、引き続き住民の権利利益を適切に保護し、個人情報保護制度の適正な運用を図るべく、様々な取組みを先進的かつ積極的に

行っている地方自治体の実例を紹介するとともに、諸課題に関する対応策・解決策等を提案することにより、全国の地方自治体における制度担当者の一助となり、さらには、住民の方々の個人情報保護制度に関する理解が深まることを目的として作成したものである。

　第1章では、編著者である髙野が、元東京都職員として個人情報保護制度の運用に携わってきた経験を踏まえ、個人情報保護法制一元化とその課題について、地方自治体の視点から概括させていただいた。

　第2章では、東京都の取組みに関し、法制一元化に伴う条例等の例規整備、個人情報の取扱い全般、開示・訂正・利用停止請求、行政機関匿名加工情報について、総務局総務部情報公開課の平松優太氏に解説をいただいた。

　第3章では、福岡県の取組みに関し、条例要配慮個人情報、開示・訂正・利用停止請求における任意代理人について、総務部県民情報広報課に解説をいただいた。

　第4章では、福岡県福岡市の取組みに関し、施行条例整備の検討経過と保有個人情報開示請求における実務上の対応について、総務企画局行政部情報公開室の吉野靖啓氏に解説をいただいた。

　第5章では、愛知県春日井市の取組みに関し、死者に関する情報の取扱いについて、総務部参事の吉永公平氏に解説をいただいた。

　第6章では、福岡県古賀市の取組みに関し、仮名加工情報について、総務部デジタル推進課課長の内裕治氏に解説をいただいた。

　第7章では、東京都八王子市の取組みに関し、個人情報の取扱い（本人収集の原則が定められていない点）、開示・訂正・利用停止請求、個人情報保護委員会と個人情報保護審議会の関係について、総務部公文書管理課の越智博明氏に解説をいただいた。

　第8章では、東京都武蔵野市の取組みに関し、個人情報保護委員会の立入調査、個人情報保護審議会の位置づけについて、総務部総務課の内田直人氏に解説をいただいた。

　第9章では、地方自治体から疑問の声があがっていた個人情報該当性（個人識別性）、個人情報の第三者提供の意義、委託先への個人情報の提供の位置付

け、地方議会議員個人に対する地方自治体の個人情報の提供の可否について、髙野が私見を述べさせていただいた。

　なお、文中における各地方自治体の執筆者の意見の部分は、各執筆者の個人的な見解であって、所属する地方自治体の公的見解ではないことに留意いただきたい。

　堀部政男先生には、本書の出版にあたって推薦のお言葉を賜ったことに深謝の意を表するとともに、堀部先生のより一層のご健勝を祈念させていただきたい。

　本書の出版に当たっては、第一法規株式会社制作局編集第二部の小川優子氏に大変有益な助言と多大な協力をいただいた。執筆者を代表して、厚く感謝を申し上げたい。

2024年10月

　　　　　　　　　　　　　九州産業大学地域共創学部地域づくり学科教授

　　　　　　　　　　　　　　　　　　髙　野　祥　一

目　次

推薦のことば

はしがき

第1章　個人情報保護法制一元化とその課題……………（髙野祥一）… 1

**第2章　東京都の事例〜個人情報等の取扱い、開示・訂正・
　　　　利用停止請求、行政機関等匿名加工情報〜**………（平松優太）… 11
- Ⅰ　はじめに：条例時代最後の大仕事の経緯………………………………… 11
- Ⅱ　個人情報等の取扱い………………………………………………………… 20
- Ⅲ　開示・訂正・利用停止請求………………………………………………… 39
- Ⅳ　行政機関等匿名加工情報…………………………………………………… 50
- Ⅴ　法実施要綱としての整備・運用…………………………………………… 59

**第3章　福岡県の事例〜条例要配慮個人情報の規定整備・
　　　　保有個人情報開示請求における任意代理人からの請求〜**
　　　　………………………………（福岡県総務部県民情報広報課）… 73
- Ⅰ　条例要配慮個人情報の規定整備等について……………………………… 73
- Ⅱ　保有個人情報開示請求における任意代理人からの請求………………… 86

第4章　福岡市の事例〜開示請求手続を中心とした制度改正への対応〜
　　　　………………………………………………………（吉野靖啓）…101
- 1　はじめに……………………………………………………………………… 101
- 2　施行条例への規定事項の検討経過………………………………………… 102
- 3　保有個人情報開示請求における実務上の対応…………………………… 105
- 4　おわりに……………………………………………………………………… 107

第5章　春日井市の事例〜死者に関する情報の取扱い〜　（吉永公平）…109
1　死者に関する情報に係る改正法の内容……………………………… 109
2　改正法が自治体に与える影響と春日井市の選択……………………… 109
3　死者に関する情報を保護する条例に係る技術的な問題点………… 111
4　改正法から考える地方分権…………………………………………… 114

第6章　古賀市の事例〜地方公共団体における仮名加工情報の有用性について〜　（内　裕治）…117
1　選挙の投票率…………………………………………………………… 117
2　個人情報保護法改正…………………………………………………… 118
3　地方公共団体での仮名加工情報の作成等について………………… 120
4　自治体DXと個人情報保護法 ………………………………………… 123
5　特定の個人を識別できる記述の削除………………………………… 125
6　おわりに………………………………………………………………… 130

第7章　八王子市の事例〜個人情報等の取扱い・開示決定期限・審議会設置継続に関する制度運用の問題〜　（越智博明）…133
1　はじめに………………………………………………………………… 133
2　個人情報等の取扱い
　〜本人収集の原則が規定されていない点について〜………………… 133
3　開示決定の期限………………………………………………………… 138
4　個人情報保護委員会〜個人情報保護審議会の位置づけ、審議事項
　と個人情報保護委員会との関係〜……………………………………… 143

第8章　武蔵野市の事例〜個人情報保護審議会の位置づけ等〜　（内田直人）…147
1　個人情報保護委員会の実地調査等の実態とその対応方法………… 147
2　個人情報保護審議会の位置づけ、審議事項と個人情報保護委員会
　との関係………………………………………………………………… 156

第 9 章　地方自治体からの質問事項……………………………（髙野祥一）…163
　1　個人情報の該当性について…………………………………………… 163
　2　個人情報の第三者提供の意義について……………………………… 169
　3　委託先への個人情報の提供の位置づけ……………………………… 173
　4　議員への個人情報の提供の可否……………………………………… 175

補　論　地方自治体におけるデジタル化、ＡＩの利活用とその規制
　　　　　………………………………………………………（髙野祥一）…179
　1　はじめに………………………………………………………………… 179
　2　地方自治体のデジタル化・ＡＩ導入の現況………………………… 182
　3　地方自治体の行政事務とデジタル化、ＡＩの利活用……………… 184
　4　今後の地方自治体の行政事務におけるＡＩの利活用とその規制…… 200
　5　おわりに………………………………………………………………… 205

事項索引……………………………………………………………………… 213

凡　　例

１．法令等

法令等の引用表記においては、以下の略語を用いた。

〔法令名等略語〕

改正法	2021年改正後の個人情報の保護に関する法律（平成15年法律第57号）
改正前個人情報保護法	2021年改正前の個人情報の保護に関する法律
行政機関個人情報保護法	行政機関の保有する個人情報の保護に関する法律（2021年廃止）
情報公開法	行政機関の保有する情報の公開に関する法律（平成11年法律第42号）
マイナンバー法	行政手続における特定の個人を識別するための番号の利用等に関する法律（平成25年法律第27号）
ガイドライン	個人情報の保護に関する法律についてのガイドライン（行政機関等編）（令和4年1月（令和5年12月一部改正））個人情報保護委員会
事務対応ガイド	個人情報の保護に関する法律についての事務対応ガイド（行政機関等向け）（令和4年2月（令和6年4月一部改正））個人情報保護委員会事務局

２．その他の略語

個情委	個人情報保護委員会

第1章
個人情報保護法制一元化とその課題

　デジタル社会の形成を図るための関係法律の整備に関する法律（令和3年法律第37号）により、行政機関個人情報保護法と独立行政法人等個人情報保護法が廃止されるとともに、各地方公共団体が制定・運用していた個人情報保護条例も原則廃止となり、改正された個人情報の保護に関する法律の第5章の規定が適用されることとなった。これが、いわゆる「個人情報保護法制の一元化」である。

　このことにより、それまでの分権的個人情報保護法制の下、独自の個人情報保護条例に基づき、地域の実情等を踏まえ、創意・工夫して運用実績を積み重ねてきた地方自治体における個人情報保護制度は、事実上国による強い統制を受ける新たなステージを迎えたとともに、改正法の適用を受けてからの1年余の期間で、従来の個人情報保護条例と改正法との不整合による弊害や課題が既に顕在化してきている。

　そもそも、個人情報保護に係る事務は自治事務であり、従来は法定外自治事務であったが、今回の法制一元化により、改正法に基づく法定自治事務となった。筆者は、このことに関する地方自治体の反応について、個情委が発出した自治体への様々な強制を明記するガイドラインや事務対応ガイドなど[1]の影響を受けてか、必要以上に委縮、あるいは謙抑的な印象を持っている。しかし、地方自治法（昭和22年法律第67号）は、2条12項で「地方公共団体に関する法令の規定は、地方自治の本旨に基づいて、かつ、国と地方公共団体との適切な役割分担を踏まえて、これを解釈し、及び運用するようにしなければならない。」と規定し、さらに、同条13項では「法律又はこれに基づく政令により地方公共団体が処理することとされる事務が自治事務である場合においては、国

は、地方公共団体が地域の特性に応じて当該事務を処理することができるよう特に配慮しなければならない。」として、自治事務に係る立法上の原則的な考え方を示しており、宇賀克也氏（現最高裁判事、東京大学名誉教授）は、自治事務に関する立法を行うに際して、可能な限り、条例による弾力化を可能にするように配慮すべきと指摘している[2]。

　個人情報保護に係る事務があくまでも自治事務である以上、他の法定自治事務と同様に、制度の運用に係る法の解釈権は、一義的には地方自治体にある。地方自治体の法解釈が個情委のそれと異なったからといって、個情委が正しいというものではなく、最終的には司法の判断を待つことになる[3]。具体的な流れは、概ね次のとおりである。①地方自治体と個情委の法解釈に違いが生じ、地方自治体が行った（又は行おうとする）措置等に対して、個情委が「違法である旨の通知」を行う（これは非公式な調整段階である。）。②地方自治体が個情委の通知内容に異論を唱え、従わない意向を示す（同①）。③地方自治体が行った措置等に対して、個情委が改正法156条（資料の提出の要求及び実地調査）又は157条（指導及び助言）の関与を行う。④地方自治体が③の関与を行っても従わない場合、158条に基づく勧告を行い、159条により当該勧告に基づいてとった措置についての報告を要求する。⑤この勧告によっても地方自治体が従わない場合に、当該地方自治体の措置等が法令の規定に違反していると認めるとき、又は著しく適正を欠き、かつ、明らかに公益を害していると認めるときは、地方自治法245条の5に基づき、関与の主体は内閣総理大臣に移行する（個情委は、同条の規定する地方自治体への是正の要求の主体である「各大臣」には該当しないため、内閣総理大臣が行うことになる。）。ただし、市町村が対象の場合には、同条2項の規定に基づき、原則的に都道府県の執行機関を通じた関与となる（同条4項の規定により、緊急を要するときその他特に必要があると認めるときは、内閣総理大臣自ら市町村に対して関与を行うことができる。）。関与の内容としては、違反の是正又は改善のため必要な措置を講ずべきことを求めることである。⑥関与を受けた地方自治体としては、国の関与について、同法250条の13に基づき、国地方係争処理委員会に審査の申出をすることができる。ただし、これまでの審査事例を見る限り、同委員会が有効に

機能しているかには疑問もあり[4]、地方自治体として自らアクションを起こすべきか否かは慎重に検討すべきである（特にアクションを起こさないという選択肢も採り得る。）。仮に審査の申出を行い、審査結果に不服がある場合には、同法251条の5に基づき、高等裁判所に対して訴訟を提起することができる。⑦地方自治体が国地方係争処理委員会に審査の申出をせず、是正の要求に従わない場合、同法251条の7に基づき、内閣総理大臣は高等裁判所に対し、当該地方自治体に係る不作為の違法の確認を求めることができる。

ただし、実際にそのような事態が生じた時に、国からの関与に対して、司法の場における争いを辞さない地方自治体は殆どないのではないかと思われ、やむを得ず国の解釈に従う場合が大半であろう。筆者としては、このような予想が外れることを強く望むものであるが、そこで次に、具体的に地方自治体と個情委の解釈の相違が問題となり得るいくつかのケースについて、考察を試みることとする。

第一に、個人情報の取扱いに関して、本人収集の原則が改正法に規定されていないことである。この点について、前述のガイドラインでは、「<u>個人情報保護やデータ流通について直接影響を与えるような事項であって、法に委任規定</u>が置かれていないもの（例：オンライン結合に特別の制限を設ける規定、個人情報の取得を本人からの直接取得に限定する規定）について、条例で独自の規定を定めることは許容されない。」とされている[5]。しかし、個人情報の収集が「偽りその他不正の手段」（改正法64条）によるものでなく、所掌事務又は業務を遂行するため必要な場合であって、利用目的を特定し（改正法61条1項）、利用目的の達成に必要な範囲内で収集、保有するものであって（改正法61条2項）、本人から直接書面（電磁的記録を含む。）に記録された当該本人の個人情報を取得する場合（改正法62条）ではないのであれば、仮に本人から収集することが可能であっても、行政サイドの裁量で、本人の知らないところで本人以外から収集することが可能となり、その結果、当該本人が自分の個人情報をコントロールできない状況となることが想定される[6]。そのような事態は、改正法が目的とする「個人の権利利益を保護すること」に反しているのではないかと思われるうえ、沖縄県や大阪府のように、従前の個人情報保護条例

において「自己情報のコントロール権」を明記していた地方自治体であれば、明らかに保護のレベルが低下したものとみなされるであろう。

　この問題については、本来は条例で本人収集の原則を規定しても差し支えないと考えられるのであるが（法と条例の関係については後述する。）、これを正面から規定した条例は、管見の限り見当たらない。一方で、上記のような国の見解を受け、条例における規定は行わないものの、実務における内規として、要綱や手引きで本人収集の原則を定めることは問題ないものと解される。内規は、住民に対する法的効力を有さないからである。理論上、個情委は、行政機関等の義務等を定めた改正法5章の規定の円滑な運用を確保するため必要があると認めるときは、同法156条以下の関与を行うことが可能であるから、地方自治体の実務における個人情報の取扱いについても口をはさむことはあり得るのであるが、仮に地方自治体が内規で本人収集の原則をルール化し、そのような取扱いを実務で行ったとしても、少なくとも違法とは言えないし、それが上記の関与の要件に該当すると断定するのには無理があると考えられる（個人情報保護の観点からは望ましい取扱いであるとともに、データ流通についての影響に関しても、自治事務である以上、当該地方自治体の実務で支障が生じていないのであれば、基本的に制度運用における問題はないことになる。）。したがって、国がこの点について司法の判断を仰ぐというような事態は、到底想定できないのである。このようなことから、地方自治体としては、本人収集の原則について、積極的に内規によるルール化を図るべきであろう。

　第二に、保有個人情報を取り扱う事務を開始しようとするときや保有個人情報の目的外利用・提供をしようとするときの個人情報保護審議会に対する諮問についてである。この点に関し、前述の事務対応ガイドでは、「個人情報の取得、利用、提供、オンライン結合等について、類型的に審議会等への諮問を要件とする条例を定めてはならない。」とされている[7]。しかし、多くの地方自治体が保有個人情報の目的外利用・提供に際して審議会の意見聴取の手続を定めていたのは、第三者機関による公正なチェックを受けることにより、行政の恣意的な利用や提供を防止し、住民の権利利益を保護するためである。東京都や神奈川県の個人情報保護審議会の会長を務められた経験を有する宇賀克也氏

は、審議会について、GDPR等で定められているプライバシー影響評価を第三者機関が行うものとして評価できる場合が少なくないと指摘し、個人情報保護委員会自らが地方自治体の個人情報保護審議会が果たしてきた個人情報の個別の取扱いに係るプライバシー影響評価機能を代替できるようにならない限りは、引き続き、各地方自治体の個人情報保護審議会がこのような機能を担うことには意義があり、それを否定する必要はないと考えられる旨述べており[8]、極めて妥当な見解と思われる。地方自治体の当面の対応策としては、「類型的に審議会等への諮問を要件」としなければ良いのであるから、類型的な諮問と答申という手続にせず、個別案件について、適宜参考意見を徴取する方法を採用し、重要な案件と思われるものについてのみ、諮問・答申の手続を行えば良いと解される。なお、福岡県個人情報の保護に関する法律施行条例（令和4年福岡県条例第43号）では、個人情報保護審議会への諮問に関する条文（11条）において、前述の事務対応ガイドに記載されている「1　この条例の規定を改正し、又は廃止しようとする場合、2　法第66条第1項の規定に基づき講ずる措置の基準を定めようとする場合、3　前2号の場合のほか、市の機関における個人情報の取扱いに関する運用上の細則を定めようとする場合」のいずれかに該当する場合に諮問することができる、という限定規定を置かず、「実施機関（県が設立した地方独立行政法人を除く。）は、法第3章第3節の施策を講ずる場合その他の場合において、個人情報の適正な取扱いを確保するため専門的な知見に基づく意見を聴くことが特に必要であると認めるときは、審議会に諮問することができる。」と規定しており、筆者のように必ずしも個情委の考え方に従う必要はないとする立場からは、優れた定めと評価できるものである。

　第三に、地方自治体が条例で改正法の規定事項以外の定めを独自に行い得るか否かである。改正法には、例えば108条の「この節の規定は、地方公共団体が、保有個人情報の開示、訂正及び利用停止の手続並びに審査請求の手続に関する事項について、この節の規定に反しない限り、条例で必要な規定を定めることを妨げるものではない。」のように、条例の独自の定めを許容する明示規定も存在するが、基本的な個情委のスタンスとしては、前述のガイドラインや

Q&Aに「〇〇を認める法施行条例の規定を設けることはできません」、「〇〇のような規定を法施行条例で定めることは認められません」といった強い文言で条例の独自規定を制限する記載があることから分かるように、条例で独自の規定が許されるのは極めて限定的なものだけと考えているようである。

しかし、著名な徳島市公安条例事件（最大判昭和50年9月10日刑集29巻8号489頁）では、法と条例の関係について、「条例が国の法令に違反するかどうかは、両者の対象事項と規定文言を対比するのみでなく、それぞれの趣旨、目的、内容及び効果を比較し、両者の間に矛盾抵触があるかどうかによってこれを決しなければならない」と基本的な考え方を示し、①ある事項について国の法令中にこれを規律する明文の規定がない場合、当該法令全体からみて、右規定の欠如が特に当該事項についていかなる規制をも施すことなく放置すべきものとする趣旨であると解されるときは、これについて規律を設ける条例の規定は国の法令に違反する、②特定事項についてこれを規律する国の法令と条例とが併存する場合でも、後者が前者とは別の目的に基づく規律を意図するものであり、その適用によって前者の規定の意図する目的と効果をなんら阻害することがないときは、条例の規定は国の法令に違反しない、③両者が同一の目的に出たものであっても、国の法令が必ずしもその規定によって全国的に一律に同一内容の規制を施す趣旨ではなく、それぞれの普通地方公共団体において、その地方の実情に応じて、別段の規制を施すことを容認する趣旨であると解されるときは、国の法令と条例との間にはなんらの矛盾抵触はなく、条例は国の法令に違反しない、という3つの基準を示している。

そこで、例えば、前述の「本人収集の原則」を地方自治体が条例で規定した場合を考えてみると、当該規定は本人の権利利益の保護に資する内容であり、少なくとも改正法が①の「当該事項についていかなる規制をも施すことなく放置すべきものとする趣旨」とは考えられず、②の「特定事項についてこれを規律する国の法令と条例とが併存する場合」には当たらないし（「特定事項」を「個人情報の取扱い全般」と解するのでは範囲が広過ぎるので、「収集（取得）に関する事項」と解するのが妥当であり、その場合、改正法には前述の61条、62条、64条の定めが置かれているだけなので、規律は併存しないと考えるべき

であろう。)、③の「両者が同一の目的に出たものであっても、国の法令が必ずしもその規定によって全国的に一律に同一内容の規制を施す趣旨ではなく、それぞれの普通地方公共団体において、その地方の実情に応じて、別段の規制を施すことを容認する趣旨であると解されるとき」の基準についても、改正法には「本人収集の原則」は置かれていないのであり、しかも改正法は、個人情報の取扱いについて「全国的に一律に同一内容の規制を施す趣旨ではなく、それぞれの普通地方公共団体において、その地方の実情に応じて、別段の規制を施すことを容認する趣旨であると解される」のである。これらのことから、仮に「本人収集の原則」を地方自治体が条例で規定しても、個情委が言うような「一元的な解釈権限」に基づき「法違反と判断される」ことはないものと考えられる（法目的に関して「個人情報の有用性」を重視する立場の個情委は、このような地方自治体の独自規定について、制度におけるデータ流通への支障を違法性の理由として主張すると思われるが、法目的においては「個人の権利利益を保護すること」が最も重要なのであるから、このような主張は妥当性を有しないと解される。)。

　冒頭でも述べたように、個人情報保護に係る事務があくまでも自治事務である以上、他の法定自治事務と同様に、制度の運用に係る法の解釈権は、一義的には地方自治体にあり、地方自治体の法解釈が個情委のそれと異なったからといって、個情委が正しいというものではなく、最終的には司法の判断によることとなる。近時の有力な学説では、改正法においても地方自治体の条例制定権は相当広範囲に認められるのであり、各地方自治体の考えに基づき、必要事項を積極的に条例に規定していくべきと主張されており[9]、筆者もこのような考え方に賛同するものである。

　本章の最後に、地方自治体と個情委の解釈の相違の問題ではないが、地方自治体が個人情報の取扱い等について個情委に質問をした際の委員会の回答内容について触れておきたい。

　筆者が調査した中で、複数の地方自治体から「個人情報保護委員会に個人情報の取扱いに関する問い合わせをしたり、助言を求めても、法令解釈の指南に止まり個別の事案に関する明確な判断はもらえないため、結局各地方自治体に

おける判断となり、全国統一の運用がなされているか疑問に思う」といった声が聴こえてきている状況がある。例えば、地方自治体が特定の事務事業における保有個人情報の目的外利用・提供について、個別のケースで可能か否かを問い合わせてみても、個情委は、改正法61条や69条、70条の解釈について、ガイドライン等に基づき示すのみであり、「保有個人情報の内容や当該保有個人情報の利用目的等を勘案して、ご質問の事例について、貴自治体においてご判断ください（行政機関の長等が個別に判断いただく必要があります）。」といった回答をするだけで、具体的にどうすべきかの判断は行わない。このようなスタンスでは、宇賀克也氏がいう「個人情報保護委員会自らが地方自治体の個人情報保護審議会が果たしてきた個人情報の個別の取扱いに係るプライバシー影響評価機能を代替」することは、およそ無理である。しかも、個情委は、各地方自治体における個別事案の処理等について調査も蓄積もしないため、今後、個情委における地方自治体からの質問への対応力が向上することは期待できない。このような状況では、ガイドラインにある「法及びガイドライン等の適正な運用をもって個人情報の保護が図られることとなることに加え、地方公共団体は、法第166条の規定に基づき、専門性を有する委員会に助言を求めることも可能であることから、個別の事案について重ねて審議会等の意見を聴くことが必要となる場面は少なくなると考えられる。」（70～71頁）との記載が、全く見当はずれであるということになる。

　現在、個情委において「いわゆる3年ごと見直し」の作業が進められているが、個情委は、自身の個別事案に係る対応のスタンスを改めるか、あるいは、地方自治体の個人情報保護審議会の従来からの役割を引き続き尊重するか、いずれかの選択を早急に検討すべきであろう。

1 ガイドライン、事務対応ガイド、「個人情報の保護に関する法律についてのＱ＆Ａ（行政機関等編）」令和4年2月（令和6年3月更新）個人情報保護委員会事務局。
2 宇賀克也『地方自治法概説［第10版］』（有斐閣、2023年3月）157頁。
3 幸田雅治氏（弁護士、神奈川大学教授）は、この点について、個情委が「一元的解釈権を有する」とか「有権解釈である」とするのは間違いであり、法的に成り立たない説明であると断言している。幸田雅治「令和3年個人情報保護法改正を踏まえた条例制定権の範囲――個人情報保護委員会の法的根拠を欠く見解への批判」（神奈川法学第55巻第4号、2022年）120～122頁。
4 宇賀・前掲注2『地方自治法概説』487～488頁。
5 前掲注1 ガイドライン74頁。
6 この点については、宇賀克也編著、宍戸常寿・髙野祥一著『2021年改正　自治体職員のための個人情報保護法解説』（第一法規、2021年）157～159頁も参照されたい。
7 前掲注1 事務対応ガイド385頁。
8 宇賀・宍戸・髙野・前掲注6の15～16頁、宇賀克也『新・個人情報保護法の逐条解説』（有斐閣、2021年）734～735頁参照。
なお、下村誠「個人情報の目的外利用と『類型承認』」（総合法政策研究会誌第2号、2019年）も参照されたい。
9 幸田・前掲注3、人見剛「個人情報保護法制の法律による一元化と自治体条例」日本弁護士連合会 情報問題対策委員会編『個人情報保護法改正に自治体はどう向き合うべきか――リセットされないための処方箋』（信山社、2022年）等。

（髙野祥一）

第2章 東京都の事例
〜個人情報等の取扱い、開示・訂正・
利用停止請求、行政機関等匿名加工情報〜

I はじめに：条例時代最後の大仕事の経緯

　2023年4月1日から、改正法が適用されることを見据え、東京都をはじめ各地方公共団体では、新制度移行に向けた必要な準備を行ってきた。改正法の適用が始まると、「地方公共団体の機関は、……専門的な知見に基づく意見を聴くことが特に必要であると認めるときは、審議会……に諮問することができる」と定めた改正法129条も適用されるため、諮問範囲の限定化も見込まれたことから、どの都道府県・市区町村においても、その諮問機関である個人情報保護審議会等とその事務局が、条例時代としては最後の大仕事となる気概でこの難題に取り組んでいったように思える。

　東京都情報公開・個人情報保護審議会（以下「都審議会」という。）では、諮問及び答申手続は経ていないが、2021年7月20日以降、東京都情報公開・個人情報保護審議会規則（平成11年12月1日東京都規則第232号）5条の規定に基づき専門部会を設置する等して本格的な検討がなされ[1]、第78回審議会（2022年5月30日開催）で同専門部会から検討結果の報告がなされた[2]。しかし、法適用まで残り一年を切ったこの段階でも十分な情報提供が国からなされなかったことから[3]、都審議会では、専門部会の報告後に、国からの新たな情報提供を踏まえ、事務局整理を挟んだ上で条例整備へと繋げた。

　以下、都審議会議事録等を基に、第78回審議会の報告を踏まえた2022年8月8日の事務局整理から法適用までの間の、既存条例の廃止及び新条例整備の過程を紹介する。

1 条例成立前

条例成立前の最終的な審議会である第79回都審議会（2022年8月8日開催）では、個人情報保護等制度の課題等について、都審議会事務局からの説明を踏まえ、同事務局から提示された方向性が各委員により了承された[4]。同事務局から提示された方向性は、2022年4月28日に個情委事務局が策定した「個人情報保護法の施行に係る関係条例の条文イメージ」（同委員会事務局・総務省自治行政局）[5]を基に、東京都個人情報保護法施行条例（素案）に関する10の「考え方」（以下「法施行条例（素案）の考え方」という。）（ⅠからⅩまで）として、都審議会事務局が作成した事項が主なものである[6]。

また、必ずしも条例整備事項ではないが、都審議会専門部会で議論され、同部会から都審議会に報告された4の「基本的考え方」（1から4まで）[7]のほか、各基本的考え方に関して国のQA更新も踏まえ都審議会事務局が整理した3の「横断的な論点」（AからCまで）[8]も示された[9]。

第79回審議会で示されたこれら事項（Ⅰ〜Ⅹ／1〜4／A〜C）をまとめると、以下のとおりである。

ア 『法施行条例（素案）の考え方』（10事項）

- Ⅰ 条例の趣旨及び用語の定義について規定を設ける旨、条例要配慮個人情報は当面は規定を設けない旨
- Ⅱ 事務登録簿に関する規定を設ける旨
- Ⅲ 情報公開条例の規定と整合を図る規定を設ける旨、「不開示」又は「非開示」の用語の統一に向けた検討をする旨
- Ⅳ 開示「請求」に係る手数料を引き続き無償とする旨、開示「実施」の手数料について、閲覧を無料とし、写しの交付を実費相当額にする旨
- Ⅴ 本人確認の厳格性を担保するため開示請求書に追加的に記載させる事項を定める規定を設ける旨
- Ⅵ 既存の情報公開制度との整合を考慮し、引き続き標準処理期間を現行のとおり維持する旨
- Ⅶ 訂正及び利用停止請求等の手続については法が定めた手続により行う旨

- Ⅷ 行政機関等匿名加工情報の利用に係る手数料を国の行政機関等の手数料と同額とする旨
- Ⅸ 審議会への諮問に関する規定を定める旨
- Ⅹ 既存の個人情報保護条例の廃止を法施行条例附則に設ける旨

イ 『基本的考え方』（4事項）	ウ 『横断的な論点』（3事項）
・1 非開示情報	・A 任意代理人の開示請求代行
・2 代理請求等	・B 個人情報ファイル簿と事務届出
・3 審議会意見手続	・C 特定個人情報保護条例
・4 政令・条例事項等	

2 条例成立に向けた動き

　情報法制に関する議論は、ややもすると複雑でどうしても専門用語を用いることも多くなることから、その情報を預からせていただく都民等の方々（法にいう当該個人情報の「本人」）に対して、分かりやすく条例整備の要点をお伝えしながら、正確な資料等も適示しつつ、広く意見を募らなければならない。

　このため、上記1で示した事項を基に、審査会に関する条例整備も含めて『令和5年度以降の東京都における個人情報保護制度に関する条例整備の考え方』として10項目にまとめ、都審議会の資料等を参考資料として示しつつ、2022年10月にパブリックコメントを行った[10]。

　同考え方は、以下のとおりである。

令和5年度以降の東京都における個人情報保護制度に関する条例整備の考え方
1 個人情報の保護に関する法律（平成15年法律第57号。以下「法」といいます。）の施行に関し必要な事項を定めます。
2 1に際し、法及び法施行令で使用する用語の例に倣います。
3 個人情報を取り扱う事務について帳簿を備え付け、一般の閲覧に供します。
※これは、現行の個人情報の保護に関する条例（平成2年東京都条例第113

号）第5条及び第6条に掲げる保有個人情報取扱事務の届出・公表手続に相当する制度です。
4　不開示情報について、情報公開条例（平成11年東京都条例第5号）との整合を図ります。
5　開示・訂正・利用停止について、請求に係る手数料は引き続き無償とします。
　また、写しの交付等の手数料についても、引き続き実費相当額とします。
6　開示請求手続として、法で定める事項のほか、実施機関が定める事項を追加します。
7　行政機関等匿名加工情報の利用について、国の手数料と同額を納付額とします。
8　個人情報の適正な取扱いを確保するために専門的な知見に基づく意見を聴くことが特に必要であると認めるときは、東京都情報公開・個人情報保護審議会（情報公開条例第39条）に諮問します。
9　上記1～8の事項を法施行に関する条例として定め、東京都個人情報保護審査会の設置等に関しては、別途条例を定めます。
10　以上の取組を実施し、令和5年度以降の個人情報保護制度の運用に万全を期します。

　このうち、同考え方8（改正法129条事項）について、都審議会に諮問する範囲を「個人情報の適正な取扱いを確保するために専門的な知見に基づく意見を聴くことが特に必要であると認めるとき」に限定されることなく、従来どおり東京都は都審議会に幅広く諮問を行うべきであるとのご意見を頂いた[11]。
　こうしたご意見や審議会でのご議論等も踏まえ、東京都議会令和4年第四回定例会（2022年12月1日から同月15日まで）において、東京都個人情報の保護に関する条例（平成2年東京都条例第113号。以下「旧条例」という。）及び東京都特定個人情報の保護に関する条例（平成27年東京都条例第141号。以下「旧特定条例」という。）の廃止を含む、個人情報の保護に関する法律施行条例案（第210号議案）及び東京都個人情報保護審査会条例案（第211号議案）の2

条例案が上程された。この2条例案は、本会議から総務委員会に付され審議され、賛成多数により原案どおり可決された[12]。

これにより、2022年12月22日に、個人情報の保護に関する法律施行条例（令和4年東京都条例第130号）及び東京都個人情報保護審査会条例（令和4年東京都条例第131号）がそれぞれ公布された。

3　条例成立後の都審議会

条例可決後、法適用前である第80回都審議会（2023年3月13日開催）において、個人情報保護に関する条例整備として、成立した条例に関して事務局から報告を行った[13]。同審議会では、前回の第79回都審議会で議論された10の「法施行条例（素案）の考え方」（ⅠからⅩまで）を基に加除修正された8の考え方（以下「法施行条例の考え方」）（①から⑧まで）[14]以外に、東京都個人情報保護審査会条例に関する5の考え方（以下「審査会条例の考え方」）（①から⑤まで）[15]が示された。

第80回都審議会で示された論点（①〜⑧／①〜⑤）をまとめると、概ね以下のとおりとなる。

ア　『法施行条例の考え方』
・①条例の趣旨及び用語の定義について規定を設ける旨[16]（旧Ⅰ） ・②本人確認の厳格性を担保するため開示請求書に追加的に記載させる事項を定める規定を設ける旨[17]（旧Ⅴ） ・③事務登録簿に関する規定を設ける旨（旧Ⅱ） ・④情報公開条例の規定と整合を図る規定を設ける旨 　補足として、「不開示」又は「非開示」の用語については、「不開示」に統一にする旨[18]（旧Ⅲ） ・⑤開示「請求」に係る手数料を引き続き無償とする旨、開示「実施」の手数料について、閲覧を無料とし、写しの交付を実費相当額にする旨[19]（旧Ⅳ） ・⑥行政機関等匿名加工情報の利用に係る手数料を国の行政機関等の手数料と同額とする旨（旧Ⅷ）

・⑦審議会への諮問に関する規定を定める旨（旧Ⅸ）
・⑧既存の個人情報保護条例等[20]の廃止を法施行条例附則に設ける旨[21]（旧Ⅹ）
イ 『審査会条例の考え方』
・①地方独立行政法人は附属機関を有さないため諮問先として審査会を明記する旨、行政不服審査法令との関係も明記する旨
・②都では条例・規則等に相当する規定はないが制度的調和の観点から情報公開審査会との整合性も鑑み同規定を置く旨
・③都では規則・要綱により定めているが制度的調和の観点から条例に同規定を置く旨（規定根拠の格上げ）
・④行政不服審査法に規定されていない規定（インカメラ審理及びヴォーンインデックス）を規定する旨（行政不服審査法が直接適用される事項は規定しない旨）〕
・⑤（③・④と同趣旨）

4　改正法及び制定条例と整合した規則・要綱等例規の整備

　これまで東京都をはじめ各地方公共団体は、自前の個人情報保護条例を自団体における個人情報保護の実施の根拠とし、この子細について、条例の有権解釈を踏まえながら、条例規則や要綱等の下位規程を整備してきた。しかし、改正法適用により、従来は自前の条例の解釈内容としての側面もある下位規程だったものが、法律を直接実施するための要綱としての側面が色濃くなる点に注意しなければならない。

　具体的には、従来は条例上の処分であった開示決定等が、法律上の処分になることから、自前の行政手続条例ではなく、行政手続法（平成5年法律第88号）に基づく取組みが求められる。このように、ルールが一元化されたとして、各地方公共団体における法適用の内省化[22]は慎重に行われなければならない。

　東京都では、かつては次表の「2022年度まで」欄に掲げた例規によって、実務上の子細を定めていたが、「2023年度から」欄に掲げた対応を図ることで、例規等の改廃・新設を行った。

第2章　東京都の事例

2022年度まで	2023年度から
ア　東京都個人情報の保護に関する条例施行規則（平成3年3月25日東京都規則第21号。以下「条例施行規則」という。）	ア及びイ[23]を廃止し、次の規則を策定[24] ①個人情報の保護に関する法律施行細則（令和4年12月22日東京都規則第232号。以下「法施行細則」という。）
イ　知事が保有する個人情報の保護等に関する規則（平成3年3月25日東京都規則第22号。以下「知事規則」という。）その他規則等[25]	
ウ　東京都個人情報の保護に関する条例の施行について（通達）（平成3年3月26日2情都個第26号）（以下「条例施行通達」という。）	ウを廃止し、次の文書を策定 ②『個人情報の保護に関する法律施行条例についての事務対応ガイド』（令和5年3月初版〔出典等註釈補記〕。以下「法施行条例事務対応ガイド」という。）[26] ③『東京都個人情報保護審査会条例についての事務対応ガイド』（令和5年4月初版〔出典等註釈補記〕。以下「審査会条例事務対応ガイド」という。）[27]
エ　東京都保有個人情報開示・訂正・利用停止　事務取扱要綱（平成3年9月25日3情都情第193号。以下「開示等要綱」）	一部改正
オ　東京都個人情報取扱事務要綱（平成17年3月31日16生広情報第708号。以下「取扱事務要綱」）	

17

カ　保有個人情報の安全管理に関するモデル基準（17生広情報第284号 平成17年8月9日）等[28]	※カについては、一部改正の上、「保有個人情報の安全管理に関する基準イメージ」[29]と改題

　新たに作成された法施行細則は（上記表の①）、上記表の②の法施行条例事務対応ガイド9条関係で示されるように、「個人情報に関するルールの共通化・標準化を図るという改正法の趣旨を踏まえ、旧知事規則及びこれに相当する各実施機関が定める規則相当の規則等については、施行細則として一元化して施行する」とされており[30]、改正法の趣旨を意識し策定された。法施行細則は、法及び同法施行令、法施行条例の施行に関し、必要な事項を定めるものとされる（同細則1条）。具体的には次のとおりである。

---

①個人情報の保護に関する法律施行細則

・法に関する事項〔法施行細則4条〕

　法5章4節（開示、訂正及び利用停止）の各規定等（施行令29条により読み替えて準用する施行令22条3項の規定により代理人が訂正請求及び利用停止請求をする場合に提出等する委任状の規定を含む。）に規定された開示請求書等の各種様式[31]

・施行令に関する事項〔法施行細則3条〕

　施行令28条4項に基づき、保有個人情報の開示を受ける者が保有個人情報の写しの送付を求める場合に当該送付に要する費用を納付する方法として、郵便切手で納付する方法等

・法施行条例に関する事項〔法施行細則2条〕

　条例施行規則で定めていた個人情報保護条例5条に基づく保有個人情報取扱事務の届出事項（同規則第2条）に相当する規定として、法施行条例3条に基づく登録簿の記載事項

　また、法施行条例事務対応ガイド（上記②）及び審査会条例事務対応ガイド（上記③）は、基本的に各条例に関する解釈指針を示すものであり[32]、国が定めた事務対応ガイドを意識し策定された。各ガイドでは、各条の解説において適宜「審議会の考え方」が示され、そのルールの成り立ちを確認できる。具体

的には次のように、各条と考え方が対応する。

②法施行条例事務対応ガイド	③審査会条例事務対応ガイド
・2条関係（用語の意義） 『法施行条例の考え方』Ⅰ（条例の趣旨及び用語の定義について規定を設ける旨） ・3条関係（登録簿） 『法施行条例の考え方』Ⅱ（事務登録簿に関する規定を設ける旨） ・4条関係（開示請求書） 『基本的考え方』2（代理請求等）及び4（政令・条例事項等） ・5条関係（不開示情報） 『考え方』Ⅲ（情報公開条例の規定と整合を図る規定を設ける旨）及び『基本的考え方』1（非開示情報） ・6条関係（開示請求に係る手数料） 『考え方』Ⅷ（行政機関等匿名加工情報の利用に係る手数料を国の行政機関等の手数料と同額とする旨)[33]。 ・7条関係（行政機関等匿名加工情報の利用に係る手数料） 『考え方』Ⅳ（開示「請求」に係る手数料を引き続き無償とする旨等）	・2条関係（設置等） 『審査会条例の考え方』①〔地方独立行政法人は附属機関を有さないため諮問先として審査会を明記する旨、行政不服審査法令との関係も明記する旨〕 ・3条関係（組織）及び4条関係（委員） 『審査会条例の考え方』②〔都条例・規則等に相当する規定はないが制度的調和の観点から情報公開審査会との整合性も鑑み同規定を置く旨〕 ・5条関係（会長）及び6条関係（部会） 『審査会条例の考え方』③〔都規則・要綱により定めているが制度的調和の観点から条例に同規定を置く旨（規定根拠の格上げ）〕 ・7条関係（定義）及び8条関係（審査会の調査権限） 『審査会条例の考え方』④〔行政不服審査法に規定されていない規定（インカメラ審理及びヴォーンインデックス）を規定する旨（行政不服審査法が直接適用される事項は

| | 規定しない旨）〕
・9条関係（委員による調査手続）
以下
『審査会条例の考え方』⑤ |

以下、本稿では、これらの整備された例規等に即してその運用を説明する。

II　個人情報等の取扱い
1　内部規律の強化等

　取扱事務要綱については、まず内部規律の強化を目的に、(1)「個人情報」と「特定個人情報」の区分見直し〔保護の厳格化〕、(2)安全管理基準の整備規定の見直し〔ルール標準化による徹底〕、(3)事故発生時の対応〔法律事項への対応〕等の対応を図る改正を行った。

　その上で、強化した内部規律と同等の措置を委託先等の外部においても講じることを目的に、(4)委託先等の規律確保の対応を図るため、取扱事務要綱の改正のみならず各種文書を策定した。

　以下、まずは(1)～(3)の内部規律の強化に関する対応について紹介する。

(1)「個人情報」と「特定個人情報」の区分見直し〔保護の厳格化〕

　2022年度までは、特定個人情報は旧特定条例に基づき、（一般）個人情報は旧条例に基づき、それぞれ保護を図っていた。また、旧特定条例の廃止に伴い廃止された東京都特定個人情報等取扱事務要綱（平成27年12月18日27生広情第638号）には、法令等の要請から（一般）個人情報にはなかった事項も含まれていた。

　2023年度以降は、特定個人情報に特有の規律を差分として取扱事務要綱に盛り込むとともに[34]、（一般）個人情報のうち特定個人情報と同等の措置を講ずるものについて規律を整合させる改正を行うことで、セキュリティ水準等を特定個人情報並みに格上げすることを企図した。例えば、従来、特定個人情報においてのみ求められていた監査[35]について、「個人番号（番号利用法第2条第5項及び第8項に定義する個人番号をいう。以下同じ。）、特定個人情報（番号利用法第2条第8項に定義する特定個人情報をいう。以下同じ。）及びこれら

と同等の水準により管理された個人情報を取り扱う局等に、監査責任者を置くこと」とする改正を行った[36]。

これは、個人番号とされる符号について個情委が2021年10月22日に注意喚起したことでその解釈が明確化されたことや[37]、事務対応ガイド4-8（（別添）行政機関等の保有する個人情報の適切な管理のための措置に関する指針）の趣旨[38]を踏まえた対応である（主な改正にかかる新旧対照表は以下。以下同じ）。

2022年度まで	2023年度から
（記載なし）	第2　管理体制（抄） 5　個人番号（番号利用法第2条第5項及び第8項に規定する個人番号をいう。以下同じ。）、特定個人情報（番号利用法第2条第8項に規定する特定個人情報をいう。以下同じ。）及びこれらと同等の水準により管理された個人情報を取り扱う局等に、監査責任者を置くこととし、局等における個人情報保護責任者が指名する者をもって充てる。 7　監査責任者は、局等における5に定める個人情報等の管理状況について監査する。

(2) 安全管理基準の整備規定の見直し〔ルール標準化による徹底〕

2022年度までの安全管理基準の整備は、主に「課」を想定し、例外的にそれより広い職場単位である「部」や「局」による基準整備も許容する方法を採っていた[39]。

2023度以降は、基本的に「局」を単位とした基準を整備することとし[40]、例外的にその職場特有の事情に照らして「部」や「課」による整備も許容しつつ、その際にも「局」基準と整合的であることとした[41]。

これは、個人情報に関するルールの共通化・標準化を図るという改正法の趣旨を踏まえ、旧知事規則等についても施行細則として一元化して施行することとした例[42]に沿った対応である。総務省「地方公共団体の職場における能率向上に関する研究会報告書—ワークスタイルを変革する10のワークプレイス改革—」によれば[43]、「公務員は一般に異動が頻繁であるが、業務の引継が確立し

ていない」傾向がみられ、「職員が潤沢に配置され、お互いにカバーしながら業務を処理していた時代にはその弊害は顕在しなかったが、個々の職員が独立的に業務に当たる傾向が強い現在では、不十分な引継により直ちに行政サービスの途絶が生じることとなる」おそれを指摘する[44]。このおそれは、個人情報保護分野でも生じ得る課題であり、あるルールに関する職員の習熟の速度・程度や[45]、技術革新や国際動向等により頻繁に改正される国内法令やガイドライン等への円滑な対応も視野に入れ、東京都においては「局」という職場単位でルールを整備することを当分の間基本とすることとしたものである。

2022年度まで	2023年度から
（記載なし）	第2　管理体制（抄） 9　局等における個人情報保護責任者は、局等における保有個人情報の安全管理に関する基準を整備しなければならない。 10　部等における個人情報保護責任者又は個人情報管理責任者は、個人情報の適正な取扱いを確保するため特に必要であると認めるときは、部等又は課等における保有個人情報の安全管理に関する基準を策定することができる。ただし、その場合は、局等における基準との齟齬がないよう策定するものとする。

(3) 事故発生時の対応〔法律事項への対応〕

2022年度までは、個人情報管理責任者は、保有個人情報に係る事故が発生した場合、直ちに、被害の拡大を防止するための適切な措置を講じるとともに、速やかに局等及び部等の個人情報保護責任者並びに総務局総務部情報公開課長に報告しなければならないこととしていた[46]。

2023年度からは、法に従い、事故の「発生」だけでなくその「おそれがある事象」を把握した場合にも拡張して報告を求めることとし[47]、加えて、個人情報の保護に関する法律施行規則（平成28年10月5日個人情報保護委員会規則第3号。以下「個情委規則」という。）43条各号に該当するものや特定個人情報

の漏えい等に関する報告等に関する規則（平成27年特定個人情報保護委員会規則第5号）2条各号に該当するものについては、個情委の指定する様式により当該事象の発生を把握した時点から（3～）5日以内に、個情委に報告するとともに[48]、本人通知を行うこと[49]を定めた。報告対象事態は拡張され、また期限についても明確にした上で、個人情報管理責任者が情報公開課長に報告する手続自体は従前どおりとした。

　これは、頻繁に改正される法令及びガイドライン等により漏えい等の報告対象は拡張傾向にあること[50]、規律移行法人である地方独立行政法人（大学・病院・研究機関等）における漏えい等の報告（千人以上の漏えい等が対象である等）は公的部門のそれ（百人以上の漏えい等が対象である等）と適用条文や考え方が異なること[51]等の事情を踏まえ、適切な法律事項への対応を行う観点から、個人情報の漏えい等に関して気掛かりなことがあったら、事故かどうかの認定にかかわらず、まずは情報公開課に一報することで、その事案の詳細やそれに対応する法令等の確認を専門的に行うことも視野に入れた対応である。

2022年度まで	2023年度から
第2　管理体制（抄） 16　個人情報管理責任者は、保有個人情報に係る事故が発生した場合、直ちに、被害の拡大を防止するための適切な措置を講じるとともに、速やかに局等及び部等の個人情報保護責任者並びに総務局総務部情報公開課長に報告しなければならない。	第2　管理体制（抄） 24　個人情報管理責任者は、保有個人情報に係る事故の発生若しくはそのおそれがある事象を把握した場合又は特定個人情報事務取扱担当者その他の職員が関係規程に違反した行為を行った事実の発生若しくはそのおそれがある事象を把握した場合、直ちに、被害の拡大を防止するための適切な措置を講じるとともに、速やかに局等及び部等の個人情報保護責任者並びに情報公開課長に報告しなければならない。

25 個人情報管理責任者は、前項に規定する事故又は事象（以下「事故等」という。）のうち、個人情報の保護に関する法律施行規則（平成28年10月5日個人情報保護委員会規則第3号。以下「委員会規則」という。）第43条各号に該当するもの又は行政手続における特定の個人を識別するための番号の利用等に関する法律第29条の4第1項及び第2項に基づく特定個人情報の漏えい等に関する報告等に関する規則（平成27年特定個人情報保護委員会規則第5号。以下「特定委員会規則」という。）第2条各号に該当するものについては、事故等の発生を把握した時点から5日以内に、個人情報保護委員会の指定する報告フォームにより、個人情報保護委員会に報告しなければならない。

26 個人情報管理責任者は、委員会規則第45条の規定に基づき、同規則第43条各号に該当する場合又は特定委員会規則第5条の規定に基づき、同規則第2条各号に該当する場合は、速やかに本人に対して通知しなければならない。それ以外の場合であっても、事案の内容

	等に応じて通知を行うものとする。ただし、本人への通知が困難な場合であって、本人の権利利益を保護するために必要な当該通知に代わるべき措置をとるとき又は当該保有個人情報に法第78条第1項各号に掲げる不開示情報のいずれかが含まれるときは、この限りでない。

なお、2024年度からは、個情委規則の改正により、ウェブスキミング等の不正行為による漏えい等の事態についても報告対象として拡張されることから、更なる取扱事務要綱の改正も行ったところであるが、かかる漏えい等の事態は実務上観念し難い側面があることや、民間部門ガイドラインにおいても不透明な部分があるとの声があるため[52]、引続き、原課と情報公開課による対話と事例研究により適切に対応していく必要がある。

2023年度まで	2024年度から
第2　管理体制（抄）	第2　管理体制（抄）
21　個人情報管理責任者は、17から20までに定めるもののほか、保有個人情報を記録した公文書の盗難、紛失若しくは不適正な持ち出し、保有個人情報に係る不正アクセス、虚偽記載、改ざん若しくは不適正な消去又はその他保有個人情報の漏えい、滅失若しくは毀損（以下「保有個人情報に係る事故」という。）がないよう保有個人情報を適正に管理しなければならない。	21　個人情報管理責任者は、17から20までに定めるもののほか、保有個人情報を記録した公文書の盗難、紛失若しくは不適正な持ち出し、保有個人情報及び都の各局等（10の規定に基づく部等又は課等における基準を策定した場合は、部等又は課等）が取得し、又は取得しようとしている個人情報であって、保有個人情報として取り扱われることが予定されているものに

	係る不正アクセス、虚偽記載、改ざん若しくは不適正な消去又はその他保有個人情報の漏えい、滅失若しくは毀損（以下「保有個人情報に係る事故」という。）がないよう保有個人情報を適正に管理しなければならない。

2　委託先等の規律確保

つぎに、前記1において強化を図った規律（(1)～(3)）を、委託先等に対しても及ぼすための対応（前記1で挙げた(4)）について、以下紹介する。

(1) 2022年度までの法令環境と課題

2022年度までは、旧条例の規定に基づき[53]、1次請け及び2次請け事業者には「実施機関」による監督が及んでいた。旧条例8条の2第2項は、「再委託を受けた者」を同条例8条の「受託者等」とみなす旨規定していたため、3次請け事業者やその委託先など累次の受託者も含めて、旧条例の規定によって安全管理措置義務を課していた[54]。

また、法施行条例事務対応ガイドによれば、旧条例下においては、委託元である「実施機関」が東京都知事等であり[55]、委託先である「受託者等」が旧条例8章の適用を受ける事業者（旧条例2条6項）でもある場合、都民等から当該事業者に関する個人情報の取扱いについて苦情が寄せられた際には、その処理に必要となる「知事その他の執行機関」による説明・資料徴求、助言・勧告等も及ぶこととなっていた[56]。

こうした、「旧条例下の事業者指導を前提とした受託者等に対する監督が、指導権限の存在により、受託者等の自主的な規制を補強させていた側面を踏まえ」[57]、契約当事者である東京都が同条例の有権解釈権を持っていたことも考慮すると、一定の抑止効果があったものと思われる。

ただし、条例は、原則として当該地方公共団体の区域内であれば、住民であるか否かを問わず効力を及ぼすところ、区域外の者に対しては、区域内で条例

の規定の対象となるものを所有し、又は占有するような場合に適用されることがあり得るものと解されているに留まるため[58]、例えば都内の1次請け事業者を経て都外の2次請け事業者が個人情報を取り扱う場合の、いわば条例の域外適用ともいうべき執行上の課題はあったものと思われる。

2022年度まで（旧条例抄）

第2条

6　この条例において「事業者」とは、法人（国、独立行政法人等……、地方公共団体及び地方独立行政法人を除く。）その他の団体……）及び事業を営む個人をいう。

第8条　実施機関は、個人情報を取り扱う事務を委託しようとするとき、又は指定管理者……に公の施設の管理を行わせるときは、個人情報の保護に関し必要な措置を講じ、委託を受けた者及び指定管理者（以下「受託者等」という。）に対する十分かつ適切な監督を行わなければならない。

第8条の2　受託者等は、当該事務を委託した実施機関の許諾を得た場合に限り、その全部又は一部の再委託をすることができる。

2　前項の規定により再委託を受けた者は、受託者等とみなして、前項及び次条の規定を準用する。

第9条　受託者等は、個人情報の漏えい、滅失及びき損の防止その他の個人情報の適正な管理のために必要な措置を講じなければならない。

3　受託者等は、前条第1項の規定に基づき個人情報を取り扱う事務の全部又は一部の再委託をするときは、当該再委託に係る個人情報の安全管理が図られるよう、当該再委託を受けた者に対する必要かつ適切な監督を行わなければならない。

第27条　事業者は、個人情報の保護の重要性にかんがみ、事業の実施に当たっては、その取扱いに適正を期し、個人の権利利益を侵害することのないよう努めなければならない。

第29条の2　知事その他の執行機関は、事業者の個人情報の取扱いについて苦情があったときは、その迅速かつ適切な処理に努めなければならない。

第29条の3　知事その他の執行機関は、前条の処理のために必要があると認

> めるときは、事業者その他の関係者に対して、説明又は資料の提出を求めることができる。
>
> 第29条の4　知事その他の執行機関は、前条の規定による説明又は資料の提出の結果、事業者が行う個人情報の取扱いが不適正であると認めるときは、必要な限度において、当該事業者に対して、個人情報の適正な取扱いについて助言することができる。
>
> 2　知事その他の執行機関は、前項の規定による助言をした場合において、事業者が行う個人情報の取扱いに改善が見られないと認めるときは、当該事業者に対して、当該取扱いの是正を勧告することができる。
>
> 3　知事その他の執行機関は、必要に応じて前項の規定による勧告に係る事実に関する情報を都民に提供することができる。

(2) 2023年度からの法令環境と対応

　2023年度からは、改正法に従い、「行政機関等から個人情報の取扱いの委託を受けた者」のみならず（改正法66条2項1号）、「前各号に掲げる者から当該各号に定める業務の委託（二以上の段階にわたる委託を含む。）を受けた者」についても（改正法66条2項5号）、改正法66条2項1項の規定が準用されることから、ガイドラインによれば[59]、委託元である「行政機関等と同様の安全管理措置を講じなければならない」とされている[60]。

　このため、日本法が適用される範囲においては委託元である東京都と同様の安全管理措置を講じる事実上の義務が受託者には課せられていることから、都外事業者の立場の場合の法執行上の課題は、条例廃止から法適用に転換されるに際し立法上解消されたこととなる。

> 2023年度から（法抄）
>
> 第66条　行政機関の長等は、保有個人情報の漏えい、滅失又は毀損の防止その他の保有個人情報の安全管理のために必要かつ適切な措置を講じなければならない。
>
> 2　前項の規定は、次の各号に掲げる者が当該各号に定める業務を行う場合における個人情報の取扱いについて準用する。

> 一　行政機関等から個人情報の取扱いの委託を受けた者　当該委託を受けた業務
> 二　指定管理者……　公の施設……の管理の業務
> 三・四　略
> 五　前各号に掲げる者から当該各号に定める業務の委託（二以上の段階にわたる委託を含む。）を受けた者　当該委託を受けた業務

　一方、民間部門の委託は改正法25条の規定に基づき委託元が委託先を監督する規定があるのに対し、公的部門の委託は改正法66条2項の規定があるのみで、必ずしも法文上、旧条例8条に相当するような委託先を監督する旨を定めた規定はない。

　これは、廃止された行政機関個人情報保護法でも、その前身の行政機関の保有する電子計算機処理に係る個人情報の保護に関する法律（昭和63年12月16日法律第95号）でも同じであるため、この部分の課題は、法改正に際し解決は図られていない。

　ただし、事務対応ガイドによれば[61]、改正法66条1項中の「安全管理のために必要かつ適切な措置」に「委託先に必要かつ適切な監督を行うことも必要な措置に含まれる」とされている。

　加えて、個情委による一元的な監督・監視体制は構築されたものの、個情委が監督する対象は主に「個人情報取扱事業者」であるため、例えばそれ以外の事業者[62]や私人等が東京都の受託者等である場合の対処は法的に困難である。

　また、仮に法的対処が可能である「個人情報取扱事業者」が東京都の委託先等である場合であっても、例えば、東京都が、改正法の権限を持つ個情委に対して、東京都の受託者を指導するよう、個別対応を要請したとして、これにきめ細やかに個情委が対応してくれるようなことは、現在の体制からみても期待できない[63]。

　東京都が個情委の代わりに法の監督権限を行使する余地はなくはないが、改正法170条（地方公共団体が処理する事務）の規定に基づく事務は[64]、「政令の定めがない限り、個人情報保護委員会及び事業所管大臣等の権限に属する事務

を行うことはできない」とされる[65]。

　2021年改正においては、「行政機関は、全体が内閣の統轄の下にある一体の組織である」[66]ことが幾度となく強調され、これを暗黙の了解とした議論（容易照合型定義であっても行政機関における個人情報の範囲に変わりがないことや[67]、同じ行政機関への立入調査は自己処罰になることから[68]内閣府の外局である同委員会による行政機関に対する立入調査等は謙抑的に行われるべきものであること[69]等）がなされたが、これを全面的に是とすれば、国の機関のいわば一係である個情委が、他の国の機関の委託先については、内部関係に依拠して当該他の国の機関の肩代わりとしての法執行をし得ることが想定される。しかし、個情委は、地方公共団体との関係では明らかに外部関係であるため、そのような円滑な法執行は組織法的にも想定し難い。

　こうした法やガイドライン等、公法関係としては解決が図れない部分は、実際に締結する契約書面等を工夫するなど、私法関係として対応しなければならなくなるであろう。

　このため、例えば、東京都では、従来は条例施行通達8条関係で明記していた契約書等に記載するものとする事項を、条例廃止に伴い、まずは取扱事務要綱において記載することとし、取扱事務要綱が「法実施要綱」となるよう、位置づけを明確化する改正を行った（公法関係上の整理とその限界）。

2022年度まで	2023年度から
第1　趣旨 1　東京都個人情報の保護に関する条例（平成2年東京都条例第113号。以下「条例」という。）に定める事務処理（「保有個人情報の開示・訂正・利用停止事務取扱要綱」に定めるものを除く。）は、別に定めがある場合を除き、この要綱に定めるところによる。	第1　趣旨 1　個人情報の保護に関する法律（平成15年法律第57号。以下「法」という。）及び行政手続における特定の個人を識別するための番号の利用等に関する法律（平成25年法律第27号。以下「番号利用法」という。）に定める事務処理（「保有個人情報の開示・訂正・利用停止事務取扱要綱」に定めるものを除

	く。)は、別に定めがある場合を除き、この要綱に定めるところによる。

　なお、旧条例29条の２から４までにおける「知事その他の執行機関」が、「知事、行政委員会、監査委員」であったのに対し、政令さえ制定されれば改正法170条に基づき個情委の権限及び事業所管大臣等に委任された権限に属する事務を行い得る主体は、「地方公共団体の長その他の執行機関」であるとされ、特に公営企業を積極的に除外する解釈も見当たらないこと等に鑑み、契約書等に「個人情報の秘密保持に関すること」を記載する場合において、「委託の用に供する個人情報が、不正競争防止法（平成５年法律第47号）に規定する営業秘密や限定提供データに該当し得る場合はその旨を記載する」こととするなど、損害賠償額を逸失利益ベースで算定することで通常の損害賠償額よりも増加し得ることも視野に、内容の見直しを図った（私法関係上の整理とその対応）。

2023年度から（取扱事務要綱抄）
第７　委託等（抄） ４（契約における留意事項） 　(1)　個人情報の秘密保持に関すること（<u>委託の用に供する個人情報が、不正競争防止法（平成５年法律第47号）に規定する営業秘密や限定提供データに該当し得る場合はその旨を記載する</u>。）。 　(2)　個人情報の目的外利用及び第三者への提供の禁止に関すること。 　(3)　<u>再委託及び再々委託等</u>における条件に関すること。 　(4)　個人情報の複写及び複製の禁止に関すること。 　(5)　委託完了時における個人情報の返還、<u>廃棄、消去</u>等の義務（<u>再委託及び再々委託の相手方等</u>を含む。） 　(6)　個人情報の廃棄、消去等の完了報告義務（再委託及び再々委託の相手方等を含む。） 　(7)　個人情報の管理方法の指定に関すること。

(8) 契約内容の順守状況についての定期的報告（再委託及び再々委託の相手方等を含む。）に関すること。
(9) 個人情報の管理状況について、必要に応じ、職員が立入調査を行うこと（再委託及び再々委託の相手方等を含む。）。
(10) 事故発生時における報告義務
(11) 受託者等における当該委託に従事する者に対する教育・研修義務（再委託及び再々委託の相手方等を含む。）
(12) 義務違反又は義務を怠った場合における契約解除等の措置及び損害賠償に関すること。
(13) その他当該契約において必要とする個人情報の保護に関する事項

※上記下線部は、条例施行通達にはなかった事項

　こうした都の取組内容は、あらかじめ事業者に対して広く周知し、委託先となり得る事業者の予見可能性を高めておくことが肝要である。このため、東京都では、「個人情報の取扱いの委託について」という専用のウェブページを用意し[70]、「個人情報の取扱いの委託を行う場合の措置等」として、委託の基準や、仕様書・請書等の本体条項（同文書別添１）及び特記仕様（同文書別添２）の例を公表している[71]。特に、事業者にとって、都と委託契約を締結する際に盛り込まれる条項等については関心が高いことから、「個人情報の取扱いの委託を行う場合の措置等の別添１及び２に係る解説補記」（以下「仕様解説」という。）として、X条及びY条（同文書別添１）並びにA条からQ条まで（同文書別添２）の逐条解説も併せて公表している[72]。

3　利用目的の明示、利用目的による制限

　東京都では、改正法75条５項の規定に基づく「個人情報ファイル簿とは別の個人情報の保有の状況に関する事項を記載した帳簿」として、法施行条例３条に基づく（事務）登録簿を整備し、「保有個人情報を取り扱う事務の目的」（同条１項３号）を明示している[73]。

　また、改正法61条は、法令（条例を含む。）の定める所掌事務又は業務を遂

行するため必要な場合に限り、かつ、その利用目的をできる限り特定することを行政機関等に要請するところ、事務対応ガイドによれば、ここでいう「法令」には、地方自治法2条2項に規定する「地域における事務」も含まれるとされ、これ以外にも地方教育行政の組織及び運営に関する法律（昭和31年法律第162号）、警察法（昭和29年法律第162号）、地方公営企業法（昭和27年法律第292号）等が同ガイドでは適示される[74]。

その上で、「特定した利用目的については、保有個人情報の開示を行う場合に開示請求者に対して通知しなければならないことから（法第82条第1項）、内部において適切に整理・管理する必要がある」「そのため、利用目的の特定の方法として、利用目的について内部的に整理したものを文書化しておくといった対応などが考えられる」ともされる[75]。

このため、東京都では、利用目的について整理したものを内部文書に留めるのではなく、登録簿として公表している。この運用は、旧条例に基づく保有個人情報取扱事務届出に相当する手続を従前の例により継続するものである[76]。

また、利用目的による制限も、登録簿を基準に行われる。東京都の登録簿では、法施行条例3条2項に基づき、当該事務を変更しようとするときも、当該事務について同条1項各号に掲げる事項を登録簿に記載しなければならないため、利用目的が変更されたことも公表される。2023年度に目的の変更があった登録簿としては、①水害リスク「我が家・我が事」プロジェクト（届出番号15-5-3）[77]、②連帯保証人・連絡先変更承認事務（届出番号2-2-16）[78]、③車いす住宅居住実態調査事務（届出番号2-2-18）[79]が確認できる（登録簿様式右上「変更年月日」欄）。直近の公式数値として、2023年3月31日時点での登録事務総数は4,728件であることから[80]、東京都における改正法61条3項に基づく目的の変更は、確認できる範囲でいえば、5千件近い事務がある年間で3件程度しか行っていない状況であることが窺える。東京都においては、特定した利用目的自体を変更することは、極めて稀なことであり、このことは事務感覚に照らしても妥当なものである。

なお、改正法62条に基づき、本人から直接書面（電磁的記録を含む。）に記録された当該本人の個人情報を取得するときは、上記のとおり特定し公表して

いる利用目的を基本的に当該書面等において明示することとなる。ただし、東京都の実務に照らせば、明示していない場合があるとしても、その大半は許可申請を行うため本人が自己の個人情報を記載した申請書を行政機関に提出する場合であるなど、「取得の状況からみて利用目的が明らかであると認められるとき」（同条4号）であり、そうでなくても、その利用目的を本人に通知・公表することにより権利や利益を害したり（同条1号又は2号）、事務の遂行に支障を及ぼすおそれがある（同条3号）等の場合としての同条各号のいずれかに該当する。

4 不適正利用禁止規定の考え方、対象となる事項の範囲

　改正法63条に基づく不適正利用禁止や、改正法64条に基づく適正取得の規定は、従来の東京都における旧条例4条の規定（収集の制限）に基づく、「適法かつ公正な手段により収集しなければならない」とした運用に相当するものであると考える。

　この点、上述した「個人情報の取扱いの委託を行う場合の措置等の別添1及び2に係る解説補記」の特記仕様（別添2）B条3項は、「表明保証」に関する事項を定める（「受託者は、この契約において取り扱う個人情報等を処理する場合には、その作成、取得及び提供等について、個人情報保護法に定められている手続を履行していることを保証するものとする」）。

　同規定は、特記仕様（例）の解説において、次のように説明される。すなわち、本条は、改正法「第63条〔不適正な利用の禁止〕及び第64条〔適正な取得〕等の趣旨を踏まえた規定」であって、「このような規定は（旧）行政機関の保有する個人情報の保護に関する法律（平成15年法律第58号）等にはなかった」が、事務対応ガイド（4-2-3-1）は同条の判断に当たり「個人情報の利用方法等の客観的な事情に加えて、個人情報の利用時点における行政機関等の認識及び予見可能性も踏まえる必要がある」ことを要請している。このことから、「個人情報取扱事業者についても……第19条〔不適正な利用の禁止〕及び第20条〔適正な取得〕等の規定があるため、東京都が受託者に個人情報を提供する方法により委託業務を実施する場合であっても（目録A）、受託者が個

人情報を第三者から直接取得する方法が委託業務に含まれる場合であっても（目録B）、当該第三者等で個人情報が適法に取り扱われていることの予見も含めて、諸手続の履行を表明し、保障するものである」とした[81]。

つまり、東京都が取扱いにつき委託を行い、成果物等として納入されることとなる個人情報について、まずは委託先の個人情報取扱事業者において改正法19条及び20条の規定が励行されている必要があり、そうした適法処理された個人情報を委託元の東京都において改正法63条及び64条の規定に沿って取得することが予定されていることとなる。

このような、2021年改正によって官に民と同様ないし類似の規律が課せられている規定については、改正法66条2項の趣旨に鑑み、委託元である行政機関等と同様の措置が委託先においても採られるべきであるが、その具体的実現方法や法令上の整理は、慎重に設計されなければならない。

5　正確性確保の義務の考え方

旧条例7条（適正管理）において、今日的な意味合いでの正確性確保に関する規定は、同条1号及び3号に規定されていた（同条2号は今日的には改正法66条（安全管理措置）1項に相当する）。同条1号は、①「事務の目的を達成するため、保有個人情報を正確かつ最新の状態に保たなければならない」ことを、同条3号は、②「保有の必要がなくなった保有個人情報については、速やかに消去し、又はこれを記録した公文書を廃棄しなければならない」こと及び③「ただし、歴史的資料として保有されるものについては、この限りではない」ことを定めていた。

実は、今日的には官民で実質的に同じ趣旨であると思われがちである正確性確保規定は、そもそも規定ぶりが異なっている。民では、改正法22条が「利用目的の達成に必要な範囲内において」、「個人データを正確かつ最新の内容に保つとともに」（上記①）、「利用する必要がなくなったときは、当該個人データを遅滞なく消去するよう努めなければならない」（上記②）と定める。

一方、官では、改正法65条が「利用目的の達成に必要な範囲内で」、「保有個人情報が過去又は現在の事実と合致するよう努めなければならない」と定め

る。利用目的の範囲内で適切に取り扱うことは共通するが、「正確」という言葉は用いられず、「最新」と意味的に近似である「現在の事実と合致」することが求められる（上記①後者）。また、「消去」という言葉も用いられていない。加えて、「過去……の事実と合致」することが求められているが、これは強いて言えば上記③の趣旨の前提であり、歴史的資料などは最新の状態にするのではなく、過去の事実として正確な記録（記憶）を残しておく（消去してはいけない場合が多い）ことを示唆するものと考えられる。

このため、基本的に「現在」の個人情報に関する考え方は官民でさほど相違ないが、「過去」の個人情報に関する考え方は、民では最新の情報に更新しておくか廃棄するかの選択を迫り得るのに対し、官ではそれをそのまま未来永続的にとどめる意味合いも強い。「正確性」をめぐって微細に異なるニュアンスを双方が自覚した上で確実に委託先を監督していかなければならない。

この点、「個人情報の取扱いの委託を行う場合の措置等の別添1及び2に係る解説補記」の上述した特記仕様（別添2）のK条は、個人情報等の帰属及び返還、廃棄又は消去に関する事項を定めるところ、同条5項は、「受託者は、第1項の個人情報等を廃棄又は消去したときは、完全に廃棄又は消去した旨の証明書……を東京都に提出しなければならない」と定めると同時に、「ただし、他の法令に基づき受託者において一定期間の保管が義務付けられている個人情報等については、受託者は、廃棄又は消去できない個人情報等の概要に関する情報……を上記証明書に記載すること」も定めた。

同規定は、特記仕様（例）の解説において、次のように説明される。すなわち、「個人情報取扱事業者は、個人情報保護法第30条〔第三者提供を受ける際の確認等〕……に基づき、第三者から個人データの提供を受けるに際して……所定の事項を確認する義務がある」「また、……当該個人データによって識別される本人の氏名その他の当該本人を特定するに足りる事項や当該個人データの項目等の情報……を記録する義務もある」「法令に基づき受託者において一定期間の保管が義務付けられている個人情報等もあり得る」「このため、個別法の要請の有無を把握する必要性も踏まえ、本条第5項ただし書きにおいて、この契約によらず、法令上、廃棄・消去できない個人情報等がある場合、その

概要を書面で提出することとしている」とされる[82]。

　つまり、日頃から不要な個人情報を消去するルール下にいる「民」が委託先である場合、行政活動の証跡として過去データそのものを最新化することなく記憶し続ける必要がある「官」と、正確性確保の考え方が微妙に異なる故に、個別法で保管が義務付けられているものまで法的根拠なく消去してしまうことがないように、コミュニケーションをとりながら落とし穴がないかを探りつつ、両者にじり寄るようにして適切な監督体制を実現しなければならない。

6　外国にある第三者への提供の制限と地方自治体との関係

　旧条例では、とりわけ海外移転に特化した外部提供の規定はなかったが、2021年改正により地方公共団体もこの問題に適切に向き合うこととなった。東京都の実務に照らすと、オリンピック・パラリンピック等の国際大会の開催やインバウンド需要を喚起する経済活性施策等を別にすれば、自らが実施する事務において外国にある第三者に関係するものは必ずしも多くはなく、また、個人情報の取扱いを委託するにあたって、委託先が海外企業等である等外国にある第三者への移転が明確な場合も別にすれば、基本的に1次請け事業者は国内事業者であるので、殊更心配する必要はないであろう。ただし、こうした状況下でアンテナを高く張って気を付けなければならないのは、1次請け事業者が（自覚的であるかを問わず）さらに別企業等に委託する場合であり、つまり実質的にこの問題は、2次請け事業者以降で潜在的なリスクがあることである。

　この点、上述した特記仕様（別添2）のG条は、再委託に関する事項を定めるところ、仕様解説において、「再委託を承諾すると、個人情報にアクセスできる者の増加に伴う漏えい等リスクのほか、個人情報の保護について東京都や受託者の監督が及びにくくなること」を指摘し、「特に外国にある第三者に日本法の効力が及びにくくなること」を明記しつつ、「再委託の契約内容として適切な個人情報保護措置が盛り込まれているか、その内容が確実に履行される再委託先であるか」の確認においても、「再委託先がある外国の個人情報の保護に関する制度等の把握を含む」ことを明記し、注意喚起している[83]。

　そして、再委託について、「都は、承諾手続を行う過程において、都が講じ

ることとなる安全管理措置の一つである「外的環境の把握」を行う」こととしている[84]。

なお、この特記仕様例全体が、2021年6月4日に欧州委員会が策定した、GDPRに基づき越境データを含む取引をする場合に用いる、標準契約条項（新SCC）を参考にしたことも明らかにしている（仕様解説冒頭）。

7 個人情報ファイル簿と個人情報取扱事務登録簿の関係

2023年3月31日時点での登録事務総数は4,728件である[85]。また、2024年2月1日時点での個人情報ファイル簿は、951件である[86]。両者は必ずしも内数関係にはないものの、東京都の実務に照らすと、事務と個人情報ファイルが1：nやn:nの関係にあるものは少ないため、基本的に5千弱の事務のうち千件前後の事務において約千の個人情報ファイルが用いられていると捉えて差し支えない。

これらの帳票の整備は、既存の帳簿（届出）を新たな事務単位の帳簿（登録簿）に変換する作業だけでなく、当然にその作業中においても新規の事務の登録や廃止などの変動を伴う。事務単位の帳簿は、取り扱う個人情報の本人の数を問わず整備していることから、この帳簿を基にして、データベース（ファイル）単位での帳簿をも抽出・編纂することとなる。こうした複数の作業工程を同時並行的に行うことについては、内部的なコストの増加も懸念されたことから、両帳簿の整備に際し「純増する作業」は、「両制度の帳簿の互換性」を整え、「ICTの活用等」によって「業務の標準化と処理の自動化」を図る方針が採られた[87]。業務の標準化と処理の自動化をするICTツールとして、東京都ではおよそ15局70の事業にRPA（Robotic Process Automation）が導入されているが[88]、旧届出及び新登録簿並びに個人情報ファイル簿の相互間のデータ処理もRPAにより「一体化、省力化」に行われた[89]。

なお、2024年2月16日から同年3月18日までの間実施された、東京都（地方独立行政法人を除く）における行政機関等匿名加工情報の提案募集では、951件中323の個人情報ファイルに提案募集が行われた（2024年2月15日時点の個人情報ファイル簿）。ちなみに、2022年度の国の行政機関（49機関）（独立行政

法人等（188法人）を除く）では87,387の個人情報ファイルがあり[90]、同年度において国の行政機関で297の個人情報ファイルに提案募集が行われた[91]ことと比較すると、東京都の提案募集対象がいるが三百を超えることは絶対数で言えば国に匹敵するし（やや上回る）、割合からいえば約3割が提案募集対象であるため国を遥かに上回る規模である。

III 開示・訂正・利用停止請求

1 審査基準としての性格

　開示等要綱については、これまで条例上の処分であった開示・訂正・利用停止の決定に関する諸手続が、法に基づく処分となることに留意して、まずは、行政手続法に基づく審査基準等であることの明記〔法律事項への対応〕を行った。

　具体的には、ガイドラインが要請する審査基準であることも意識して同要綱「第1　趣旨」において、法及び法施行条例に定める保有個人情報の開示、訂正及び利用停止の請求についての事務処理は、別に定めがある場合を除き、行政手続法（平成5年法律第88号）における審査基準等としての同要綱に定めるところにより行うものであることを明記した[92]。

　これにより、要綱に沿って事務を執り行う職員がその対応を図る上で、法に基づく事務であることの自覚を促すことを狙っている。

2022年度まで	2023年度から
第1　趣旨 　東京都個人情報の保護に関する条例（平成2年東京都条例第113号。以下「条例」という。）に定める自己を本人とする保有個人情報（以下「自己の保有個人情報」という。）の開示、訂正及び利用停止の請求についての事務処理（以下「自己の保有個人情報の開示・訂正・利用停止事務」	第1　趣旨 　個人情報の保護に関する法律（平成15年法律第57号。以下「法」という。）及び個人情報の保護に関する法律施行条例（令和4年東京都条例第130号。以下「条例」という。）に定める自己を本人とする保有個人情報（以下「自己の保有個人情報」という。）の開示、訂正及び利用停止の請

という。）は、別に定めがある場合を除き、この要綱に定めるところにより行うものとする。	求についての事務処理（以下「自己の保有個人情報の開示・訂正・利用停止事務」という。）は、別に定めがある場合を除き、行政手続法（平成5年法律第88号）における審査基準、処分基準及び行政指導指針としてのこの要綱に定めるところにより行うものとする。

　特に、ガイドラインでは、請求者の請求どおりに開示や訂正、利用停止をする決定[93]以外の決定について、次の3つの事項につき、「行政手続法に規定する申請に対する処分に該当するものであるので、各行政機関の長等は、同法第5条の規定に基づき、審査基準を策定し、各行政機関等のホームページにおいて公表する等の公にする措置を適切に講ずる必要がある」とする（47、48、54、58頁）。

・「開示請求を拒否すること」（48頁）
・「訂正をする旨の決定又は訂正をしない旨の決定（以下「訂正決定等」という。）」（54頁）
・「利用停止をする旨の決定又は利用停止をしない旨の決定（以下「利用停止決定等」という。）」（58頁）

これについて開示等要綱では、開示請求の拒否に関連し、「なりすましや任意代理人と本人との間に利益相反が合理的に疑われる場合には、法第78条第1項第1号による請求を拒否する旨の理由を付した不開示決定を行う」旨（第3.2(2)ウ(イ)）及び「開示請求者が当該期間内に補正に応じないとき又は開示請求者に連絡がつかないときは、法第78条第1項第1号による請求を拒否する旨の理由を付記した不開示決定を行う」旨（第3.2(2)エ）、「郵便等により開示請求があった場合は、本人又は代理人からの請求であること及び送付を選んだ理由について慎重に確認し、なりすましや利益相反が疑われる場合には、法第78条第1項第1号による請求を拒否する旨の理由を付した不開示決定を検討する」

旨（第3.3(1)イ）を記載した。

特に、存否応答拒否に関しては、「申請により求められた許認可等をするかどうかをその法令の定めに従って判断する」にあたっての事務手続に関する記載もある[94]。また、そうした事務手続を行う際の留意点等の記載もある[95]。同要綱が公にされる措置が講じられていることを踏まえると、審査基準としての側面もありながら、審査プロセスの一旦の事務手続に関する記載も含まれていることから、申請者視点での予見可能性の向上に寄与しているものと思われる。

2　任意代理人等の取扱いの問題（なりすましや本人確認、利益相反の問題等）

任意代理人は、本来であれば委任者である本人が自分の意思で選任した代理人である。このため、任意代理人との利益相反は、民法上は「通常観念されない」が、個人情報開示についていえば、「開示請求者本人が委任行為を十分に理解しないままに任意代理人を選任しているとか、任意代理人とされている者が開示請求者本人に対して圧力をかけることにより委任行為を強要している、などが疑われる場合というのは往々にしてあり得る」とされる[96]。

こうした懸念も踏まえ、開示等要綱の改正に際して新設した主な事項としては、①オンライン・郵便等による開示請求の手続の明記〔デジタル化等への対応〕[97]、②任意代理人による請求手続の追加〔事務を踏まえた手当て〕等がある。

①は、「行政手続のデジタル化への取組の一環として、公文書開示請求と同様、保有個人情報開示請求についても、東京共同電子申請・届出サービスによる電子申請の受付」を行うものであるが、上述した懸念から、法定代理人や任意代理人による開示請求は対象外とし、「開示請求者本人」であってもマイナンバーカードを用いて厳格に本人確認を行う[98]。

また、②は、基本的に法的には任意代理人も開示請求できるようになったため、慎重に代理資格を確認することで、「なりすましや任意代理人と本人との間に利益相反が合理的に疑われる場合には、法第78条第1項第1号による請求を拒否する旨の理由を付した不開示決定を行う」ことも折り込んで規定してい

る。

2023年度から（開示等要綱抄）第3　自己の保有個人情報の開示事務（抄）
1　（案内）(3)　開示請求の方法に係る留意事項 　開示請求は、法第77条により、開示請求書の提出により行うことと定められており、電子メール、電話又は口頭による開示請求の場合は開示請求の提出があったとものとは認めない。ただし、東京デジタルファースト条例（平成16年東京都条例第147号）第6条により、知事が指定する電子情報処理組織を利用して請求（以下「オンラインによる請求」という。）する場合は、開示請求書の提出があったとみなす。
2　（窓口等における開示請求書の受付）(2)　保有個人情報の本人又は代理人であることの確認 ウ　任意代理人による開示請求の場合 　任意代理人による開示請求の場合にあっては、自己を証明する書類とともに、代理関係を確認するため、細則に定める別記様式第2号の委任状に以下のいずれかの書類を添付して提出又は提示を求めるものとする。 （ア）当該委任状に押印された実印の印鑑登録証明書（ただし、開示請求の前30日以内に作成されたものに限る。） （イ）委任者の運転免許証、個人番号カード（ただし、個人番号通知カードは不可）等本人に対し一に限り発行される書類の複写物 　任意代理人が開示請求をする場合は、その委任理由を確認し、また、提出又は提示された書類を慎重に確認することや、必要に応じて請求者本人に電話連絡し委任の事実を確認するなど、任意代理人が開示請求者本人の意思に基づく委任を受けているかどうかを慎重に判断する。 　当該確認を踏まえ、なりすましや任意代理人と本人との間に利益相反が合理的に疑われる場合には、法第78条第1項第1号による請求を拒否する旨の理由を付した不開示決定を行う。

3　不開示情報の規定と従来の個人情報保護条例における非開示情報との関係

　法施行条例事務対応ガイド5条関係（不開示情報）「第1　趣旨」の解説では、東京都情報公開条例に準じて追加した不開示情報（任意提供情報（旧条例第16条第7号）、他人の特定個人情報（旧条例第16条第9号）、死者の個人番号（旧条例第16条第11号））の解釈指針を示しているが、これら条例で追加した不開示情報は、改正法78条1項各号の不開示情報と「競合関係」[99]にある。

　この点、改正法78条1項各号を適用する際の留意点も同ガイドで示しているため、同ガイドは、東京都における改正法82条（開示請求に対する措置）の規定に基づく開示決定等の審査基準としての性格も有する。

　また、審査基準が、「申請により求められた許認可等をするかどうかをその法令の定めに従って判断するために必要とされる基準」（行政手続法2条8項ロ）と定義されることから、実際に開示請求を受けた職員が参照する文書群もこれに含まれ得る。このため、同ガイド「第2　運用」の解説においては、「情報公開法等における先例も十分参考になり得」[100]る一方、「令和3年改正法の施行前の条例に基づく審議会等による答申を根拠とした運用については、……改正後の法に則ったものであるか否かにつき再整理した上で、法の規定に従い適切な取扱いを確保する必要がある」[101]とする国の各種ガイドラインの記載を引用しながら、東京都情報公開審査会及び東京都個人情報保護審査会の答申の参照方法として、改正法78条1号各号の不開示情報が旧条例16条各号のどの非開示情報に相当するのかを示している。

　以下、法施行条例事務対応ガイドの記載を中心に、法に掲げる不開示情報の適用に当たって留意すべきものと考える事項を記載する。

(1) 開示請求者以外の個人に関する情報

　改正法78条1項2号は、旧条例16条2号に相当する情報である。ただし、個人に関する情報であっても、特定個人情報については情報公開条例7条8号（他人の特定個人情報）を、個人番号のうち死亡した者に係るものについては同条9号（死者の個人番号）を、それぞれ読み替えて適用するとした法施行条例5条を適用する。

　また、「国家公務員の情報は、『各行政機関における公務員の氏名の取扱いに

ついて』(平成17年8月3日情報公開に関する連絡会議申合せ)、『国の行政機関における幹部公務員の略歴の公表の在り方について(通知)』(平成19年5月22日総管情第63号総務省行政管理局長通知)も参照し対応するものとする」[102]。

(2) 事業活動情報

改正法78条1項3号は、旧条例16条3号に相当する情報である。ただし、法78条1項3号のロ(「行政機関等の要請を受けて、開示しないとの条件で任意に提供されたものであって、法人等又は個人における通例として開示しないこととされているものその他の当該条件を付することが当該情報の性質、当時の状況等に照らして合理的であると認められるもの」)は、旧条例にはなかった不開示規定であるため、かかる情報については、法78条1項3号のロを適用する(情報公開条例7条7号(任意提供情報)を読み替えて適用するとした法施行条例5条は適用しない)。

また、同条同号イは「競争上の地位その他正当な利益を害するおそれがあるもの」とあるが、旧条例では「競争上又は事業運営上の地位その他社会的な地位が損なわれると認められるもの」と規定していた。このため、法の「その他正当な利益を害するおそれがあるもの」に旧条例の「事業運営上の地位その他社会的な地位が損なわれると認められる情報」を含むことを同ガイドで確認的に記載している。

(3) 犯罪の予防・捜査等情報

改正法78条1項4号及び5号は、旧条例16条4号に相当する情報である。

このうち前者は、事務対応ガイドによれば、「地方公共団体の機関及び地方独立行政法人が開示決定等をする場合には適用がない」とされるため、どの都の機関等でも前者を適用することはないが、これに相当する情報を不開示とする場合は、同条同項7号(行政運営情報)イによることとなる。

また、後者は、事務対応ガイドによれば、「地方公共団体の機関(都道府県の機関を除く。)及び地方独立行政法人が開示決定等をする場合には適用がない」とされるため、都の機関等のうち地方独立行政法人では後者を適用することはないが、都が設立した地方独立行政法人においてこれに相当する情報を不開示とする場合は、同条同項7号ロによることとなる。

(4) 審議、検討又は協議に関する情報

　改正法78条1項6号は、旧条例16条第5号に相当する情報である。対象となるのは、「国の機関、独立行政法人等、地方公共団体及び地方独立行政法人の内部又は相互間における審議、検討又は協議に関する情報」であるが、事務対応ガイドによれば、「国の機関」は、国会、内閣、裁判所及び会計検査院並びにこれらに属する機関を指すものとされる。

　一方、この規定における「地方公共団体」が、「地方公共団体の機関」のみを指すのかどうかについては、同ガイドに記載がない。基本的に、国会や裁判所は法による個人情報の取扱いに係る規律の対象となっていないこととの整合を図るため、地方公共団体の議会は、「地方公共団体の機関」には含まれていない。しかし、一部の規定においては、「地方公共団体の機関」に議会を含んでいる[103]。また、本条は「地方公共団体の機関」ではなく「地方公共団体」と規定されていることから、国会が本条から除かれていないことも踏まえると、積極的に地方公共団体の議会を本条から除いて解釈すべきではない。ちなみに、条例施行通達では、旧条例16条5号の規定中の「都の機関」には都議会も含まれるという解釈を明確化していた[104]。こうしたことも踏まえ、東京都では、都議会についても本条にいう「地方公共団体」に含まれるものとし、従前の運用との整合を図っている。

(5) 行政運営情報

　改正法78条1項7号は、旧条例16条6号に相当する情報である。

　同条同号イ（「地方公共団体の機関又は地方独立行政法人が開示決定等をする場合において、国の安全が害されるおそれ、他国若しくは国際機関との信頼関係が損なわれるおそれ又は他国若しくは国際機関との交渉上不利益を被るおそれ」）は、どの都の機関等でも適用があり得るが、ロ（「地方公共団体の機関（都道府県の機関を除く。）又は地方独立行政法人が開示決定等をする場合において、犯罪の予防、鎮圧又は捜査その他の公共の安全と秩序の維持に支障を及ぼすおそれ」）は、都の機関等のうち地方独立行政法人のみに適用され得ることとなる。

4 条例による不開示情報の追加

上記3で述べたとおり、東京都情報公開条例に準じて追加した不開示情報は、3つある。

以下、法施行条例事務対応ガイドの記載を中心に、法施行条例により追加した不開示情報の適用に当たって留意すべきものと考える事項を記載する。

(1) 任意提供情報（旧条例16条7号）

情報公開条例7条7号を、「同条第7号中『実施機関』とあるのは『都の機関等』と、『公に』とあるのは『開示』と」読み替えると、次のようになる。

条例不開示情報（情報公開条例7条7号読み替え後）
都、国、独立行政法人等、他の地方公共団体、地方独立行政法人及び開示請求者以外のもの（以下「第三者」という。）が、都の機関等の要請を受けて、開示しないとの条件で任意に提供した情報であって、第三者における通例として開示しないこととされているものその他の当該条件を付することが当該情報の性質、当時の状況等に照らして合理的であると認められるものその他当該情報が開示されないことに対する当該第三者の信頼が保護に値するものであり、これを開示することにより、その信頼を不当に損なうことになると認められるもの。ただし、人の生命、健康、生活又は財産を保護するため、開示することが必要であると認められるものを除く。

本号は、その性質上、以下に掲げる改正法78条1項各号の不開示情報と競合関係にあるため、これら法の各号の不開示規定の適用可否を検討した上で、本号によらなければ一般的に他に知らされないという認識及び信頼関係が損なわれるおそれがある場合に限り、本号を適用することとした。

・3号ロ（特に「行政機関等の要請」が、都の機関等の要請である場合）
・5号（特に「地方公共団体の機関（都道府県の機関に限る。）」が、都道府県公安委員会及び都道府県警察本部以外の都道府県の機関が開示決定等をする場合）
・6号（特に「地方公共団体及び地方独立行政法人の内部又は相互間」が、都の機関等の内部又は相互間である場合）

・7号（特に「地方公共団体又は地方独立行政法人が行う事務又は事業」が、都の機関等が行う事務又は事業である場合）

(2) 他人の特定個人情報（旧条例16条9号）

情報公開条例7条8号を「『特定個人情報』とあるのは『特定個人情報（他人（自己と同一の世帯に属する者以外の者をいう。）の特定個人情報に限る。）』と」読み替えると、次のようになる。

条例不開示情報（情報公開条例7条8号読み替え後）
行政手続における特定の個人を識別するための番号の利用等に関する法律（平成25年法律第27号。以下「番号利用法」という。）第2条第8項に規定する特定個人情報（他人（自己と同一の世帯に属する者以外の者をいう。）の特定個人情報に限る。）

　本号は、その性質上、改正法78条1項2号（開示請求者以外の個人に関する情報）と適用上の競合関係にあるが、都における他人の特定個人情報は、本号を適用する。

(3) 死者の個人番号（旧条例第16条第11号）

情報公開条例7条9号は、次のとおりである。

条例不開示情報（情報公開条例7条9号）
番号利用法第2条第5項に規定する個人番号のうち、死亡した者に係るもの

　本号は、その性質上、改正法78条1項2号（開示請求者以外の個人に関する情報）と適用上の競合関係にあるが、都における死者の特定個人情報は、本号を適用する。

5　国の開示手数料と地方自治体の手数料の考え方

　手数料については、少なくとも、(1)国の情報公開法制の手数料、(2)国の個人情報保護法制の手数料、(3)情報公開条例の手数料、(4)旧個人情報保護条例の手数料、の4つに整理し検討する必要がある。

つまり、今回の改正では、これまで(4)の考え方に基づき設定していた手数料の額と同額を法適用後において維持する場合でも、(2)の考え方に基づき設定しなおす必要がある（法施行条例6条1項）。その上で、いわゆる従量制の手数料を導入するにあたっては、(3)を準用する等して規定する必要がある（法施行条例6条2項）。その際、(2)は(1)の影響を受けて整備されているため、(1)も参照する必要がある。

そして、そもそも自前の(4)の手数料が、どのように規定されてきたかを確認した上で、法に則して正しく(2)に適合させなければならない。以下、法施行条例事務対応ガイドに即して詳述する。

(1) 国の情報公開法制の手数料（定額受付料＋従量制実施料（閲覧・交付））

まず、情報公開法では、実際に開示されるかにかかわらず、書面により請求を行う場合、開示「請求」の（受付の）手数料として、行政文書1件につき300円がかかる。このため、何件の行政文書の開示を請求しているかの確認は、請求者の費用負担に関わるため、行政文書の単位が厳密に定義されなければならない。国においては、「行政文書の管理方策に関するガイドライン」（平成12年2月25日付け各省庁事務連絡会議申合せ）により、開示請求の対象となる行政文書は、「行政文書ファイル管理簿」を作成して、一般の閲覧に供することとされているため、基本的にこれを参照しつつ、請求件数に単価300円を乗じる。

その上で、開示「実施」手数料として、「閲覧」の場合には100枚までごとにつき100円、「複写機により用紙に複写したものの交付」の場合には用紙1枚につき10円がかかる。ここで重要なのは、複写した用紙を用意しない「閲覧」の場合でも少なくとも100円がかかることである。

(2) 国の個人情報保護法制の手数料（定額受付料のみ）

次に、行政機関個人情報保護法及び改正法では、上記(1)と同じく、開示「請求」の手数料としては、開示請求に係る保有個人情報が記録されている行政文書1件に300円がかかるため、「行政文書ファイル管理簿」を参照しつつ、適切に請求件数に単価300円を乗じる。なお、同じく一般の閲覧に供することとされている「個人情報ファイル簿」は、本人の数が千人分を超えないものは

作成されない等の都合から、必ずしも請求件数の算定に資するとは言い難いであろう。

そして、上記(1)でいうような開示「実施」手数料は規定されていないため、徴収しない。これは、「情報公開法が、何人にも理由を問わずに開示請求権を付与しているため、開示の実施に要する費用が大きくなる場合が稀でないと考えられ、受益者負担の理念を一部取り入れて、従量制の『開示の実施に係る手数料』を設けることが負担の公平の観点から望ましいと考えられた」[105]のに対し、自己情報開示は、少なくとも国においては「従量制で徴収しなければ濫用を防止できないほど大量の情報が請求されることは、本人自身の保有個人情報の請求に限定されていることからして通常は考えられないことにもよる」[106]との考えから、行政機関個人情報保護法の時代から徴収していないものである。

(3) 情報公開条例の手数料（従量制実施料のみ（閲覧・交付）→（交付のみ））

東京都においては、開示「請求」の（受付の）手数料というものは、かねてより規定していない。

その上で、開示「実施」手数料としては、かつては、「閲覧」の場合には公文書1枚につき10円、「写し」の場合は公文書1枚につき20円（単色刷り）がかかっていた。しかし、2017年に更なる情報公開の推進を目的に、「閲覧」の手数料を廃止し、「写し」についても単色刷りの場合は1枚につき10円に減額した。

このため、現在では、受付料0円・閲覧料0円・交付料は1枚10円の従量制となっている。

(4) 旧個人情報保護条例の手数料（上記(3)と同じ）

東京都においては、個人情報の開示請求であったとしても、上記(3)の情報公開制度と基本的に同じ手数料体系を採用していた。このため、結果として交付の際のみに手数料がかかるわけだが、その手数料構造としては、受付料0円・閲覧料0円・交付料は1枚10円の従量制となっている。

このことを改正法適用下において実現するため、法施行条例6条1項において改正法89条2項の規定により納付しなければならない手数料（開示請求受付

手数料）の額を「零円」とし、同条2項において改正法87条1項の規定により保有個人情報の開示を写しの交付により行うときは、情報公開条例17条1項及び4項の規定を準用することとした。準用規定に同条1項（条例別表）のみならず、同条4項（減免・免除）の規定も含めることで、東京都における公文書開示法制の調和を図っている。

Ⅳ　行政機関等匿名加工情報

前記Ⅱ7で既述したように、東京都においては初回となる、2023年度行政機関等匿名加工情報の提案募集が、2024年2月16日から同年3月18日までの間実施された。2024年2月15日時点の個人情報ファイル簿951件中323の個人情報ファイルが提案募集の対象となった。この実施に向けて、2024年1月22日に開催された第82回審議会において、その準備状況の報告も行われた[107]。

以下、審議会資料として用いられた「東京都における令和5年度行政機関等匿名加工情報の提案募集について（概要）」[108]及び「『行政機関等匿名加工情報』に関する提案の募集に関し必要な事項（提案の募集要綱）」等を中心に、東京都における実施にあたって留意した点を紹介する。

1　提案募集対象機関

2023年度の提案募集は、東京都知事の他6の都の機関（交通局長、水道局長、下水道局長、東京都教育委員会、消防総監、警視総監）において同時期に行われた。また、その内容も同様であったことから、機関別に時期を異ならせて提案募集をする実益が薄いため、提案の募集要綱を集約し、7機関連名で一元的に公示した。

地方公共団体の機関は、国の省庁と異なり多元的であることから、他自治体では、例えば首長部門と行政委員会が別々に提案募集を行っている事例や[109]、首長部門の中でも別々に提案募集を行っている事例[110]等がある。こうした地方公共団体特有の多元性と、2021年改正で事実上求められる一元性のバランスを図る必要から、東京都では、提案募集のためにも必要となる個人情報ファイル簿の整備が過度な行政コストをかけないよう「一体化、省力化」に行われるべ

きとした審議会での議論[111]の趣旨を汲み、基本的に知事部局において先行的に行ってきた準備状況を都の他機関に随時情報提供を行ってきた。

その結果、少なくとも2023年度はどの他の都の機関においてもその方法と異ならせて行う必要がなかったことから、提案を検討する者にとっての分かりやすさの観点からも、一元的に提案募集を行った。

2 提案の対象となる個人情報ファイルと提案募集期間

提案の対象となる具体的な個人情報ファイルは、提案募集を開始する前日（2024年2月15日）時点で提案の対象となる個人情報ファイルとした。提案対象となる個人情報ファイルについては、法にその要件等の記載はあるが、時点については特に記載がない。

改正法111条によれば、個人情報ファイル簿に提案の募集をする個人情報ファイルである旨等が記載された個人情報ファイルに提案を受け付けることとなる。改正法110条によれば、行政機関の長等が、改正法60条3項各号のいずれにも該当すると認めるときに記載するとしている。つまり、①その「個人情報ファイル」が提案対象であると「認めるとき」と、②認めたものについて「個人情報ファイル簿」にその旨「記載した」ときとの間にそもそも理論上タイムラグがある。そして、③提案対象の適否が記載された「個人情報ファイル簿」を基にして、1か月以上の期間をかけて募集を行うこととなる。

個人情報ファイルは、そもそも記録される本人の数が変動するものである。例えば、①の判断を行ったときには1,000件を超えていた個人情報ファイルが、③の段階では1,000件を下回っている可能性もある（その逆もあるが、法で決められた手順に従えば、例えば900件分の本人情報が保存された個人情報ファイルが提案募集期間中に1,000件を超えた場合に提案募集の対象とすることはできないと考えられる）。こうした問題を法における手続上の制約の中で可能な限り解消するため、内部調整を綿密に行うことで、①と②の時期を同日にし、③の募集開始日を①・②の日の翌日とした。

また、③の期間も、法令上は1か月を越えた期間設定もあり得るが、事業者にとって情報鮮度が落ちた個人情報ファイル簿で提案を受け付け続けることは

適当でないため、1回の提案募集期間としては、1か月を募集期間とした。運用上の工夫として、③の期間中は、事業者にとっての混乱を防ぐため、「公表」する個人情報ファイル簿としての情報の更新はなるべく行わないようにする方針を採った。これは、改正法75条1項が、個人情報ファイル簿を「作成」し、「公表」しなければならないとしていることから、「作成」と「公表」の間にもタイムラグがあるため、個人情報ファイル簿の内容に変更があった場合は、変更された内容を公表しなければならなくなるからである（改正法75条2項の適用除外のファイルとなった場合の手続は特に記載がない（「適用しない」とされるのみである）が、速やかに「公表」をやめるべきであろう）。「作成」する個人情報ファイル簿自体の情報更新があった場合は提案募集期間後に「公表」手続を行うことも検討したが、幸いにも③の期間中に個人情報ファイル簿の変更はなかったため、初期の方針を達成することができた。

　ちなみに、2024年2月19日に個情委が委員会としては初の提案募集要綱を公示し[112]、同年2月26日から3月27日までの間提案募集を行ったため、法の有権解釈権を持つとされる機関の取組は一定程度参考になると思われる。しかし、提案対象個人情報ファイルは「個人情報の保護に関する法律に基づく条例の届出・公表システムの届出団体・ユーザ管理データベース」1件のみであったことや、その個人情報ファイル簿の提示の方法は地方公共団体が対象外であるe-GovのURLであったこと[113]等、規模や性質から必ずしも地方公共団体にとっては模範的に参照できるとは限らない。少なくとも、e-Govのような、そもそも行政機関等匿名加工情報の提案募集時期とは無関係に個人情報ファイル簿が随時更新されていくような情報媒体を提案募集の際に使用する場合は、提案募集期間に正確な情報にアクセスできるよう、慎重な検討が求められよう。

　なお、東京都では、インターネット上のみで情報提供を行うリスクを踏まえ、東京都情報公開事務取扱要綱（平成11年12月27日付11政都情第389号）に定める都民情報ルーム及び局情報コーナー等においても提案対象個人情報ファイルに関するものを含む個人情報ファイル簿を閲覧の用に供することとした。

3　提案者の要件等

　提案者は、未成年者をはじめとした改正法113条（欠格事由）の各号に該当する場合は提案することができないとされる。このうち、同条6号は、「法人その他の団体であって、その役員のうちに前各号のいずれかに該当する者があるもの」も欠格事由としているが、同条1号（未成年者）から5号（契約解除日から2年を経過しない者）までの者が当該法人等の役員に就任しているかどうかを確認する手続については特段規定されていない。

　このため、都では、法定の欠格事由の確認を実質化するため、提案者が法人等である場合は、当該団体の役員等名簿（個人事業主等の場合は、当該事業に係る個人の名簿）の提出を求めることとした。この際、東京都暴力団排除条例（平成23年東京都条例第54号）2条4号に定める暴力団関係者（暴力団員又は暴力団若しくは暴力団員と密接な関係を有する者をいう。以下同じ。）であることが明らかになった場合は、同条例7条に基づく措置を講じなければならないため、その旨を募集要綱に記載している。

　この他、法人等の場合は、提案する事業が新たな産業の創出又は活力ある経済社会若しくは豊かな国民生活の実現に資することを明らかにする書面として「会社パンフレット等提案する者の事業の概要を把握できる資料」や登記事項証明書（履歴事項全部証明書等）、「最新の定款その他の基本約款（発起人や設立当初の役員等が記載された資料等）」の提出を求めるほか、有価証券報告書など「関係会社の状況」が把握できる資料を、東京都が提出させることが必要と認める書類として位置づけることで、実在しない法人や適格でない者による提案を防止する取組を講じている。

　現状の法制度では、個人としての欠格事由を法人等においては役員という個人レベルに還元して横引きすることでその同質性を保とうとしている。しかし、例えば会社法（平成17年法律第86号）331条1項は取締役の欠格事由を定めるところ、未成年者は成年被後見人や被保佐人と異なり、欠格事由者とされていないこと等との比較でいうと、未成年者だけで役員を構成する法人等であれば個人として要請される欠格事由との同質性を是認し得るが、そうでない場合は制度間での均衡を欠いているようにも思われる[114]。

4 提案の審査の基準

　提案された内容は、欠格事由者に該当しないことをはじめとした改正法114条1項各号に掲げる基準に適合するかどうかを審査しなければならない。この全7号は、法定基準であるため法に則して審査をするところ、このうち同条3号及び4号、6号については、東京都として提案募集を行うにあたっての審査の着眼点を明確化した。

(1) EU補完的ルールを意識した匿名化

　第一に、改正法114条1項3号は、改正法112条2項3号（本人の数）及び4号（本人の数のほか、加工の方法を特定するに足りる事項）に掲げる事項により特定される加工の方法が改正法116条1項の基準（特定の個人を識別することができないように及びその作成に用いる保有個人情報を復元することができないようにするために必要なものとして個人情報保護委員会規則で定める基準）に適合するものであることが求められる。個情委規則62条では、特定個人を識別できる記述（同条1号）や個人識別符号（同条2号）の削除をはじめとした、識別・復元できないような基準が示されているところ、同条5号に「前各号に掲げる措置のほか、保有個人情報に含まれる記述等と当該保有個人情報を含む個人情報ファイルを構成する他の保有個人情報に含まれる記述等との差異その他の当該個人情報ファイルの性質を勘案し、その結果を踏まえて適切な措置を講ずること」が掲げられている。

　このため、東京都では、「同条第5号の基準として『個人情報の保護に関する法律に係るEU及び英国域内から十分性認定により移転を受けた個人データの取扱いに関する補完的ルール』(5)の例に倣う措置（匿名化された個人を再識別することが何人にとっても不可能となるような措置）を講じること」とした。

募集要綱「6 提案の審査の基準」抄
③　特定される加工の方法が特定の個人を識別できないように及びその作成に用いる保有個人情報を復元することができないようにするために必要なものとして規則第62条で定める同条各号の基準に適合するものであるこ

と。ただし、東京都に対する提案の審査の基準には、規則第62条第5号で定める基準として次の措置を講ずることを含む。
- 保有個人情報に含まれる記述等と当該保有個人情報を含む個人情報ファイルを構成する他の保有個人情報に含まれる記述等との差異その他の当該個人情報ファイルの性質を勘案し、その結果を踏まえて、「個人情報の保護に関する法律に係るEU及び英国域内から十分性認定により移転を受けた個人データの取扱いに関する補完的ルール」（平成31年1月（令和5年3月一部改正）個人情報保護委員会決定）(5)の例に倣い、匿名化された個人を再識別することが何人にとっても不可能となるような措置を講ずる必要がある場合は、これを講ずること。

(2) 東京の新産業創出や豊かな都民生活の実現

　第二に、改正法114条1項4号は、意味合いとしては（我が国の）新たな産業の創出又は活力ある経済社会若しくは豊かな国民生活の実現に資するものであることが要件とされているが、東京都が保有する個人情報を用いて本事業を実施するにあたり、都民還元や域内産業の振興の観点は重要であることから、一義的に都民や東京の産業等に貢献するものであることを明確化した。

募集要綱「6　提案の審査の基準」抄
④　行政機関等匿名加工情報をその用に供して行う事業が主に東京の新たな産業の創出又は活力ある経済社会若しくは豊かな都民・国民生活の実現に資するものであること。

(3) 暴力団・トクリュウ対策を踏まえた安全管理措置

　第三に、改正法114条1項6号は、行政機関等匿名加工情報の利用の目的及び方法並びに提案に係る当該情報の適切な管理のために講ずる措置が、当該行政機関等匿名加工情報の本人の権利利益を保護するために適切なものであることが要件とされているが、法令上はやや抽象的な要件である。このことから、提案者が講じなければならない措置の内容を明確化するため、東京

都が保有する個人情報を用いて作られた行政機関等匿名加工情報が、上記3の要件審査で明記した暴力団関係者のみならず、「闇バイト」をはじめとした特殊詐欺等に手を染める「トクリュウ」[115]と呼ばれる匿名・流動型犯罪グループの関係者による関与が一切排除されなければならないことを明確化した。

募集要綱「6　提案の審査の基準」抄

⑥　提案に係る行政機関等匿名加工情報の利用目的・方法、漏えい防止等の適切な管理のために講ずる措置が当該行政機関等匿名加工情報の本人の権利利益を保護するために必要かつ適切なものであること。ただし、東京都に対する提案の審査の基準としてのこの措置には、提供されることとなる行政機関等匿名加工情報が、利用される過程において、以下の者による関与を一切排除する措置を含む。

・東京都暴力団排除条例第2条に定める暴力団関係者（同条第4号）又は規制対象者（同条第5号（ただし同号イを除く。））
・「東京都の暴力団排除対策及び準暴力団等への対処の連携に関する協定書」（令和5年11月15日付け締結）に定める準暴力団等（いわゆる匿名・流動型犯罪グループ）

5　利用に関する契約の留意事項

　提案された内容が上記各基準に適合する場合は、提案事業者と行政機関等匿名加工情報の利用に係る契約を締結することになる。契約締結自体は、改正法115条及び個情委規則61条に基づき、同規則別記様式第10を取り交わして行うこととなるが、その契約すべき内容については、私法上の契約であるとされている[116]。このため、この契約内容（個情委規則59条1項2号にいう「前号の契約の締結に関する書類」）については、あらかじめその内容の大枠を示しておきながら、各基準適合者とは最終的には個別具体的に契約内容を調整することとなることが想定される。ここで、どの各基準適合者であったとしても東京都が行う行政機関等匿名加工情報の提供においては変更する余地がない事項につ

いては、そのことを私法上の契約で行うにせよ、あらかじめ募集要綱で明記しておくことが適当であろう。

(1) 事業者名等の公表

　第一に、東京都では、上記契約締結に至った場合、その提案者の名称及び提案書の内容等を公表することを募集要綱で予告することで、データガバナンスの強化を図る。加工された個人に関する情報を取り扱う事業者の名称等が公表されることについては、医療分野の研究開発に資するための匿名加工医療情報及び仮名加工医療情報に関する法律（平成29年法律第28号）にいう匿名加工医療情報作成事業者及び医療情報等取扱受託事業者等の認定プロセスにおいて各事業者の名称等が公表される仕組みを参考としている。これは、他都市の例をみても国民健康保険や特定健康診断に関する提案実績が一定程度あることが窺えることから[117]、医療分野に限らず、個人に関する情報を加工した情報を取り扱う事業者の透明性を確保する観点から設けたものである。

募集要綱「9　留意事項」抄
(5)　行政機関等匿名加工情報の利用は契約に基づくものであるため、行政不服審査法（平成26年法律第68号）の対象外とされています。 　また、この契約の締結に至った提案者の名称（提案する者が法人その他の団体である場合は、役員等も含む。）及び所在地その他提案書の内容等を都民等に対して公表することに同意したものとみなします。 　なお、提案者は、これらの法的有効性について争わないものとします。

(2) 越境移転が見込まれる事例への対応

　第二に、東京都では、上記契約を締結するに際し、2023年12月に改正されたガイドライン等の趣旨も踏まえ、匿名加工情報の利用にあたっても外国にある第三者への提供が見込まれる場合、OECD「民間部門が保有する個人データに対するガバメントアクセスに関する宣言」（2022年）の趣旨をその条件に反映することとした。

　これは、日本法が意味するところの匿名化がなされた情報は、我が国にお

ける公法的規律としての越境移転に関する法令上の主だった制約はないものの、海外における当該情報の取扱いが生じ得る場合に、必ずしも匿名化に関する手続や考え方が各国間で統一的でないことから、私法的規律として民間部門ガイドラインの趣旨を東京都が当事者となる本契約においても具現化するために設けたものである。また、東京都から行政機関等匿名加工情報の提供を受ける者が、東京都から行政機関等匿名加工情報の作成を受託することも、公法的規律としてこれを明確に禁ずる規定はないが、十分な匿名化をどの局面でも担保するために、私法的規律として基準適合者がこの受託者となれない旨明記している。

募集要綱「8　行政機関等匿名加工情報の利用に関する契約」抄

(2)　行政機関等匿名加工情報の利用に関する契約の締結後は、契約条件の変更又は解除の申出は一切認めません。ただし、「個人情報の保護に関する法律についてのガイドライン（外国にある第三者への提供編）」（平成28年個人情報保護委員会告示第7号）（令和5年12月一部改正）等の趣旨を踏まえ、行政機関等匿名加工情報の利用にあたってもその情報について外国にある第三者への提供が見込まれる場合は、OECD「民間部門が保有する個人データに対するガバメントアクセスに関する宣言」（2022年）の趣旨を契約条件に反映させるため、契約に先立ちその内容について協議させていただく場合があります。

　なお、本件行政機関等匿名加工情報の利用に関する契約を締結した者は、本件行政機関等匿名加工情報の作成に関して法第116条第2項の委託を受けることはできません。

---

(3) 作成済みの匿名加工情報に関する効果的な周知

　第三に、更なるデータ利活用を推進するため、行政機関等匿名加工情報が作成された場合は当該情報の利用企業のみならず、他の企業等でも積極的に活用を検討していただくことが重要であることから、行政機関等匿名加工情報が作成された場合には、その利用条件等をデジタルサービス局が運営するウェブサイトに掲載することについて、提案者に予告することとした。ま

た、行政機関等匿名加工情報を作成する工程において著作権をはじめとする無体財産権が生じ得ることがあるが、これらも視野に入れ、データオーナーシップを念頭にその地位を債権的に規律し得ることを予告することとした。

募集要綱「9　留意事項」抄
(4)　東京都が作成・提供した行政機関等匿名加工情報の原著作者は東京都であるため、東京都が提供する行政機関等匿名加工情報を無断で第三者に提供する等の行為を禁止します（提案内容や加工方法等によって提供する行政機関等匿名加工情報が著作権法（昭和45年法律第48号）に定める編集著作物やデータベースの著作物等に該当する場合は、同法第12条及び第12条の2の規定等に基づく保護の対象にもなります）。また、東京都が作成・提供した行政機関等匿名加工情報の利用条件等は、東京データプラットフォーム（https://www.tdpf-hp.metro.tokyo.lg.jp/）におけるデータ連携基盤サイトで検索できるようにします。

V　法実施要綱としての整備・運用

　今般の例規整備においては、法律の委任を受けた条例の施行に必要な事項を定めた割合よりも、直接的に法律の施行に必要な事項を定めた割合のほうが大きい。これにより、規定の仕方によっては、直ちに法に抵触する例規になってしまわないように整備しなければならない。

　かつてマイナンバー法の整備にあたって、自治体は個人情報保護の領域において事実上初めて法適用される経験をし、現場の実態を踏まえながら導入するシステムの安全管理措置などの技術面も考慮し、かかる条例を整備した。まさに今回の2021年改正においても、同様の視点での検証が求められよう。

　現在、いわゆる3年ごとの見直しが国において進められているが、その見直しにおいても、我が国の法は、個人情報について「基本的には形式的なルール」であり、GDPRが「比例原則を強調」した「実体的ルール」であることと対照的であるといった指摘がなされている[118]。筆者は必ずしも、これまでの自治体条例は実体的ルールであり、国法より優れていたのであると評するわけで

はない。しかしながら、事実として、各自治体が自前の条例の運用にあたって有権解釈権を行使し、個人情報保護審議会等の独自の有識者会議体を構え、その意見・答申を踏まえた運用を全国で行ってきた経緯があり、またその様相は、我が国全体でみればある種多層的・多元的であり、当該地域の実情に応じた実体的ルールの運用でもあったとは評することができると考える。勿論、パンデミック等によりルールの条文自体が千差万別であることの不都合は世界中で経験された事象であるし、EU単一市場の実現に向けたGDPRが世界中の国々に参照され、我が国もこれに倣った対応を行ったことを否定しない。ただし、それでは例えばドイツが、例えばフランスが、GDPRの発効に伴って自前の個人情報保護法ないしプライバシー法を廃止したかといえば、そういうことではないわけであるし[119]、英国はGDPR発効直後にEU自体を離脱し、改めて2021年6月にEUから十分性認定を得て対応しているのも事実である。

　2021年改正論議に際しては、2000個問題と呼ばれたアジェンダセッティングにより、ことに定義や条文の統合が志向され、それ自体は革命的な改革ではあったと思われるが、技術革新が進む実情を踏まえれば、その内実の多様性や多元性が失われて良いことを意味しない。定義や条文といったテキストの統一化を目指すあまり、法執行のコンテクストまでも画一化・単純化してしまうような事態を招来しないためにも、自治体の現場では、むしろ今まで以上により一層の創意工夫が求められよう。

1 東京都HP（https://www.johokokai.metro.tokyo.lg.jp/johokokai/joko/index.html）「専門部会」の項参照
2 第78回東京都情報公開・個人情報保護審議会資料1「個人情報保護法対応部会における報告」
3 各地方自治体が参照することとされた事務対応ガイドは、令和5年4月1日施行分の事項についても頻繁に改正（修正）がなされ、直近では令和6年4月にも改正された、常に未完のソフトローであるといえる（https://www.ppc.go.jp/files/pdf/202403_koutekibumon_jimutaiou_guide_taisyohyo.pdf）。
4 第79回東京都情報公開・個人情報保護審議会議事録（https://www.johokokai.metro.tokyo.lg.jp/johokokai/joko/gijiroku/2022_79.html）
5 事務対応ガイド「Ⅷ　資料編」資料6（569-593頁）
6 第79回東京都情報公開・個人情報保護審議会資料1「個人情報保護等制度の課題等について」20-33頁
7 前掲注4参照。「これまで新美会長をはじめ個人情報保護法対応部会の皆様方には積極的なご議論をいただきまして、こちらの審議会のほうに、ご覧いただいております四つの基本的な考え方をご報告いただいたところです。非開示情報、代理請求、審議会の意見手続、政令・条例事項等でございます。」との事務局からの発言がある。
8 前掲注4参照。「こちらのこの基本的な考え方は、直近に開催されました5月30日の審議会で、三つ目と四つ目につきましてご報告させていただいたところ、この会の前後で国のほうから新たな情報提供ですとか、Q&Aの更新等が行われたところでございます。こちら踏まえまして、部会から報告いただきましたそれぞれの考え方に横断する論点につきまして、事務局のほうで整理をいたしました」「Aといたしまして、開示請求の代行に関する論点、……Bといたしまして、ファイル簿と事務登録簿との競合、Cといたしまして、……特定個人情報保護条例に関する論点がございまして、こうした三つの横断的な論点を、……四つの基本的な考え方とともに図示しているところ」（事務局発言）。
9 第79回東京都情報公開・個人情報保護審議会資料1「個人情報保護等制度の課題等について」2-19頁
10 東京都HP「令和5年度以降の東京都における個人情報保護制度に関する条例整備の考え方について（意見募集）」（https://www.metro.tokyo.lg.jp/tosei/hodohappyo/press/2022/10/11/13.html）
11 東京都HP「令和5年度以降の東京都における個人情報保護制度に関する条例整備の考え方について（意見募集）」の結果について（https://www.johokokai.metro.tokyo.lg.jp/kojinjoho/gaiyo/documents/ikenbosyuu.pdf）
　なお、同意見では、改正法129条の趣旨に関して、2021年5月11日の参議院内閣委員会における政府参考人（内閣官房内閣審議官・冨安泰一郎氏）の発言も引用しながら、「地方自治体の審議会などが審議する必要がある場合が減少するため同法129条を設けたものと解される」「そのため、地方自治体の審議会等が幅広く審議を行うことによる弊害の防止が立法趣旨となっているわけではない」とし、「法129条はあくまで例示規定」であるとの意見提

出者の認識が示されている。
12 東京都議会HP「令和4年第4回定例会提出議案と議決結果」(https://www.gikai.metro.tokyo.lg.jp/bill/reg2022-4.html)
13 第80回東京都情報公開・個人情報保護審議会議事録 (https://www.johokokai.metro.tokyo.lg.jp/johokokai/joko/gijiroku/2023_80.html)
14 第80回東京都情報公開・個人情報保護審議会資料1「個人情報の保護に関する条例整備について」1-8頁
15 前掲注14、9-14頁
16 条例要配慮個人情報については、当面定めないとした「考え方」Ⅰに沿って整備された同条例に項目がないため、「考え方」①において記載がない。
17 条文番号の並びに変更があったことに伴う通し番号の変更。
18 東京都情報公開条例においても所要の改正が図られている。第80回東京都情報公開・個人情報保護審議会資料1「個人情報の保護に関する条例整備について」15頁
19 法施行条例として別表を設ける方式ではなく、東京都情報公開条例別表と読み替える規定である。
20 「等」については特定個人情報保護条例が想定される。
21 標準処理期間が法定期限内であること及び訂正及び利用停止請求の手続きが法定手続どおりであること等から、前掲注16同様、「考え方」①から⑧までにおいて記載がない。
22 我が国がルール一元化にあたって模範としたGDPR(一般データ保護規則)においても、GDPR発効後の各EU加盟国の国内法化(National Adaptation)が課題となっているが、このことに関する邦語論文は管見の限り少ない。具体的には、GDPR85条(表現の自由及び情報伝達)に関するもの(ドイツ)として鈴木秀美(「EU一般データ保護規則とドイツのメディア適用除外規定」『メディア・コミュニケーション』No.69、慶應大学メディア・コミュニケーション研究所紀要2019)、89条(科学調査若しくは歴史調査の目的又は統計の目的)に関するもの(ドイツ及びイギリス、アイルランド)として板倉陽一郎・寺田麻佑(「欧州一般データ保護規則(GDPR)における各国実施法の学術研究除外についての動向」情報処理学会研究報告vol2018.80, No 7)等がある一方、86条(公文書の取扱い及び公衆のアクセス)や87条(国民識別番号の取扱い)等に関する研究は今後の課題である。
23 東京都交通局長が保有する個人情報の保護に関する規程及び東京都水道局長が保有する個人情報の保護に関する規程、東京都下水道局長が保有する個人情報の保護に関する規程
24 東京都公報2022年12月22日増刊100号 (https://www.tokyoto-koho.metro.tokyo.lg.jp/files/koho/y2022/2022_100.pdf)
25 東京都『個人情報保護事務の手引き(令和2年(2020年)4月)』166頁。知事以外の各実施機関はほぼ同様の内容を規則や規程、要綱等で定め、都度同様の改正を行う事務コストを払ってきた。
26 東京都HP (https://www.johokokai.metro.tokyo.lg.jp/kojinjoho/gaiyo/documents/housekougaido.pdf)
27 東京都HP (https://www.johokokai.metro.tokyo.lg.jp/kojinjoho/gaiyo/documents/

28 「保有個人情報の安全管理に関するモデル基準」は廃止され、特定個人情報に特有の規律は「特定個人情報等の安全管理に関する基準イメージ」（平成27年12月18日付27生広情第649号）に盛り込まれる。

29 事務対応ガイド資料6（個人情報保護法の施行に係る関係条例の条文イメージ）や、平成29年5月19日総行情第33号総務省大臣官房地域力創造審議官通知「個人情報保護条例の見直し等について（通知）」（https://www.soumu.go.jp/main_content/000486409.pdf）別添「条例改正のイメージ」等、近年の個人情報規範に関するソフトロー的手法も意識したものである。

30 法施行条例事務対応ガイド／第9条関係（委任）／第2運用

31 なお、同細則附則3（経過措置）において、この細則の施行の際、廃止前の知事規則の様式（他の実施機関がこれらの様式に準じて作成した様式を含む。）による用紙で、現に残存するものは、必要な修正を加え、なお使用することができる旨を定めている。

32 法施行条例事務対応ガイド／第1条関係（趣旨）／第1趣旨／1「本条は、条例の趣旨を明らかにしたものであり、条例の解釈指針となるものである。各条項の解釈及び運用は、常に本条に照らして行われなければならない。」（審査会条例事務対応ガイド／第1条関係（趣旨）／第1趣旨／1も同記述）

33 「考え方」Ⅰのうち条例要配慮個人情報及びⅥ（既存の情報公開制度との整合を考慮し、引き続き標準処理期間を現行のとおり維持する旨）、Ⅶ（訂正及び利用停止請求等の手続については法が定めた手続により行う旨）が特段添えられていないのは、前掲注16及び21と同様。

　その他の事項（Ⅴ（本人確認の厳格性を担保するため開示請求書に追加的に記載させる事項を定める規定を設ける旨）、Ⅸ（審議会への諮問に関する規定を定める旨）、Ⅹ（既存の個人情報保護条例の廃止を法施行条例附則に設ける旨））は、自明故に特段盛り込まなかった。

34 取扱事務要綱／第2管理体制／5及び7、8、12から16まで、17、24から26まで
　また、同要綱／第3報告事項／2及び3、6、7

35 取扱事務要綱／第2管理体制／5及び7、12、13

36 前掲注33同様

37 2021年10月22日個情委「『行政手続における特定の個人を識別するための番号の利用等に関する法律』第2条第8項に定義される個人番号の範囲について（周知）」（https://www.ppc.go.jp/files/pdf/211022_chuuikanki.pdf）

38 同指針4－8－2(4)（監査責任者）において、「各行政機関等に、監査責任者を一人置くこととし、内部監査等を担当する部局の長、幹事等をもって充てる。監査責任者は、保有個人情報の管理の状況について監査する任に当たる。」とされている。ここでいう行政機関等が、地方公共団体において東京都知事や東京都教育委員会等の各機関を指すのか、それとも行政委員会も含めて公法人としての東京都を指すのかは定かではないが、東京都においては、既に監査責任者の規定が特定個人情報保護規律において規定していたことから、こ

の仕組みを（一般）個人情報についても転用するものである。

39 旧取扱事務要綱第2／6
40 取扱事務要綱第2／9
41 取扱事務要綱第2／10
42 前掲注30参照
43 2012年3月「地方公共団体の職場における能率向上に関する研究会」策定（https://www.soumu.go.jp/main_content/000152618.pdf）
44 前掲注43、16頁
45 一般に、経験曲線理論（ボストンコンサルティンググループ提唱）では、累積生産量（投入量）と単位当たりコストが反比例し、前者が2倍になるごとに後者が20%前後減少する傾向が観察されることから、人的作業がメインの業務では、機械作業がメインの業務よりもカーブ（効果）が大きいと言われる。このため、技術革新の進展に伴いルール自体が頻繁に変更される宿命にあるならば、なるべくその変更後のルールを習熟した状態で他の業務に取り組める人的環境の整備が求められよう（あるルールをようやく習熟したところで他の業務に取り組むに際してルール自体が変わるようなことはなるべく避けるべきであろう）。そのため、人事異動の実情に応じた、適切なルール策定単位の設定が求められる。
46 旧取扱事務要綱第2／16
47 取扱事務要綱第2／24
48 取扱事務要綱第2／25
49 取扱事務要綱第2／26
50 事務対応ガイド4-4-2（本人への通知）に「なお、法第68条第1項の規定に基づく報告の対象とならない場合であっても、国民の不安を招きかねない事案として委員会へ情報提供を行った事案については、本人に対し、本人の権利利益を保護するために必要な範囲において、事態の概要、保有個人情報の項目、原因、二次被害又はそのおそれの有無及びその内容並びにその他参考となる事項を通知することが望ましい。」等の記載がある。
51 横山均「個人情報保護法制に見る技巧のディレンマ」自治実務セミナー（第一法規、2022年6月）30-34頁では、地方独立行政法人に関係するいくつかの条文を紹介し、宇賀説とも横山説とも異なる見解を個情委が示していることを指摘している。
52 2023年12月15日に開催された第264回同委員会（資料2-1別紙）で同年9月14日から同年10月13日までの間実施された「個人情報の保護に関する法律施行規則の一部を改正する規則（案）」及びガイドライン等改正のパブリックコメント結果が公表されている（https://www.ppc.go.jp/files/pdf/231215_shiryou-2-1-besshi.pdf）。このうち、例えばNo5（匿名）意見「個人情報保護委員会としては、法26条は個人データについてのみ適用されると解釈してきたのではないか。それにもかかわらず、「個人情報取扱事業者が取得し、又は取得しようとしている個人情報……」についても漏洩の報告を義務づけることは個人情報保護法26条の委任範囲を超えている」、No6（個人）意見「個人データの用語は、法16条で定義されているので、その定義を拡張するような記載を規則等に設けるべきではないのではないか。」、No16（日本証券業協会）「本改正は、法第26条1項に定める漏えい等の報告等の

義務の範囲を拡大するだけではなく、個人情報保護法に定める「個人データ」の定義を拡大する可能性を伴うものであり、内閣府令によって実質的に法改正を行うのに等しい影響が生じるおそれがある」等の声がある。

　また、「取得しようとする個人情報」が規制対象となることについては、2023年12月21日第266回同委員会（資料１－１）において、個情法の３年ごと見直しに関してヒアリングを受けた電子情報技術産業協会が、このことに公然と意義を申し立てている（https://www.ppc.go.jp/files/pdf/231221_shiryou-1-1.pdf）。

53　旧条例８条（委託等に伴う措置）及び８条の２（再委託）
54　旧条例９条（受託者等の責務）
55　条例施行通達／29条の２関係（事業者の取り扱う個人情報についての苦情の処理）／第１趣旨／２によれば、同規定による権限を行使できるのは「知事、行政委員会、監査委員」とされている。
56　法施行条例事務対応ガイド／２条関係（用語の意義）／第２運用／２／（3）／ウ／（ア）
57　法施行条例事務対応ガイド／２条関係（用語の意義）／第２運用／２／（3）／ウ／（ウ）
58　第201回国会（常会）答弁書（内閣参質201第50号）2020年３月３日（参議院議員音喜多駿君提出ネット・ゲーム依存症対策に関する質問に対して）二から五までについて（https://www.sangiin.go.jp/japanese/joho1/kousei/syuisyo/201/touh/t201050.htm）
59　ガイドライン５-３-１(2)（行政機関の長等の安全管理措置義務の準用）
60　改正法66条２項は「前項の規定は……準用する」旨を規定しているに過ぎないため、委託元と「同様の」措置を講じることまでを導出することは文理解釈的には困難であると考えられる（委託先も何かしらの安全管理措置を講じることは導出可）。

　しかし、体系的解釈（改正法25条に基づき、個人情報取扱事業者については委託先を監督することとしている規定があること）や、歴史的解釈（総務省行政管理局監・社団法人行政情報システム研究所編『解説　行政機関等個人情報保護法（増補版）』（ぎょうせい、2007年）33頁以下や総務庁行政管理局監修『新訂版　逐条解説　個人情報保護法』（第一法規、1991年）138頁以下にも現行ガイドラインと同様の記載があること）、目的論的解釈（改正法がわざわざ「二以上の段階にわたる委託」を明記した趣旨が、多段階の委託が稀でなくなった現代的な要請として、何次請け事業者であろうとも委託元である行政機関と同様の措置が講ぜられるべきという基本思想に由来するとすること）に依拠すれば、委託元と「同様の」措置を講じることを導出することは不可能ではないと考えられる。

　そして、この解釈を定めたものとして、「従わなかった場合、法違反と判断される可能性がある」事項として、「しなければならない」構文を同ガイドライン上で用いているものと考える。
61　事務対応ガイド４-３-１-１　行政機関の長等が講ずべき安全管理措置（法第66条第１項）
62　東京都が引き渡すこととなる「保有個人情報」は、必ずしも「個人情報ファイル」の一部又は全部であるとは限らず、散在情報だけであることも考えられるため、そのような情報が引き渡されることとなる受託者が、どのような場合においても「個人データ」により構成される「個人情報データベース等」を事業の用に供する者であることにはならない。

63 巽智彦「個人情報保護を担う行政組織の展開」情報法制研究12巻（2022年）84-95頁によれば、2015年改正後の個情委は、いわゆる業法の執行と平仄を合わせて調査を行うことが、勧告又は命令を効果的に行う上で必要がありうるとの認識の限りにおいて（改正法150条）、民間部門に対する調査権限を事業所管大臣に委任することとしているが、その背景には「事業所管官庁が習熟している業法の執行を通じて、個情法の執行のために必要な情報も収集されるというメリット」があると指摘する（92頁）。このことは、個情委ないし事業所管官庁が習熟する分野にない個人情報取扱事業者に対する調査においてはこうしたメリットが乏しいことを示唆しているものと考えられる。その意味において、自治体の委託先である個人情報取扱事業者という切り口での調査のメリットも同じく乏しいものと考えられる。

64 改正法170条「この法律に規定する委員会の権限及び第150条第1項又は第4項の規定により事業所管大臣又は金融庁長官に委任された権限に属する事務は、政令で定めるところにより、地方公共団体の長その他の執行機関が行うこととすることができる。」

65 法施行条例事務対応ガイド／2条関係（用語の意義）／第2運用／2／(3)／ウ／(イ)

66 2020年12月、個人情報保護制度の見直しに関するタスクフォース「個人情報保護制度の見直しに関する最終報告」注43

67 前掲注66参照

68 宇賀克也『マイナンバー法の逐条解説』（有斐閣、2022年）333頁

69 冨安泰一郎・中田響『一問一答　令和3年改正個人情報保護法』（商事法務、2021年）75頁、同注2

70 東京都HP（https://www.johokokai.metro.tokyo.lg.jp/kojinjoho/gaiyo/itaku.html）

　なお、事業者にとって参照頻度が高いものにしなければ実効性は薄れることから、東京都で入札等の手続を行う際に閲覧する「東京都電子調達システム」（https://www.e-procurement.metro.tokyo.lg.jp/index.jsp）のトップページに「個人情報を取り扱う契約における留意点」というバナーを設置し、同ページとハイパーリンクを設定している。

　また、東京都では、SDGsの取組として、環境・人権・労働・経済の各分野での望ましい慣行を敷衍させ、持続可能な社会に貢献することを目的に、「東京都社会的責任調達指針」を策定するため、その素案について、2024年2月15日から同年3月21日までパブリックコメントに付し、広く意見を求めた。同素案において、個人情報は、経済分野中「5.6　情報の適切な管理」に位置づけられ、義務的事項（法に基づく個人情報の取扱いと業務上知り得た機密事項の適切な管理）と推奨的事項（セキュリティリスクの高さに応じた情報アクセス管理強化や漏洩防止体制の確立）が謳われたが、これについての意見（No46）として、「『推奨』になっていますが、両方とも非常に重要なことであり、社会へ大きな悪影響を及ぼす可能性があるため、『義務』にすべきと考えます。」との意見が寄せられている（2024年4月12日「社会的責任に配慮した調達に係る有識者会議」中「パブリック・コメントの結果について」）。

　都はこの意見に対し、「調達指針が求める水準については、公共調達としての特徴を踏まえ、法令遵守を基本としながら確実に満たすべき項目を『義務的事項』に設定しています。義務的事項の範囲などについては、社会動向に応じて適宜見直しを実施し、取組の強

化を図って参ります。」と回答し、結果的に素案を修正していないが、「大変重要な項目である」との認識を示している（同資料）。
71 東京都HP（https://www.johokokai.metro.tokyo.lg.jp/kojinjoho/gaiyo/documents/sotitou.pdf）
72 東京都HP（https://www.johokokai.metro.tokyo.lg.jp/kojinjoho/gaiyo/documents/kaistuhoki.pdf）
73 法施行条例事務対応ガイド／3条関係（登録簿）／第1趣旨／1／(2)／エ
74 事務対応ガイド4－1(2)
75 事務対応ガイド4－1(3)
76 法施行条例事務対応ガイド／第3条関係（登録簿）／第1趣旨／1／(3)
77 東京都HP（https://www.johokokai.metro.tokyo.lg.jp/kojinjoho/gaiyo/tourokubo/documents/3-15-5-3.pdf）
78 東京都HP（https://www.johokokai.metro.tokyo.lg.jp/kojinjoho/gaiyo/tourokubo/documents/109-2-2-16.pdf）
79 東京都HP（https://www.johokokai.metro.tokyo.lg.jp/kojinjoho/gaiyo/tourokubo/documents/109-2-2-18.pdf）
80 令和4年度東京都個人情報保護制度運用状況年次報告書（https://www.metro.tokyo.lg.jp/tosei/hodohappyo/press/2023/07/27/documents/02_01.pdf）
81 前掲注72
　なお、目録Aは、改正法70条（保有個人情報の提供を受ける者に対する措置要求）に基づく「利用目的のために」委託をする際に「保有個人情報を提供する場合」の保有個人情報の範囲を両者で確認し、その「保有個人情報の提供を受ける者」である委託先に対し求める必要な措置の内容を具体的に示すものでもある。
　また、前掲注52にあるように、2023年12月27日に改正されたガイドライン5－3－1(1)により、「その他の保有個人情報の安全管理のために必要かつ適切な措置」には、「行政機関等が取得し、又は取得しようとしている個人情報であって、保有個人情報として取り扱われることが予定されているものの漏えい等を防止するために必要かつ適切な措置も含まれる」ことが明確化され、さらに2024年3月14日に改正された事務対応ガイド（4－4－1(6)③）により、同措置の対象となる個人情報の取扱いを「第三者に委託する場合であって、当該第三者（委託先）が当該個人情報を保有個人情報又は個人データとして取り扱う予定はないときも、ここにいう『行政機関等が第三者に保有個人情報の取扱いを委託している場合』に該当する」とされた。
　このため、目録Bは、東京都から引き渡す個人情報ではなく、委託先が東京都に最終的に納入等することとなる（＝保有個人情報として取り扱われることが予定されている）情報の範囲を両者で確認し、「その他の保有個人情報の安全管理のために必要かつ適切な措置」の内容を具体的に示すものである。
82 前掲注72
　なお、目録Aは、改正法70条（保有個人情報の提供を受ける者に対する措置要求）に基

づく「利用目的のために」委託をする際に「保有個人情報を提供する場合」の保有個人情報の範囲を両者で確認し、その「保有個人情報の提供を受ける者」である委託先に対し求める必要な措置の内容を具体的に示すものでもある。

また、前掲注52にあるように、2023年12月27日に改正されたガイドライン5-3-1 (1) により、「その他の保有個人情報の安全管理のために必要かつ適切な措置」には、「行政機関等が取得し、又は取得しようとしている個人情報であって、保有個人情報として取り扱われることが予定されているものの漏えい等を防止するために必要かつ適切な措置も含まれる」ことが明確化され、さらに2024年3月14日に改正された事務対応ガイド (4-4-1 (6)③) により、同措置の対象となる個人情報の取扱いを「第三者に委託する場合であって、当該第三者（委託先）が当該個人情報を保有個人情報又は個人データとして取り扱う予定はないときも、ここにいう『行政機関等が第三者に保有個人情報の取扱いを委託している場合』に該当する」とされた。

このため、目録Ｂは、東京都から引き渡す個人情報ではなく、委託先が東京都に最終的に納入等することとなる（＝保有個人情報として取り扱われることが予定されている）情報の範囲を両者で確認し、「その他の保有個人情報の安全管理のために必要かつ適切な措置」の内容を具体的に示すものである。

83 改正法28条及び71条にそれぞれ規定される「外国にある第三者への提供の制限」は、条文自体も微細に異なっている。民間規律である改正法28条は海外に「個人データを提供する場合」の規定であるが、公的規律である改正法71条は「利用目的以外の目的のために保有個人情報を提供する場合」の規定であるため、取り扱う情報の客体が「個人データ」か「保有個人情報」であるかも異なるが、いわゆる目的外であるかどうかを問うかどうかも異なっている。

このため、公的機関として個人情報取扱事業者を委託先とし、委託先が越境移転による取扱いを行う際、公的機関としては広い意味での海外移転を行っていても利用目的に沿って海外移転を行っているはずであるので改正法71条の規制はそもそも生じないが、これを請け負う委託先である個人情報取扱事業者としては利用目的かどうかを問わず海外移転を行うこととなるため、これが「個人データ」にも該当する場合は、移転先の外国が十分性認定国等であるかどうかを確認し、そうでない場合は、移転先の現地企業等がいわゆる相当措置（個人データの取扱いについてこの節（4章2節）の規定により個人情報取扱事業者が講ずべきこととされている措置に相当する措置）を継続的に講じる体制があるかどうかを、個情委規則の基準に照らし確認しなければならない。そして、こうした確認は、改正法66条2項1号の「行政機関等から個人情報の取扱いの委託を受けた者」である個人情報取扱事業者が一義的な責任を有することは当然として、委託元となる公的機関も適切にこれを監督する立場として、民間規律に無関心ではいられず、正確に習熟しなければならないのである。

84 仕様解説註釈12参照

85 前掲注80参照

86 東京都HP（https://www.johokokai.metro.tokyo.lg.jp/kojinjoho/gaiyo/fairubo/index.html）

87 都審議会議事録（https://www.johokokai.metro.tokyo.lg.jp/johokokai/joko/gijiroku/2022_79.html）「個人情報ファイル簿と事務届出について」「懸念がありますような類似手続の作業の重複につきまして、改めて両制度の有用な性質を整理いたしまして、今後の対応といたしましては、4）にありますように、現行の事務届出は、引き続き、皆様方、先生方に情報提供させていただきまして、また、純増する作業につきましては、両制度の帳簿の互換性を整えた上で、ICTの活用等によります業務の標準化と処理の自動化によりまして、一体化、省力化を図っていきたい」とされた。

88 デジタルサービス推進部（東京都 公式）note「都庁で活躍する小さなロボット（RPA）」2022年3月16日（https://note.com/smart_tokyo/n/ne9402c408f99）

89 前掲注87参照

90 個情委HP「令和4年度における行政機関及び独立行政法人等の個人情報保護法の施行の状況について（概要）」（https://www.ppc.go.jp/files/pdf/sekougaiyou_r04.pdf）

91 個情委HP「提案募集の対象となる個人情報ファイル一覧表」（https://www.ppc.go.jp/files/pdf/tokumeikako_teianbosyu_1-1.pdf）

92 東京都HP（https://www.johokokai.metro.tokyo.lg.jp/kojinjoho/gaiyo/documents/20240401_kaijitouyoukou.pdf）

93 請求どおりに開示や訂正、利用停止をする決定をすることは、当該制度における原則どおりの決定である。

　このため、原則どおりの手続（例えば開示）を行うこと自体の審査は、例外的な手続（例えば不開示）を行わないことの審査となるはずであるので、基本的には後者の基準を公表すれば足りるものと思われる。

　ただし、東京都では、原則どおりに開示しようとうる場合でも「全部開示決定をめぐる争い」は想定されることから（杉田博俊によれば、①請求対象文書の特定の誤り、②開示文書以外にも対象とすべき文書がある、③一部対象外とした情報に自己の情報がある（友岡史仁編著『情報公開・個人情報保護：自治体審査実務編』（信山社、2022年）37頁以下））、こうした事態を招かないようにするための留意点をかねてより開示等要綱等に記載し、公表してきた。

94 「開示請求に係る保有個人情報の全部若しくは一部を開示しない旨の決定（開示請求に係る保有個人情報の存否を明らかにしないで開示請求を拒否するとき及び開示請求に係る保有個人情報を保有していないときを含む。）をするに当たっては、局の個人情報保護制度主管課長及び情報公開課長並びに関係部課長に協議するものとする。」（開示等要綱第3.6(5)ア）、「開示請求に係る保有個人情報の存否を明らかにしないで開示請求を拒否する決定を行った場合は、東京都情報公開・個人情報保護審議会にその旨を報告するものとする。」（同要綱第3.6(5)ウ）

95 「存否応答拒否をする場合は、開示請求に係る保有個人情報が仮に存在した場合に適用することとなる不開示条項及び当該保有個人情報の存否を明らかにすることが不開示情報を開示することになる理由を記載する。」（開示等要綱第3.6(8)イ「『開示をしないこととした理由』欄」中）、「開示請求に係る保有個人情報が存在しない場合には不存在を理由として不

開示決定をし、存在する場合には存否応答拒否をしたのでは、存否応答拒否をする場合は当該保有個人情報が存在することを開示請求者に推測されることとなる。したがって、存否応答拒否をする場合は、開示請求の内容に十分注意し、実際の保有個人情報の有無を問わず存否応答拒否をする必要があることに留意する。」(同要綱第3.6(8)ウ「存否応答拒否をする場合の留意事項」中)

96 村上宏祐「処分②―不開示処分(全部・一部)について」友岡史仁編著『情報公開・個人情報保護:自治体審査実務編』(信山社、2022年)39-46頁、45頁)

97 東京都HP「東京共同電子申請・届出サービスによる保有個人情報開示請求の電子申請の受付を開始します」(2024年4月11日)

98 前掲注97。なお、「開示・不開示等の決定通知書は、郵送により」行われる。

99 法施行条例事務対応ガイド／5条関係／第1趣旨／7(8)、8(5)、9

100 事務対応ガイド6-1-3-1(1)不開示情報該当性の審査

101 ガイドライン71頁

102 法施行条例事務対応ガイド／5条関係／第2運用／2　第2号関係(開示請求者以外の個人に関する情報)／(10)／オ

103 改正法2条11項2号の規定(「議会を除く。次章、第3章及び第69条第2項第3号を除き、以下同じ。」)を受けて、事務対応ガイド3-1-1(3)では、①国及び地方公共団体の責務等を定める規定(法第2章)、②個人情報の保護に関する施策等を定める規定(法第3章)、③行政機関等が利用目的以外の目的のために保有個人情報を提供することができる事由として地方公共団体の機関に提供する場合について定める規定(改正法第69条第2項第3号)においては、「地方公共団体の機関」に議会を含むとしている。このうち、①②

104 条例施行通達／16条5号関係／(3)

105 前掲注68、609頁

106 前掲注68、609頁

107 東京都HP(https://www.johokokai.metro.tokyo.lg.jp/johokokai/joko/gaiyo/2024_82.html)

108 東京都HP(https://www.johokokai.metro.tokyo.lg.jp/johokokai/joko/gaiyo/documents/20240229_02_03.pdf)

109 大阪府では、大阪府警(https://www.police.pref.osaka.lg.jp/sogo/jyoho/14417.html)が大阪府知事と別に提案募集を行っていた。

110 横浜市では、課ごと(あるいはファイルごと)に提案募集を行っている(https://www.city.yokohama.lg.jp/city-info/gyosei-kansa/joho/hogo/tokumeikakoujouhou.html)。

111 前掲注87参照

112 個情委HP(https://www.ppc.go.jp/application/gyouseikikantoutokumeikakoujouhou_teianboshu/)

113 前掲公示文では、提案の対象となる個人情報ファイルに適示されたリンク先(https://personal-info.e-gov.go.jp/servlet/Ksearch?CLASSNAME=KJNMSTDETAIL&seqNo=0000003774&fromKJNMSTLIST=true)が適示されていたが、これは公示日(2024年2月19

日）時点の一定の環境において有効なURLであり、提案募集期間中の同URLは適切にその個人情報ファイル簿を表示し得なかった（いわゆるリンク切れ状態）。URLそのものを使用する場合は、そのURLが不変であることを確認しなければならないだろう。

114 改正法113条6号との関係でいえば、未成年者（同条1号）と類似する要件として、「心身の故障」によりかかる事業を適正に行うことができない者として個人情報保護委員会規則で定めるもの（改正法113条2号）が挙げられるが、その個情委規則55条では、「精神の機能の障害」によりかかる事業を適正に行うに当たって「必要な認知、判断及び意思疎通を適切に行うことができない者」が定められている。

　このため、本条の趣旨が、認知や判断、意思疎通が適切に行えるかどうかにあるとするならば、法人等の役員のうち代表等ではないポストに未成年者や精神の機能の障害を抱えた者が一人いるだけで法人等として提案できない現状の制度はノーマライゼーションを普及する局面において適当でないというべきであろう。

　なお、両号の規定は、もともと行政機関個人情報保護法44条の6（欠格事由）1号に規定されていた「未成年者、成年被後見人又は被保佐人」の下線部が、成年被後見人等の権利の制限に係る措置の適正化等を図るための関係法律の整備に関する法律（令和元年法律第37号）により削除され、これに相当するものとして新2号に「心身の故障により前条第一項の提案に係る行政機関非識別加工情報をその用に供して行う事業を適正に行うことができない者として個人情報保護委員会規則で定めるもの」が新設された経緯がある（https://www.cao.go.jp/houan/doc/196_7shinkyu.pdf）。

　本来であればこの改正の際に当時の新7号（法人その他の団体であって、その役員のうちに前各号のいずれかに該当する者があるもの）との関係性を整理すべきだったものと思われる。

115 2024年3月3日毎日新聞「新型の犯罪集団トクリュウ　人違いの傷害事件、統制のない恐ろしさ」、2024年5月17日日本経済新聞「『トクリュウ』犯罪の脅威　警察捜査の大転換迫る」、2024年5月26日産経新聞「＜主張＞マネロン摘発　『トクリュウ』の実態暴け」、2024年6月3日読売新聞「トクリュウ犯罪　ＳＮＳでつながる集団の脅威」等

116 個人情報の保護に関する法律についてのQ&A（行政機関等編）QA5-1

117 2024年2月14日第272回個情委資料2-2「岡山市における個人情報保護法の運用状況」（https://www.ppc.go.jp/files/pdf/240214_shiryou-2-2.pdf）9-10頁

118 2024年6月3日第287回個情委資料1-1（曽我部真裕「個人情報保護法見直しに関するコメント」）（https://www.ppc.go.jp/files/pdf/240603_shiryou-1-1.pdf）

119 詳しくは別稿に譲るが、独仏ともに従来法の全部改正でGDPR対応をしている。また、例えばドイツでこれに関連したラント（州）法を全廃したりとか、例えばフランスでレジオン（広域自治体）やコミュン（基礎的自治体）に関するデータ法制がリセットされたりとか、そういったことは観察されていないのである。

（平松優太）

第3章 福岡県の事例
～条例要配慮個人情報の規定整備・保有個人情報開示請求における任意代理人からの請求～

I　条例要配慮個人情報の規定整備等について
1　旧条例における取扱い
(1) 旧条例におけるセンシティブ情報の取扱い

　福岡県では、個人情報の適正な取扱いに努めるとともに、県が保有する個人情報の開示及び訂正を求める権利を明らかにするため、平成4（1992）年3月に「福岡県個人情報保護条例」（平成4年福岡県条例第2号）を制定（平成4年10月施行）し、平成16（2004）年12月に全面改正（平成16年福岡県条例第57号。平成17（2005）年4月施行。以下両条例を総称して「旧条例」という。）を行った。

　旧条例では、第2章第1節の「個人情報の取扱い」において、第3条で収集の制限を規定し、個人情報の収集に当たっては、事務の目的を明確にし、かつ、当該目的を達成するために必要な範囲内で、適法かつ公正な手段により個人情報を収集しなければならないことを定めた。

　また、同条2項において、次の情報については原則収集禁止とし、法令に基づいて収集するとき、及び福岡県個人情報保護審議会（以下「審議会」という。）の意見を聴いた上で、個人情報を取り扱う事務の目的を達成するために収集する必要があると実施機関が認めるときは、例外として収集を認める旨を定め、これらの個人情報については、慎重な取扱いが求められていた。

　なお、これらの個人情報の収集制限に関する規定の一部については、同年10

月の全面施行に先立ち、同年5月から一部施行されており、早い段階から適切な取扱いに努めてきたところである。

【旧条例第3条第2項（抜粋）】＜条例制定時＞
2　実施機関は、次に掲げる事項に関する個人情報の収集をしてはならない。ただし、法令（条例を含む。以下同じ。）に基づいて収集するとき、及び福岡県個人情報保護審議会の意見を聴いた上で、個人情報を取り扱う事務の目的を達成するために収集する必要があると実施機関が認めるときは、この限りでない。
　一　思想、信条及び宗教
　二　人種及び民族
　三　犯罪歴
　四　社会的差別の原因となる社会的身分

　旧条例3条2項の規定については、平成27年に個人情報の保護に関する法律（平成15年法律第57号。以下「法」という。）が一部改正され、「要配慮個人情報」の規定が設けられたことなどに伴い、福岡県においても平成29（2017）年6月に旧条例の一部改正を行っており、原則収集禁止の対象となる情報について、次のとおり法や政令で定める「要配慮個人情報」と同様に収集制限の対象を規定していたところである。

【旧条例第3条第3項（抜粋）】＜平成29年6月一部改正以降＞
3　実施機関は、次に掲げる事項に関する個人情報の収集をしてはならない。ただし、法令（条例を含む。以下同じ。）に基づいて収集するとき、及び福岡県個人情報保護審議会の意見を聴いた上で、個人情報を取り扱う事務の目的を達成するために収集する必要があると実施機関が認めるときは、この限りでない。
　一　思想、信条及び宗教
　二　人種及び民族

三　社会的差別の原因となる社会的身分
　四　犯罪歴
　五　犯罪により害を被った事実
　六　病歴
　七　次に掲げる事項のいずれかを内容とする記述等（第4号又は前号に該当するものを除く。）
　　イ　本人を被疑者又は被告人として、逮捕、捜索、差押え、勾留、公訴の提起その他の刑事事件に関する手続が行われたこと。
　　ロ　本人を少年法（昭和23年法律第168号）第3条第1項に規定する少年又はその疑いのある者として、調査、観護の措置、審判、保護処分その他の少年の保護事件に関する手続が行われたこと。
　　ハ　身体障がい、知的障がい、精神障がい（発達障がいを含む。）その他の規則で定める心身の機能の障がいがあること。
　　ニ　本人に対して医師その他医療に関連する職務に従事する者（ホにおいて「医師等」という。）により行われた疾病の予防及び早期発見のための健康診断その他の検査（ホにおいて「健康診断等」という。）の結果
　　ホ　健康診断等の結果に基づき、又は疾病、負傷その他の心身の変化を理由として、本人に対して医師等により心身の状態の改善のための指導又は診療若しくは調剤が行われたこと。

(2)　「社会的差別の原因となる社会的身分」の規定と運用

　旧条例3条3項3号（旧条例制定時の3条2項4号。以降は平成29年一部改正以降の条項等名で表記している。）の「社会的差別の原因となる社会的身分」については、条例の解釈・運用基準を示した本県作成の「個人情報保護事務の手引」（以下「手引」という。）において、「出生によって決定される社会的な地位をいい、本号に該当する個人情報には、例えば同和地区の出身者であるという事実に関する情報が該当する。」とされていた。
　また、「同和地区の所在地名」について、当該単独情報からは、特定個人が

直接識別され得ないが、住民票その他と結びつけることにより、特定個人が同和地区の出身者であることが判明することから、本号に該当するものとしていた。

(3) 旧条例3条3項ただし書（審議会からの意見聴取による例外）に係る審議会の答申（第3号関連）

旧条例3条3項では、同項各号に掲げる個人情報について、原則、収集を禁止する一方で、実施機関が行う事務は多様であることから、同項ただし書において、法令に基づいて収集する場合又はあらかじめ審議会の意見を聴いた上で個人情報を取り扱う事務の目的を達成するために収集する必要があると実施機関が認める場合については、例外的に収集できるとしている。

平成6（1994）年度に発行した「福岡県の個人情報保護」個人情報保護制度年次報告書（平成4年度・5年度）によると、知事部局では、平成4（1992）年9月7日付けで、7つの共通事務と7つの単独事務について、収集の制限の例外事項として審議会に諮問し、いずれの事務についても適当なものであるとして答申がなされている。

この際、地域改善対策特定事業に係る国の財政上の特別措置に関する法律に係る事業を行う中で、その事業の対象者を確認するため、「社会的差別の原因となる社会的身分に関する個人情報を収集する事務」について、「社会的差別の原因となる社会的身分」に関する個人情報を収集する理由を、「県が地域改善対策特定事業に係る国の財政上の特別措置に関する法律に係る特別措置法に係る各事業を行うに際し、その対象となる者が歴史的社会的理由により生活環境等の安定向上が阻害されている地域の出身者であるという事実を確認する必要がある。」としており、当時から社会的差別の原因となる社会的身分に関する個人情報として同和地区の出身であるという事実に関する情報が該当するとしていた。

また、平成29（2017）年の旧条例の一部改正に伴い、個人情報の収集を制限する情報が追加されたことを受け、これまで審議会の意見を聴いた上で公益性が認められ、個人情報を収集していた事務について、改めて審議会へ諮問の上、その妥当性を判断することとした。

審議会での審議に当たっては、収集制限の対象となる個人情報を取り扱う事務について、共通事務と個別事務に分類し、各事務における個人情報を取り扱う内容、収集することの公益性・妥当性を審査した上で、答申がなされた。

　なお、当時の審議会の議論においては、「社会的差別の原因となる社会的身分」を含め、収集制限の対象となる個人情報の考え方は従来どおりであるものとして審議が行われている。

【審議会へ諮問した事務の分類】（「社会的身分」を収集する事務（共通事務）について抜粋）
思想・信条等の収集の制限に関する規定の例外事項（旧条例第3条第3項ただし書関係）

共通事務		収集する個人情報	収集の制限事項に係る個人情報の収集を認める理由
項目	内容		
相談等関係事務	県民等からの相談、陳情、要望、意見等の中で相談者等が提供する個人情報を収集する事務	①～⑪	県民等からの相談、陳情、要望、意見等があった場合、その内容に関して行政側の十分な理解と適切な対応を期待して相談者等から個人情報について述べられることが考えられるが、これらの個人情報は、実施機関の意思にかかわらず、相談者等の一方的な意思により述べられることがある。
作文・絵画募集等関係事務	作文等のコンクール、試験等を行う中で作文、論文等の記載内容に含まれる個人情報を収集する事務	①～⑪	各種のコンクールや試験の作文、論文等の記載内容は、表現の自由に基づき自由な意思で記載されるものであり、その中で個人情報について記載されることがある。
争訟等関係事務	争訟・交渉等に当たって、個人情報を収集する事務	①～⑪	調整、裁決等における公正な判断や訴訟の準備等を行うために必要な範囲内で個人情報を収集する必要がある。 　また、実施機関の意思にかかわらず、相手方からの一方的な意思により、個人情報を述べられることがある。

補助金等交付事務	補助金等交付に当たって、個人情報を収集する事務	③⑥⑦⑨⑩⑪	補助金等の交付要件に該当するかどうかを判断するため、病歴、障がいの状況等を収集する必要がある。 収集する個人情報は、実施機関において、個々の補助金等の目的や内容を十分に精査し、補助金等交付事務の目的を達成するために収集することが必要であると認めたものに限る。
奨学金等関係事務	奨学給付金・各種奨学金の支給、授業料の減免等に当たって、個人情報を収集する事務	③⑥⑦⑨⑩⑪	奨学給付金・各種奨学金の支給要件、授業料減免の要件に該当するかどうかを判断するため、病歴、障がいの状況等を収集する必要がある。 収集する個人情報は、実施機関において、個々の奨学金等の目的や内容を十分に精査し、奨学金等に係る事務の目的を達成するために収集することが必要だと認めたものに限る。

≪収集する個人情報≫
①思想、信条及び宗教
②人種及び民族
③社会的差別の原因となる社会的身分
④犯罪歴
⑤犯罪により害を被った事実
⑥病歴
⑦被疑者又は被告人として、刑事事件に関する手続が行われたこと
⑧本人を非行少年等として、少年保護事件に関する手続が行われたこと
⑨身体障がい、知的障がい、精神障がいその他心身の機能の障がいがあること
⑩医師等により行われた健康診断その他の検査の結果
⑪医師等により心身の改善のため指導又は診療若しくは調剤が行われたこと

　審議会の議論において、収集制限の対象となるセンシティブな個人情報については、例外的な収集が認められる場合を事務ごとに明確にする必要があるとされ、県民等からの相談、陳情、要望、意見等関係事務については、実施機関

の意思にかかわらず、県民等の相談者からの相談を受ける過程において、結果として「社会的差別の原因となる社会的身分」に係る個人情報が収集されることがあるため、答申の際に「県民等の相談者からの一方的な意見により、受動的に収集されることがある」としている。

　なお、収集制限に係る平成4（1992）年9月の答申で認められていた事務のうち、「地域改善対策特定事業に係る国の財政上の特別措置に関する法律に係る事業を行う中でその事業の対象者を確認するため、社会的差別の原因となる社会的身分に関する個人情報を収集する事務」については、平成14年度に地域改善特別措置法が失効したことに伴い地域改善対策特定事業が終了したことから、廃止している。

2　法改正に伴う個人情報保護制度一元化に向けた検討
(1)　当初の検討

　令和3（2021）年の法改正に伴い、令和5（2023）年4月1日から地方自治体の個人情報保護制度についても、改正法の下に一元化されることとなり、各地方公共団体における個人情報の取扱いや個人情報の開示請求等の大部分については、全国共通のルールである改正法の規定に基づいて実施されることとされた。なお、地方公共団体の条例においては、改正法の委任を受けた内容を規定するとともに、改正法の範囲内で、必要最低限の独自の保護措置を講じることが許容されている。

　このため、本県においても、新たに制定することになる「個人情報の保護に関する法律施行条例」（以下「法施行条例」という。）の内容について、個情委から示された事務対応ガイド等を基に検討を進めることとした。

　今回のテーマである「条例要配慮個人情報」に関しては、法施行条例で規定できる内容のうち、改正法の範囲内で、必要最低限の保護措置の規定が認められている事項に当たり、改正法60条5項において、「地方公共団体の機関又は地方独立行政法人が保有する個人情報（要配慮個人情報を除く。）のうち、地域の特性その他の事情に応じて、本人に対する不当な差別、偏見その他の不利益が生じないようにその取扱いに特に配慮を要するものとして地方公共団体が

条例で定める記述等が含まれる個人情報」とされている。本県では、事務対応ガイドにおける「要配慮個人情報」の解説を確認しつつ、規定の必要性を判断することとしていた。改正法及び政令の規定は、旧条例3条3項と同様の規定となっており、事務対応ガイドでは、「社会的身分」について、「ある個人にその境遇として固着していて、一生の間、自らの力によって容易にそれから脱し得ないような地位を意味し、単なる職業的地位や学歴は含まない。」とされ、手引の解説と同様の趣旨で説明がなされていた。

　このことから、旧条例3条3項各号の規定は、概ね改正法が規定する「要配慮個人情報」に該当するものであり、改めて「条例要配慮個人情報」を規定する必要性は乏しいものと判断し、法施行条例の制定方針に関して、「条例要配慮個人情報」については、規定不要との方針で審議会へ諮問したところである。

個人情報保護制度改正　論点整理用個票（審議会資料より抜粋）

検討事項	条例要配慮個人情報の追加の要否について	
関連条文	改正法	第60条第5項
	条例	第3条第3項
概　要	1　要配慮個人情報とは 　要配慮個人情報とは、本人に対する不当な差別、偏見その他の不利益が生じないようにその取扱いに特に配慮を要する記述等が含まれる個人情報をいう。 2　条例要配慮個人情報とは 　地方公共団体の機関等が保有する個人情報（要配慮個人情報を除く。）のうち、<u>地域の特性等に応じて、本人に対する不当な差別、偏見その他の不利益が生じないようにその取扱いに特に配慮を要するものとして、地方公共団体が条例で定める記述等が含まれる個人情報</u>をいう（法第60条第5項）。 3　本県における規定の要否 　条例要配慮個人情報に関する取扱いは、条例で規定した地方公共団体にのみ適用されるものであり、条例要配慮個人情報を規定するかは、各地方公共団体に委ねられている。	
論　点	1　条例要配慮個人情報の追加が必要か。 2　現行条例の収集制限情報と法の要配慮個人情報の取扱いに差異はあるか。	
検　討	論点1 　条例要配慮個人情報の追加が必要か。 　条例の収集制限のある個人情報と法の要配慮個人情報の内容には差異がないことに鑑みれば、特段、条例要配慮個人情報を追加する必要はないと考えられる。 論点2 　条例の収集制限情報と法の要配慮個人情報の取扱いに差異はあるか。 　現条例では要配慮個人情報と同様の内容について、原則収集を禁じており、法令に基づく場合等に例外的に収集を認めている（条例第3条第3項。以下、「収集制限情報」という。）。 　一方、改正法においては、要配慮個人情報の収集制限に関する規定は置かれていないものの、<u>個人情報の保有は、法令の定める所掌事務の遂行に必要な場合に利用目的の達成に必要な範囲内でのみ認められ、実質的に個人情報を保有できる範囲は、概ね同様である</u>との見解が個人情報保護委員会から示されている。 　したがって、現条例と同水準の個人情報の保護が図られ、取扱いに差異はないといえる。	
方向性	・条例要配慮個人情報を追加する必要はないと考えられる。 ・今後、県の新たな施策や社会状況の変化等を踏まえて、随時確認を行うことが望ましい。	

○要配慮個人情報とは

　要配慮個人情報とは、本人に対する不当な差別、偏見その他の不利益が生じないようにその取扱いに特に配慮を要する記述等が含まれる個人情報をいう。

〈要配慮個人情報に含まれる事項（法2条3項、施行令2条、施行規則5条）〉

項　目	内　容	現行条例の規定
人種	民族的・種族的出身や世系（国籍や肌の色は含まれない）	有
信条	思想や信仰等、個人の内心の基本的な考え方	有
社会的身分	本人の意思によらず、変更し得ない出自（同和地区出身であること等）	有
病歴（これに準ずるもの）	病歴（病気に罹患した経歴。がんに罹患している、統合失調症であること等）	有
	心身の機能の障害（身体障害、知的障害、精神障害（発達障害を含む）等）	有
	医師等による健康診断その他の検査の結果（遺伝子検査の結果を含む）	有
	健康診断等の結果による保健指導、診療または投薬に関する情報	有
犯罪の経歴（これに準ずるもの）	犯罪の経歴（前科、犯罪行為を行った事実）	有
	本人を被疑者または被告人とする刑事事件手続に関する情報	有
	本人を非行少年またはその疑いのある者とする少年の保護事件手続に関する情報	有
犯罪により害を被った事実	身体の障害、精神的、金銭的被害の区別なく一定の犯罪の被害を受けた事実	有

○改正法における個人情報の保有の制限

　個人情報（要配慮個人情報を含む。）の保有については、改正法第61条において個人情報の保有を制限する規定が定められており、現行条例と同様の取扱いが図られる。

〈改正法（抜粋）〉

(個人情報の保有の制限等)
第61条　行政機関等は、個人情報を保有するに当たっては、<u>法令の定める所掌事務又は業務を遂行するため必要な場合に限り</u>、かつ、その利用目的をできる限り特定しなければならない。
2　行政機関等は、前項の規定により特定された<u>利用目的の達成に必要な範囲を超えて、個人情報を保有してはならない</u>。

〈現行条例（抜粋）〉

第3条3　実施機関は、次に掲げる事項に関する個人情報の収集をしてはならない。ただし、<u>法令（条例を含む。以下同じ。）に基づいて収集するとき、及び福岡県個人情報保護審議会の意見を聴いた上で、個人情報を取り扱う事務の目的を達成するために収集する必要があると実施機関が認めるときは、この限りでない</u>。

審議会における審議の結果、委員間での審議においても検討方針は妥当と認められ、「現時点で規定する必要はなく、今後の県の施策や社会状況を踏まえ、検討することが望ましい。」との答申がなされた。

個人情報の保護に関する法律の改正等に伴う個人情報保護制度における対応について（答申）（令和4年8月18日4個保審第8号）

番号	項目	関連条文		概要	検討内容	審議会の結論
		改正法	現行条例			
1	条例要配慮個人情報	60条5項	3条3項	・改正法では、本人に対する不利益が生じないように取扱いに特に配慮を要する記述等が含まれる「要配慮個人情報」を規定。 ・上記に加えて、地域の特性等に応じて配慮を要する個人情報として「条例要配慮個人情報」を条例で定めることが可能。	・条例要配慮個人情報の追加が必要か。	・条例要配慮個人情報を追加する必要性は認められない。 ・今後、県の新たな施策や社会状況の変化等を踏まえ、要配慮個人情報の追加に係る必要性について検討を行うことが望ましい。

　これにより、法施行条例の制定に当たっては、現時点で「条例要配慮個人情報」の規定を設けないこととし、条例（案）の検討を進めることとしていた。

(2) 個情委の見解

　個情委は、個人情報保護制度の改正法に基づく一元化に当たり、全国の都道府県及び市区町村を対象として説明会を開催し、その際に、全国の自治体から寄せられた意見や質疑に対する回答について、令和4（2022）年6月に情報提供がなされた。

　この情報提供の中で、自治体からの改正法2条3項に規定する「要配慮個人情報」の適用範囲の解釈についての意見に対し、個情委から次のとおり回答が

なされており、個情委の解釈は、本県におけるこれまでの取扱いとは異なるものであることが判明した。

【質問及び回答（要旨）】

意見等	考え方
社会的差別の原因となるおそれのある「旧同和対策事業対象地域の所在地名」については、住民票等と結合することにより不当な差別や偏見その他の不利益が生じるおそれがあり、取扱いに特に配慮を要するものであることから、「要配慮個人情報」と同様に取り扱えるよう、ガイドライン等で考え方をお示しください。	要配慮個人情報には、法や政令・規則で定める記述等を含む個人情報がこれに該当しますが、これらの情報を推知させる情報に過ぎないものは、要配慮個人情報には当たりません。 「旧同和対策事業対象の所在地名」については、一般にはこのような推知情報に過ぎず、それのみによって要配慮個人情報と判断することはできません。

(3)「条例要配慮個人情報」の制定に向けた検討

個情委の「社会的身分」の解釈が、本県の取扱いと異なることが判明したことを受け、改めて「条例要配慮個人情報」の規定要否について検討を要することとなった。

「同和地区の所在地」については、当該単独情報からは個人識別性がないとは言え、住民票その他と結びつけることにより、特定個人が同和地区の出身者であることが判明することで個人の権利利益を害するおそれがあることを重要視し、これまで「収集制限のある個人情報」として取り扱ってきた経緯がある。

2(1)のとおり、当初は法で定める「要配慮個人情報」と旧条例で定める「収集制限のある個人情報」に差異はないことを前提に検討しており、このまま「条例要配慮個人情報」を規定しなかった場合、「同和地区の所在地」の記述が含まれる個人情報は、配慮を要する個人情報として取り扱われないこととなり、本県における従来からの個人情報保護の水準が低下したものとみなされ

ることとなってしまう。

　このことについて、同和問題等を所管する人権・同和対策局と協議を行ったところ、本県が、平成7（1995）年に部落差別の解消を推進し、差別のない社会を実現するため「福岡県部落差別事象の発生の防止に関する条例」を制定し、また、「部落差別の解消の推進に関する法律」の制定を受けて、平成31（2019）年には、同条例を改正し、「福岡県部落差別の解消の推進に関する条例」を制定するなど、同和問題の早期解決を県政の重要な課題と位置づけ、積極的に取り組んできた経緯を踏まえ、「同和地区の所在地」の記述が含まれる個人情報を「条例要配慮個人情報」として規定し、県の姿勢を明確に示すべきとの結論に至ったことから、従来と同等の取扱いとするよう、改めて審議会に諮問することとした。

　審議会の議論では、県が同和問題に関してこれまで重点課題として取り組んできた経緯があり、このような地域の特性から「条例要配慮個人情報」として規定する必要があることを明確にすべきとの意見が出され、次のとおり答申がなされた。

個人情報の保護に関する法律の改正等に伴う個人情報保護制度における対応について（答申）（令和4年9月28日4個保審第8号-2）			
項目	条例要配慮個人情報	関連条文　改正法	60条5項
		現条例	3条3項
概　要	・改正法では、本人に対する不利益が生じないように取扱いに特に配慮を要する記述等が含まれる「要配慮個人情報」を規定。 ・上記に加えて、地域の特性等に応じて配慮を要する個人情報として条例要配慮個人情報を条例で定めることが可能。		
検討事項	・条例要配慮個人情報の追加について		
審議会の結論	・福岡県では、「部落差別解消推進法」の制定後、他の都道府県に先駆けて「福岡県部落差別の解消の推進に関する条例」を施行するなど、同和問題の早期解決を県政の重要な課題と位置づけ積極的に取り組んできた経緯を有する。 ・こうした事実に鑑みれば、同和地区の所在地に関する記述が含まれる個人情報について、本人に対する不当な差別、偏見その他の不利益が生じないようにその取扱いに特に配慮を要するものとして、「条例要配慮個人情報」を規定することは適切と判断する。		

3 「条例要配慮個人情報」の規定

　当該答申を受け、本県では、令和5（2023）年4月施行の法施行条例において、「条例要配慮個人情報」を、次のとおり規定している。

> （条例要配慮個人情報）
> 第3条　法第60条第5項の条例で定める記述等は、福岡県部落差別の解消の推進に関する条例（平成31年福岡県条例第6号）第8条に規定する同和地区の所在地を含む記述等とする。

　審議会の議論において意見のあった、福岡県の同和問題に対するこれまでの取組みの経緯を明らかにする点についても、「同和地区の所在地」の用語の定義を福岡県部落差別の解消の推進に関する条例から引用することにより、明確にしている。

　この規定により、本県においては、実施機関に対し、「同和地区の所在地」の記述が含まれる個人情報について、改正法が定める要配慮個人情報と同様、特に慎重な取扱いを求めることが可能となっているところである。

Ⅱ　保有個人情報開示請求における任意代理人からの請求

1　旧条例における取扱い

（1）開示請求権（旧条例12条2項）

　福岡県個人情報保護条例12条は、何人も、自己の個人情報の開示を請求することができるとともに、未成年者又は成年被後見人の法定代理人が、本人に代わって請求することができることとしていた。

> （開示請求権）
> （旧）第12条
> 1　略
> 2　未成年者又は成年被後見人の法定代理人は、本人に代わって前項の規定による開示の請求（以下「開示請求」という。）をすることができる。

これは、個人情報の開示請求制度が、本人からの請求により、当該本人に対して個人情報を開示する制度であるので、代理人による請求は、本人が請求しうる限り一般に代理請求を認める実益に乏しく、また広く代理請求を認めることは、本人の権利利益保護に欠けるおそれがあるためであるものの、未成年者や成年被後見人については、本人自ら開示請求することが困難な場合もあることから、これらの法定代理人に限って代理請求を認めたものである。

　その後、平成28年にマイナンバー法が施行され、マイナンバー法においては、本人の委任による代理人にも代理請求が認められたことから、旧条例においても、特定個人情報の開示請求に限り、本人の委任による代理人にも代理請求を認めることとなった。

　これは、特定個人情報が、情報提供ネットワークシステムの導入に伴い、不正な情報提供等がなされる懸念があり得ることから、インターネット接続が困難で、かつ、書面請求も困難な者についても容易に開示請求権を行使できるようにするためのものであり、制定当初、任意代理人が請求を行う事例として、個人番号が利用されている社会保障・税分野の手続に関し、専門家である税理士や社会保険労務士などの代理人に手続を委任する場合が想定されていた。

　特定個人情報の開示請求については、任意代理人による請求を認めるよう旧条例を改正するにあたり、平成27年度に福岡県個人情報保護審議会に諮問を行っている。同審議会において、「個人情報と特定個人情報で取扱いに差異を設ける必要があるのか」、「個人情報についても任意代理人による請求を認めてもいいのではないか」、「不正請求の懸念がある」との指摘もなされたが、他都道府県の動向等も踏まえた上で、特定個人情報の開示請求のみ任意代理人による請求を認めることとした。

（開示請求権）

第12条

1　略

2　未成年者又は成年被後見人の法定代理人（特定個人情報にあっては、未成年者若しくは成年被後見人の法定代理人又は本人の委任による代理

> 人（以下「代理人」と総称する。）。第14条第1項第9号において同じ。）は、本人に代わって前項の規定による開示の請求（以下「開示請求」という。）をすることができる。

　なお、行政機関個人情報保護法における保有個人情報の開示請求についても、任意代理人による請求を認めない立法政策が維持されていた。

(2) 本人確認（旧条例13条2項）

　旧条例13条2項は、開示請求者は、自己が当該開示請求に係る個人情報の本人又はその法定代理人（特定個人情報にあっては、本人又はその代理人）であることを証明するために必要な書類を提出、又は提示しなければならない旨を定めており、具体的には、運転免許証、旅券、健康保険の被保険者証、個人番号カード等、法令の規定に基づいて交付される書類によって、開示請求者本人であることの確認を行っていた。

　また、法定代理人については、開示請求者が当該法定代理人自身であることを証明する書類（運転免許証等）に加え、「個人情報の本人と開示請求者の関係」が「本人と法定代理人の関係」であることを証明する書類として、個人情報の本人の戸籍抄本等の提出、又は提示による確認を行っていた。

　前述の特定個人情報の開示請求においては、任意代理人により請求を行う場合は、開示請求者が当該任意代理人自身であることを証明する書類（運転免許証等）に加え、委任状の提出を必要としており、また、任意代理人が法人である場合については、委任状の他に「登記事項証明書その他の官公署から発行され、又は発給された書類」等の提示、又は提出を求めることとしていた。

　更に、なりすましの防止の観点から、任意代理人が請求者である場合は、本人に対し、適当な時期に、電話又は文書で代理権の確認を行うことに加え、必要に応じて、本人の年齢や代理人の氏名等の確認を行うことを運用上の措置として定めていた。これらの措置は、旧条例14条1項9号（未成年者情報）該当性を判断する場合等、個人情報の開示に当たり、本人の意向の確認を要する事案を想定して行っていたものである。

　同号は、未成年者又は成年後見人の法定代理人から本人に代わって開示請求

がなされた場合であって、開示することにより、当該本人の正当な利益を害するおそれがある情報を不開示とする旨を規定したものである。

特定個人情報の開示請求においては、「未成年者又は成年後見人の法定代理人」を「未成年者又は成年後見人の法定代理人又は本人の委任による代理人」と読み替えて適用され、任意代理人から開示請求がなされた場合においても、開示することで委任した本人の権利利益を害するおそれがあるときは、不開示とすることができるものである。

このように、旧条例下においては、特定個人情報の開示請求の場合のみ、任意代理人からの請求が認められており、当該請求がなされた場合は、より慎重な本人確認を行っていたところである。

2　個人情報保護法改正に伴う変更点
(1) 任意代理人による請求

前述のとおり、行政機関個人情報保護法は、特定個人情報以外の保有個人情報について、任意代理人による請求を認めていなかった。これは、本県の旧条例と同様に、広く代理請求権を認めることにより、なりすまし等による制度の悪用を防止し、本人の権利利益の保護に重点を置いたことによるものと考えられる。

他方、令和3（2021）年の改正法では、76条2項において、本人の委任による代理人は、本人に代わって開示請求をすることができる旨が定められ、これにより、保有個人情報開示請求において、任意代理人による請求が認められることとなった。

また、旧条例における特定個人情報開示請求と同様に、法は、法人が任意代理人として開示請求を行うことも可能とした。

任意代理人による請求は、本人等による開示請求等をより容易にすることによって、個人の権利利益の保護を手厚くするために定められたものである。しかしながら、任意代理人によるなりすましや利益相反による請求の可能性は残されたままとなっており、法において、これらを未然に防ぐために、本人確認書類の提出等が定められている。

(2) 本人確認

　改正法77条2項は、開示請求をする者は、政令で定めるところにより、開示請求に係る保有個人情報の本人であること（法定代理人又は任意代理人による開示請求にあっては、開示請求に係る保有個人情報の本人の代理人であること）を示す書類を提示し、又は提出しなければならない旨を定めている。

　任意代理人による請求を行うに当たって必要となる書類は、個人情報の保護に関する法律施行令（平成15年政令第507号。以下「政令」という。）22条において定められており、行政機関の長等は、同条1項各号に掲げる書類のいずれか又は同条2項各号に掲げる書類に加えて同条3項に規定する書類の提示又は提出を求めて本人確認を行う必要がある。

　同条1項の規定は、開示請求書に記載されている者の氏名及び住所又は居所が記載されている運転免許証、健康保険の被保険者証等の提示又は提出について定めたものであり、これらについては、本人による請求の際にも個人情報保護の観点から提示又は提出が求められているものである。

　次に、同条2項は、郵送により開示請求を行うに当たって求める本人確認書類について定めたものである。これは、郵送による請求の場合、本人確認書類が複写されることとなるため、より一層本人確認に慎重を期す必要があることから定められた規定であり、窓口において開示請求をする場合に、提示又は提出が求められている書類に加えて、住民票の写しその他その者が運転免許証、健康保険の被保険者証等の本人確認書類に記載された本人であることを示すものとして行政機関の長等が適当と認める書類であって、30日以内に作成されたものについて提出を求めるものである。

　そして、任意代理人については、前2項に加えて同条3項により、行政機関の長等に対し、30日以内に作成された委任状その他資格を証明する書類を提示又は提出することとされている。

　更に、事務対応ガイドでは、法令上の義務ではなく、運用上の措置とする前提の下、任意代理人としての資格を証明する書類として提出された委任状の真正性を確認するために、委任者の実印を押印することとした上で印鑑証明書の添付を求める、又は委任者の運転免許証、個人番号カード等本人に対し一に限

り発行される書類の複写物の添付を求めることが明記されており、本県においても、これに倣い、印鑑証明書等の本人確認書類の提示又は提出を求めることとしている。

　なお、本県においては、本人確認書類の提示又は提出について、一般的に運転免許証の写し又は印鑑証明書の提示又は提出を案内することとしている。

　また、開示請求時点で、任意代理人の資格を有していたものが、開示実施日まで資格を有している保障はないことから、政令22条4項は、開示請求をした代理人に対し、当該保有個人情報の開示を受ける前にその資格を喪失したときは、直ちに、書面でその旨を当該開示請求をした行政機関の長等に届け出ることを義務付けており、同項の届出があった場合は、同条5項の規定により、当該開示請求は取り下げられたものとみなすものとされている。

　したがって、任意代理人の資格を有しているかどうかの確認は、開示請求時点の確認のみでは足りず、開示の実施時にも行う必要がある。

　確認の方法としては、請求者本人に対し、電話により委任の事実を確認すること等が考えられることから、本県では、福岡県個人情報の保護に関する法律施行条例細則（令和5年福岡県規則第15号）を制定する際、保有個人情報開示請求書（第5条関係様式第4号）（次頁参照）に請求者本人の電話番号を記載する欄を設けることとし、注釈に「任意代理人による請求の場合は、本人に対し、代理権の付与についての確認を行う場合がありますので、本人の電話番号を必ず記載してください。」と記載することとした。

様式第4号(第5条関係)

(表)
保有個人情報開示請求書

福岡県知事　殿

　　　　　　　　　　　　　　　　　　　　　　　年　月　日

(請求者)	郵便番号 ....
	住所又は居所 ....
	フリガナ ....
	氏　名 ....
	電話番号（　　　　）　　　－

　個人情報の保護に関する法律(平成15年法律第57号)第77条第1項の規定により、次のとおり保有個人情報の開示を請求します。

請求する保有個人情報の内容 ［請求する保有個人情報の内容が特定できるよう、開示請求に係る保有個人情報が記録されている公文書の名称、内容等をできるだけ具体的に記載してください。］		
求める開示の実施方法	□閲覧　　□視聴取　　□写しの交付(□郵送希望)	
代理人が請求する場合における本人の氏名等	フリガナ	
	氏　名	
	住所又は居所	
	電話番号	(任意代理人の場合)
	代理人の種別	□ 法定代理人 　□ 未成年者(　　　年　月　日生) 　□ 成年被後見人 □ 任意代理人
備考		

注　1　□については、該当する□にレ印を付けてください。
　　2　請求の際は、請求者欄に記載された請求者本人であることを確認するために必要な書類(運転免許証、健康保険の被保険者証、個人番号カード等)の提示又は提出が必要です。
　　3　法定代理人による請求の場合は、2の書類のほか戸籍謄本等その資格を証明する書類の提示又は提出が必要です。
　　4　任意代理人による請求の場合は、2の書類のほか委任状等その資格を証明する書類の提出が必要です。
　　5　3及び4の書類は、開示請求の日前30日以内に作成されたものに限ります。
　　6　任意代理人による請求の場合は、本人に対し、代理権の付与についての確認を行う場合がありますので、本人の電話番号を必ず記載してください。
　　7　開示請求をした代理人が当該開示請求に係る保有個人情報の開示を受ける前にその資格を喪失したときは、直ちに書面でその旨を届け出てください(当該届出があった段階で、取下げがあったものとみなします。)。
　　8　開示の希望日については、備考欄を活用ください。
　　9　用紙の大きさは、日本産業規格A列4番とします。

(裏)

書類の送付先(請求者欄の住所又は居所と異なる場合のみ記載)

郵便番号	....
送付先	....
電話番号(	)　―

　書類の送付先が請求者欄の住所又は居所と異なる場合は、その理由を記入し、当該理由を証明する書類(例えば入院先の病院長の証明等)を提示又は提出してください。
(理由)

【郵送により開示請求を行う場合】
　郵送により開示請求を行う場合は、次に掲げる書類を提出する必要があります(提出する書類にレ印を付けてください。)。なお、その他確認書類を提出する場合には、開示請求担当窓口へ事前に相談してください。
1　請求者欄(表面)に記載された請求者本人であることを確認するため、次の(1)及び(2)の書類を提出してください。
　(1)　次のいずれかの書類の写し
　　　□運転免許証　□健康保険の被保険者証
　　　□個人番号カード(表面のみ)　□住民基本台帳カード(住所記載のあるもの)
　　　□在留カード、特別永住者証明書又は特別永住者証明書とみなされる外国人登録証明書
　　　□その他確認書類(　　　　　　　　　　　　　　　　　　　　　　　)
　(2)　住民票の写し(開示請求の日前30日以内に作成されたものに限ります。個人番号の記載がある場合は黒塗りしてください。)
2　法定代理人による請求の場合は、1の書類のほか戸籍謄本その他その資格を証明する書類(開示請求の日前30日以内に作成されたものに限ります。)の提出が必要です。
3　任意代理人による請求の場合は、1の書類のほか委任状その他その資格を証明する書類(開示請求の日前30日以内に作成されたものに限ります。)の提出が必要です。
　　ただし、委任状については、①委任者の実印により押印した上で印鑑登録証明書を添付するか②委任者の運転免許証等本人に対し、一に限り発行される書類の写しを併せて提出してください。

※　事務担当課等記入欄

事務担当課等	部・局・所　　　　課・室　　　　係
請求者本人確認欄	□運転免許証　□健康保険の被保険者証 □個人番号カード、住民基本台帳カード(住所記載があるもの) □在留カード、特別永住者証明書又は特別永住者証明書とみなされる外国人登録証明書 □その他(　　　　　　　　　　　　　　　) □住民票(郵送の場合、上記書類及び住民票の確認が必要)
法定代理人資格確認欄	□戸籍謄本　□成年後見登記の登記事項証明書 □その他(　　　　　　　　　　　　　　　)
任意代理人資格確認欄	□委任状　□その他(　　　　　　　　　　　　　　　)
備考	

3　運用上の課題

(1) なりすましの防止

　法定代理人による開示請求の場合、政令22条1項又は2項に規定する法定代理人本人に係る本人確認書類の提示又は提出を求めるため、公的機関により発行された書類により、法定代理人の資格を確認することができることから、代理人としての資格を有することが容易に確認できる。

　一方、任意代理人による開示請求の場合、法令上の義務としては、任意様式の委任状を提出すれば足りることから、なりすまし防止の観点において、当該委任状の真正性を確認するため、適切に本人確認を行うほか、必要に応じて、委任状その他代理人としての資格を証明する書類の確認を補充するものとして、代理人の資格を有しているかどうかの確認のための行為を積み重ねることが重要である。

　本県の令和5（2023）年度における任意代理人からの保有個人情報の開示請求の件数は30件（うち士業11件、その他19件）であり、請求全体の4％ほどであるものの、弁護士等が士業として行った請求や、法定代理人の資格を有するものが本人確認書類の費用等を理由に任意代理人として行った請求、更には、子が高齢の親に代わって行った請求等の事例が確認できることから、今後任意代理人による開示請求制度が定着することで、その件数は増加すると考えられる。

　任意代理人による開示請求の場合、前述のとおり、任意様式の委任状により、その資格を確認することから、適切に本人確認を行うほか、必要に応じて、委任状その他代理人としての資格を証明する書類の確認を補充するものとして、代理人の資格の確認のための行為を積み重ねることが重要である。

　そこで、本県では、事務対応ガイドを基に作成した「個人情報保護事務の手引（令和5年6月作成）」（以下「手引」という。）において、委任状の提出に加え、次のいずれかの書類を併せて確認することとしている。

・運転免許証等の委任者本人に対し一部のみ発行される書類のコピー
・委任者の印鑑登録証明書（開示請求をする日前30日以内に作成されたもの。コピー不可。この場合は、委任状に実印の押印が必要。）

しかしながら、これらの措置は、法令上の義務ではなく、あくまで運用上の措置であることから、請求者から提出や提示を拒否された場合、どのようにして委任状の真正性を確認するかが課題となる。

そのため、手引において、事務対応ガイドを踏まえ、書類の提出による確認に加え、請求受付後の対応の例として、以下のとおり、提示している。

・請求を受けた後に、電話により請求者本人を通話口に呼び出し、口頭で委任の事実を確認する。
・請求者（任意代理人）又は請求の対象となっている保有個人情報に係る本人の了解を得て、当該本人限定受取による郵便物として送付する。

また、この他にも、旧条例時の対応を継続し、請求の対象となっている保有個人情報に係る本人に対し、本請求に係る本人の意思が確認できる書類（確認書等）（参考１）を提出してもらうなど、書面にて本人の意思確認を行う対応も考えられる。

ただし、このような対応を実施したとしても、例えば、本人に電話による確認を行っても、電話が繋がらないケースが想定されるなど、必ずしも委任状の真正性を確保できるとは限らないため、請求者や任意代理人に対する過度な負担とならない範囲で、必要な対応を積み重ねていくことが重要と考える。

また、前述のケースのような場合において、改正法77条３項による補正の対象とならないことも想定されるため、委任状の真正性が確認できないまま、開示決定期限を迎えることも考えられる。

令和５（2023）年度に本県に対して行われた開示請求には、委任の真正性が確認できない事案はなかったものの、そのような請求があった際は、個別に事案を勘案した上で、改正法78条１項１号（本人の生命、健康、生活又は財産を害するおそれがある情報）に該当するとして、不開示決定を行うことも考えられる。

(2) 法人への委任

個人が、法人に任意代理人として委任し、その法人の担当者が来所する場合は、法人から担当者への委任が必要となることから、担当者本人に係る本人確認書類に加え、法人の印鑑証明書及びそれに証明される印が押された担当者へ

の委任状が必要となるなど、必要な提出書類の確認がより複雑となった。

更に、郵送による請求の場合は、法人の印鑑証明書及びそれに証明される印が押された担当者への委任状の代わりに、法人の登記事項証明書や、開示請求書への押印が必要となり、請求者は勿論のこと、実際に対応する窓口担当者においても、手続に混乱が生じることが予想された。

このことから、本県においては、手引にて、法人等を任意代理人として開示請求がなされた場合の本人確認の流れを、請求者や職員が理解しやすいようにフロー図（参考２）で示し、解説することで、制度移行直後においても、請求の案内やその受付を、大きな混乱を生じさせることなく進めることができた。

しかし、開示の実施において、任意代理人として開示請求を行った法人の担当者Ａとは別の担当者Ｂが開示の実施に来所した事例等、当初想定できていなかった案件も発生している。

この場合においては、開示を実施する前に、開示請求を行ったＡに電話連絡し、Ｂが当該法人の担当者であることを確認した上で、Ｂの本人確認を行うことで対応したものの、今後も、当該事案のように検討が必要なケースが生じることが懸念されるため、個情委に確認しつつ、適正に対応していきたい。

（参考１）旧条例下で運用していた確認書

```
                                        第        号
                                        年    月    日

             様
                    課室所長              印

　このたび、別添個人情報開示請求書の写しのとおり、　　年　　月　　日付
けで、あなたの法定代理人（又は任意代理人）　　　　　様から、あなたの個
人情報について開示の請求がありました。

　ついては、この開示の請求について、あなた自身の意思を確認したいので、あな
た自身が別紙の確認書に必要な事項を記入し、「同意する」又は「同意しない」の
いずれかを選択の上、　　年　　月　　日までに返送してください。（期限内に
返送されなかった場合には、同意されなかったものとして取り扱うことがありま
す。）
　なお、開示に同意された場合であっても、福岡県個人情報保護条例の規定に基づ
き、開示されない場合があります。
```

```
（別紙）
                    確　　認　　書


　今回、別添個人情報開示請求書の写しのとおり、　　年　　月　　日付けで、
私の法定代理人（又は任意代理人）　　　　　から開示請求があった私の個人情
報の開示をすることについては、

         １　同意する　　　　　２　同意しない

                          年　　月　　日

                 住　所

                 氏　名
```

備考：確認書は、必ずあなた御自身が記載してください。
　　　「同意する」又は「同意しない」のいずれかを○で囲んでください。

（参考２）「個人情報保護事務の手引」

〈例３〉個人Ｆが任意代理人Ｇ（弁護士等）に委任して開示請求する場合

来所による請求	郵送による請求
〈次の書類の提示又は提出〉 ①委任状（※１）、（※２） ②任意代理人Ｇの本人確認書類	〈次の書類の提出〉 ①委任状（※１）（※２） ②任意代理人Ｇの本人確認書類のコピー ③住民票の写し（コピー不可） 　（※２）、（※３）

※１　委任状の真正性の確認のため、次の書類のいずれかを併せて確認する。
　（Ⅰ）委任者（個人Ｆ）本人に対し一部のみ発行される書類（運転免許証等）のコピー
　（Ⅱ）委任者（個人Ｆ）の印鑑登録証明書（この場合、委任状には実印の押印が必要）
　　委任状の真正性の確認は、法令上の義務ではなく運用上の措置であることに留意
※２　委任状及び住民票の写しは、開示請求をする日前30日以内に作成されたものに限る。
※３　住民票の写しは、市町村が発行する公文書であり、そのコピーによる提出は認められない。
注）なりすましや利益相反の防止の観点から、適切に本人確認や代理人の資格の確認を行う必要がある点に注意する。
　【例】請求を受けた後に、電話により請求者本人を通話口に呼び出し、口頭で委任の事実を確認する　等
注）任意代理人としての資格を喪失した場合には、その旨を届け出なければならないことを教示する（届出があった場合は請求取下げとみなす。

〈例4〉個人Hが任意代理人である法人I（担当者J）に委任して開示請求する場合

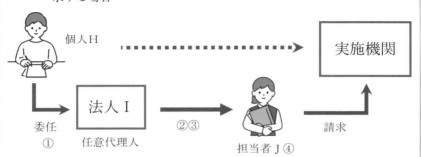

来所による請求	郵送による請求
〈次の書類の提示又は提出〉 ①委任状（※1）（※2） ②法人代表者印が押印された法人Iから担当者Jへの委任状（※2） （法人代表者が請求の任に当たる場合は不要） ③法人の印鑑証明書又は印鑑カード ④担当者Jの本人確認書類	〈次の書類の提出〉 ①委任状（※1）（※2） ②開示請求書への押印（※3） ③法人Iの登記事項証明書（コピー不可）（※2） ④担当者Jの本人確認書類のコピー

※1　委任状の真正性の確認のため、次の書類のいずれかを併せて確認する。
　（Ⅰ）委任者（個人E）本人に対し一部のみ発行される書類（運転免許証等）のコピー
　（Ⅱ）委任者（個人E）の印鑑登録証明書（この場合、委任状には実印の押印が必要）
　委任状の真正性の確認は、法令上の義務ではなく運用上の措置であることに留意
※2　委任状及び登記事項証明書は、開示請求をする日前30日以内に作成されたものに限る。
※3　任意代理人である法人が、郵送による請求を行う場合は、確認のため開示請求書への代表者印の押印が必ず必要となる。
注）なりすましや利益相反の防止の観点から、適切に本人確認や代理人の資格の確認を行う必要がある点に注意する。
　【例】請求を受けた後に、電話により請求者本人を通話口に呼び出し、口頭で委任の事実を確認する　等
注）任意代理人としての資格を喪失した場合には、その旨を届け出なければならない旨を教示する（届出があった場合は請求取下げとみなす。）。

（福岡県総務部県民情報広報課）

〔編者注〕
　任意代理人の問題については、髙野祥一「改正個人情報保護法施行後の地方自治体の対応状況、当面の課題」IP（vol.58）（『情報公開の実務』『個人情報保護の実務』別冊、第一法規、2023年11月）17～22頁も参照されたい。

第4章
福岡市の事例
~開示請求手続を中心とした制度改正への対応~

1　はじめに

　福岡市では、平成3 (1991) 年に福岡市個人情報保護条例（以下「旧条例」という。）を制定した後、平成15 (2003) 年の個人情報の保護に関する法律（平成15年法律第57号）の制定や、平成25 (2013) 年のマイナンバー法の制定等に際して条例改正を行ってきた。

　この中で保有個人情報の開示請求の手続については、実施機関の範囲、開示の基準、開示決定の期限、不服申立てに係る事案の処理など、関連する部分について、福岡市情報公開条例（以下「情報公開条例」という。）との整合を図りながら運用してきたが、旧条例と改正法との間で不開示情報や開示決定の期限などの規定に複数の差異が見られたことや、開示請求が市民に直接的に影響のある制度であることから、制度改正への対応について諮問された福岡市個人情報保護審議会（以下「審議会」という。）においても、検討に多くの時間が割かれた。

　ここでは、福岡市が今般の制度改正に際して、①個人情報の保護に関する法律施行条例（以下「施行条例」という。）への規定事項をどのように検討したのか、そして、②保有個人情報開示請求手続の実務においてどのような対応を行ったのかについて述べていきたい。なお、文中意見に関する部分は、筆者個人の見解であることを申し添える。

2　施行条例への規定事項の検討経過

(1) 不開示情報の範囲

　審議会では、改正法、情報公開条例及び旧条例の不開示情報の規定を比較しながら、解釈の面も含めた実質的な不開示情報の範囲、また、開示請求に関して蓄積された福岡市の先例答申などこれまでの運用との整合性の観点から、施行条例へ規定すべき不開示情報の検討が行われた[1]。

①　個人に関する情報のうち公務員等の職務遂行情報

　公務員等の職務遂行情報について、旧条例及び情報公開条例では、公務員等の「職」、「職務遂行の内容」及び「氏名」に係る部分は開示することと併せて、「職及び氏名」を公にすることにより、個人の利益を不当に害するおそれがある場合には、非開示とすることも明文の規定として置いていた（旧条例20条2号ただし書エ、情報公開条例7条1号ただし書ウ）。

　その一方で改正法では、公務員等の「職」及び「職務遂行の内容」に係る部分については開示するものの、公務員等の「氏名」については不開示とされ（改正法78条1項2号ただし書ハ）、改正法78条1項2号イに該当する場合には、開示することになることが事務対応ガイドで示され[2]、国の行政機関においては、「氏名」を公にすることにより、権利利益を害することとなるような場合を除いて、職務遂行に係る情報に含まれる職員の「氏名」を公にするものとすることが情報公開法の運用として示されている[3]。

　審議会では、このように旧条例及び情報公開条例と改正法とでは、運用も含めて規定に差異があることと、開示請求の実務においても公務員等の職務遂行情報の該当性が問題となることが多いことから、施行条例に情報公開条例と整合を図る不開示情報の規定を置くべきであるとされた。

　福岡市では、審議会答申を受けて施行条例4条1項の規定を置くとともに、この規定が、改正法78条1項2号ただし書ハと合わせて、不開示情報から除外する情報を、情報公開条例7条1号ウと同等とするものであるとの解釈を示しており[4]、情報公開条例を含めた先例答申の蓄積における開示・不開示の判断を参考にできるようにしている。

②　市民生活の安全等に関する情報

旧条例及び情報公開条例では、公にすることにより、人の生命、身体、健康、生活若しくは財産又は環境の保護、犯罪の予防又は捜査その他の市民生活の安全と秩序の維持に支障を及ぼすおそれがある情報は不開示情報として規定されている（旧条例20条4号、情報公開条例7条3号）。

その一方で改正法には、直接これに相当する規定はなく、開示することにより事務又は事業の適正な遂行に支障を及ぼすおそれがある情報の一つとして、犯罪の予防、鎮圧又は捜査その他の公共の安全と秩序の維持に支障を及ぼすおそれがある情報が不開示情報として規定されている（78条1項7号ロ）。

審議会では、これらの規定には、犯罪の予防や捜査など共通する部分もあるものの、旧条例や情報公開条例が、事務又は事業に関する情報（行政運営情報）とは別の不開示情報として規定している趣旨も踏まえると、実質的な開示範囲に差異があると認められることから、施行条例に情報公開条例と整合を図る規定を置くべきであるとされた。

福岡市では、審議会答申を受けて施行条例4条2項の規定を置くとともに、この規定が、情報公開条例7条3号に規定する情報から、改正法78条1項7号ロの規定により不開示とすることとされている、犯罪の予防、鎮圧又は捜査その他の公共の安全と秩序の維持に支障を及ぼすおそれがある情報を除いた、人の生命、身体、健康、生活若しくは財産又は環境の保護に支障を及ぼすおそれがある情報を不開示情報とするものであるとの解釈を示している[5]。

(2) 開示決定の期限

旧条例では、情報公開条例と同様に、開示決定の期限を法よりも短い、開示請求のあった日の翌日から起算して7日以内（土曜日・日曜日等の福岡市の休日を除く）とした上で、事務処理上の困難その他正当な理由があるときは、開示請求のあった日の翌日から起算して20日（福岡市の休日を除く）を限度として延長することができると規定していた（旧条例25条）。

福岡市がこのような開示決定の期限を規定した理由は、期間の計算に当たり、土曜日・日曜日等の福岡市の休日を算入すると、実施機関における開示決

定の事務処理に要する期間が一律でなくなり、さらに年末年始等の連休が含まれる場合は事務処理上の困難が生じることもあり得るためである[6]。

このようなことから審議会では、旧条例における開示決定の期限は、情報公開条例との整合を図りながら、長年に渡って運用されてきたものであり、今回の制度改正をきっかけに従来の期限の定めを変更しなければならない理由も認められないため、旧条例及び情報公開条例と同等の期限となるよう規定を置くべきとされた。

福岡市では、審議会答申を受けて施行条例5条1項及び2項に決定期限の規定を置くとともに、4項でこれらの期限が法の期限を超えてはならない旨の規定を置いた。これは、実務的には、改正法の期限を超えることは想定されないものの、施行条例の規定が改正法の規定に反しない限りにおいて期限の特例を定めるもの（改正法108条）であることから、改正法の期限を超えないことを明文上の規定として置いたものである[7]。

(3) 実施機関の定義

旧条例及び情報公開条例において、実施機関は、条例に基づく事務を自らの判断により管理・執行する権限と責任を有する主体とされ、長年に渡って運用・実務に定着した用語である。審議会でも、福岡市の組織において改正法第5章の規律が適用される「行政機関等」の範囲を明確化することについての質疑が行われている。

そこで、「行政機関等」には、改正法2条11項2号において「地方公共団体の機関（議会を除く。）」が含まれるところ、福岡市における改正法の適用範囲を明確にするため、施行条例2条2項において市長、教育委員会、選挙管理委員会、人事委員会、監査委員、農業委員会、固定資産評価審査委員会、公営企業管理者及び消防長並びに市内の財産区（議会を除く。）及び地方独立行政法人福岡市立病院機構を「実施機関」として定めた。

また、施行条例の解説には、旧条例において実施機関とされていたもののうち、議会（議長）については改正法の適用対象外とされ、福岡市住宅供給公社については個人情報取扱事業者として改正法第4章の規律が適用されることも

明記している[8]。

3　保有個人情報開示請求における実務上の対応
(1) 開示請求書の提出及び本人確認の方法

　福岡市では開示請求の方法として、従来から、窓口である情報公開室へ来所する方法のほか、開示請求書とともに運転免許証等の本人確認書類の複写物を郵便又はファクシミリで送付する方法を可能としており、新型コロナウイルス感染症が拡大した令和2年度からは、インターネット上の入力フォームに開示請求書の記載事項を入力するともに、本人確認書類の画像をアップロードする方法による電子申請手続も可能としていた。

　改正法に基づく開示請求の方法を検討するに当たっては、ファクシミリのみによる請求は、改正法施行令22条の規定に基づき提示又は提出を求める本人確認書類を添付することができないと考えられることから適当ではない、との見解が事務対応ガイドで示されていることから[9]、窓口受付、郵送、電子申請の3種類の方法とした（また、ファクシミリによる請求件数は少なく、郵送又は電子申請のいずれかの方法を案内することで、市民の利便性が低下するものではないと考えた。）。

　なお、電子申請の方法については、事務対応ガイドにおいて、個人番号カードに記録された電子証明書等を利用して、開示請求書の記載情報に電子署名を行い、電子証明書とともに電子署名が付された開示請求書を行政機関等に送信する方法が示されているが[10]、福岡市が導入している電子申請システムでは、スマートフォンのアプリと個人番号カードで電子署名を行う方式を採用している[11]。

(2) 開示請求書の様式の規定方式

　開示請求書の様式については、旧条例や情報公開条例では、その施行規則で様式を定めていた一方、事務対応ガイドにおいては、標準様式によらない書面であっても改正法77条1項に規定する必要的記載事項が記載されていれば、有効な開示請求書となる旨が示されている[12]。

しかしながら、開示請求書の受付に際しては、必要的記載事項に不備がないかを客観的に判断する必要があり、従来から規則で様式が定められていることを前提に、福岡市個人情報保護事務取扱要綱（以下「事務取扱要綱」という。）に記載事項の留意点を具体的に定めて運用してきたことや[13]、情報公開条例との整合性の面からも、施行条例施行規則で請求書の様式を定めることとした。

なお、従来から規則に定める様式を使用していない申請があった場合には、様式への記入を丁寧に求めてきたところであり、改正法のもとでも、まずは、規則に定める様式で必要的記載事項を確認する趣旨などを、同様に説明していくことになると考える。

(3) 任意代理人による開示請求

旧条例では番号法の施行以降、特定個人情報についてのみ任意代理人による開示請求を認めていたが、改正法は全ての個人情報について任意代理人による開示請求を認めていることから、実務上の対応を整理する必要があった。

① 請求受付時の代理権の確認

改正法施行令22条3項では、委任状その他代理人の資格を確認する書類の提示又は提出を求めることとされており、事務対応ガイドでは、委任状の真正性を確認するための方法として、委任者の運転免許証、個人番号カード等本人に対し一に限り発行される書類の複写物の添付を求めることなどが示されていることから[14]、福岡市においても、本人に対し一に限り発行される書類の複写物の添付を求めることとしている[15]。

また、なりすましや利益相反を防止するための対応として、任意代理人からの請求を受け付けた旨の通知を、開示請求書の写しとともに本人に対して郵送することとしている[16]。

② 開示の実施時の代理権の確認

事務対応ガイドでは、任意代理人に対して開示を行う際には、本人に対して任意代理人としての資格を喪失していないことを確認する必要があるとされていることから[17]、開示（写しの送付の場合は送付）の前に、本人に対して電話で任意代理人の資格確認を行っている[18]。

また従来から、写しの送付により開示を行う場合には、原則として本人限定受取郵便によることとしていたところであり、なりすまし等を防止するための有効な方法であると考えられることから、任意代理人による請求の場合を含め、引き続き原則本人限定受取郵便によることとしている[19]。

③ 事務取扱要綱の市民への周知

前述のとおり、任意代理人による請求における代理権の確認方法については、事務対応ガイドに記載された対応例を参考にしながら、運用実務に疑義が生じないよう、具体的な手順を事務取扱要綱に明記している。

一方で事務対応ガイドでは、委任状の真正性の確認の措置について「法令上の義務ではない」とされていることもあり[20]、正当な代理権の確認について本人及び代理人の理解を得るためにも、事務取扱要綱をホームページ上で公開したうえで[21]、それに基づいた丁寧な説明を行っていく必要があると考えている。

4 おわりに

今般の制度改正に際しては、改正法の規定に反しない限り（108条）で、旧条例や情報公開条例との整合を図ることに重点を置いて対応を行ったところである。

不開示情報や開示決定の期限については、施行条例において法の範囲内で旧条例と同等の水準となるように規定整備を行ったこともあって、現時点では制度改正による大きな混乱はなく実務が行われているところである。

任意代理人による請求は、令和5年度以降、一定数の請求が行われているところであり、現時点では、適正な代理権が確認できないケースは生じていないものの、今後、代理権が確認できない事態が生じた場合、不開示決定の判断に至るまでに、どの程度の調査を尽くせば手続上の瑕疵とならないのかという点などでは懸念が残る。

実務上の疑義については、今後、個情委において事務対応ガイドやＱ＆Ａで示されていくものもあると考えているが、同様に、制度を運用する自治体間での情報交換も必要になってくるのではないかと考える。

1 令和4年11月　福岡市個人情報保護審議会「個人情報保護法の改正に伴う福岡市の個人情報保護制度における対応について（答申）」12頁《改正法、情報公開条例及び現行条例の規定の比較》
2 事務対応ガイド6-1-3-1-1、(3)、③、(※3)
3 平成17年8月3日情報公開に関する連絡会議申合せ「各行政機関における公務員の氏名の取扱いについて」
4 福岡市個人情報の保護に関する法律施行条例の解説2頁、第4条関係、3、(1)
5 前掲注4解説3頁、第4条関係（不開示情報）、4、(1)
6 平成17年1月　福岡市個人情報保護審議会「福岡市における個人情報保護制度のあり方について（答申）」27頁
7 前掲注4解説4頁、第5条関係（開示決定等の期限）、3、(3)
8 前掲注4解説1頁、第2条関係（定義）、2
9 事務対応ガイド6-1-1、(※1)
10 事務対応ガイド6-1-2-2、(1)、③
11 https://ttzk.graffer.jp/city-fukuoka/smart-apply/apply-procedure-alias/door/door
12 事務対応ガイド6-1-2-1、(6)、①
13 事務取扱要綱第6、2、(6)開示請求書の記載事項の確認
14 事務対応ガイド6-1-2-2、表1、注13
15 事務取扱要綱第6、2、(5)、③任意代理人による請求の場合、(イ)
16 事務取扱要綱第6、2、(5)、③任意代理人による請求の場合、ウ
17 事務対応ガイド6-1-8-1、(4)、②
18 事務取扱要綱第10、3、(4)代理人に対する開示の実施を行う場合
19 事務取扱要綱第10、3、(3)郵送により開示を実施する場合、②
20 事務対応ガイド6-1-2-2、表1、注13
21 https://www.city.fukuoka.lg.jp/soki/johokokai/shisei/009.html

（吉野靖啓）

第5章
春日井市の事例
～死者に関する情報の取扱い～

1　死者に関する情報に係る改正法の内容

　改正法2条1項は、個人情報の定義を「生存する個人に関する情報であって」（以下略）と規定し、個人情報には死者に関する情報を含まないこととした。このような個人情報の定義は、改正前個人情報保護法2条1項及び旧行政機関個人情報保護法2条2項と同様であり、民間と国の行政機関にとっては法改正によっても影響のない点である。

　改正法が個人情報に死者に関する情報を含まない理由は、開示請求権等を行使し得るのは生存する個人であり、死者に関する情報が同時に遺族等の個人情報ともいえる場合には、死者に関する情報を改正法の対象としなくても、遺族等の個人情報として保護すれば足りること、裁判例も一般に死者の名誉棄損を認めていないこと[1]等によるものとされている[2]。

2　改正法が自治体に与える影響と春日井市の選択

　しかし、春日井市をはじめとした多くの自治体の個人情報保護条例では、個人情報の定義を単に「個人に関する情報であって」（以下略）と規定しており、生存する個人に関する情報のみならず、死者に関する情報も含むものであった。そのため、自治体は、従前は個人情報保護条例によって保護されていた死者に関する情報（厳密には、そのうち特定の個人を識別することができるもの等）が、改正法では保護されない状況において、どのような対応を取るべきか、選択を迫られることになった。

　具体的な対応としては、①改正法に合わせて死者に関する情報を保護の対象

から除外する、②要綱等によって死者に関する情報の取扱い（個人情報に準じた運用をする等）を定める、③条例によって死者に関する情報を法的に保護する、といったものである。

①は上記1で述べた、改正法が個人情報に死者に関する情報を含まない理由をそのまま受け入れるものであり、それも一つの選択ではある。死者に関する情報を保護の対象から除外していない個人情報保護条例における取扱いと、改正法における取扱いに変更はないとして、死者に関する情報について独自の規定は設けないことが適当であるとする見解もある[3]。しかし、開示請求の場面以外にも、収集、管理、利用及び廃棄といったように、死者に関する情報の保護が問題となる場面はある。現に、死亡届を扱う部署や福祉関係の部署等は、死者に関する情報を日常的に取り扱っている。自治体が従前から様々な場面で死者に関する情報を保護してきたことには、相応の理由があると考えられるところ、そのような保護を手放すことが、死者のみならず生存する個人（住民全体）にとっても妥当であるかは疑問がある。また、死者に関する情報が遺族等の生存する個人に関する情報でもある場合には、個人情報に該当することに関して、次のような指摘もある。すなわち、死者に関する情報が個別事情によって個人情報に該当したりしなかったりすることにつき、「個人情報の収集から管理、利用、廃棄までのサイクルについて統一的に設計されている制度の適切かつ安定的な運用という観点からは、きわめて不適切・不安定なものであるといわざるを得ず、大きな問題となろう」という指摘である[4]。

②はそのような疑問のもと、死者に関する情報を運用によって保護しようとするものである。運用は職員ごとの判断によってばらつきが生じるおそれがあるため、要綱等を定め、死者に関する情報の取扱いをルール化するものである。しかし、従前は個人情報保護条例によって法的に保護されていた死者に関する情報が、法規ではない要綱等の定めに基づく運用によって保護されるということは、法的な見地からすれば、保護の水準が低下するといわざるを得ない。死者に関する情報の保護の水準を低下させる必要性・相当性（許容性）ともに、論証するには相応の苦労を伴うであろう。

③はむしろシンプルな発想であり、従前から死者に関する情報を個人情報保

護条例によって法的に保護してきたのだから、改正法の施行後も同様に条例によって、引き続き法的に保護するというものである。消極的な理由としては、「あえて従前の位置づけを変更させるほどの必要性を感じない」というものであり、積極的な理由としては、「少なくとも自治体の立場では、改正法が個人情報に死者に関する情報を含まない理由に全面的には賛同せず、死者に関する情報を法的に保護する必要性[5]を認める」というものである[6]。個情委事務局も、「死者に関する情報の取扱いについて、個人情報保護制度とは別の制度として、条例で定めることは妨げられません」と述べている[7]。

春日井市では③を採用し、死者に関する情報を条例によって、引き続き保護し続けることとした。改正法への対応を準備していた令和3年度・4年度の時点では、他の自治体の動向に関する情報は不足していたものの、どうやら③を選択する自治体が少ないようであることは察知していた。そのような中、鳥取県が死者に関する情報に係る規定を条例に設けるようであるとの情報を把握し、勇気付けられた面もあった[8]。

3　死者に関する情報を保護する条例に係る技術的な問題点
(1) 条例の個数

死者に関する情報を条例によって保護するとして、その条例は「何条例」かという問題がある。個情委事務局及び総務省自治行政局は、改正法に伴い個人情報保護条例を廃止して、個人情報保護法施行条例を制定するという条例のイメージを示している[9]。この案を採用するとして、①個人情報保護法施行条例と死者に関する情報を保護する条例を二つ制定するか、②両者の内容を含む一つの条例とするか、選択の余地がある。

春日井市では、個人情報と死者に関する情報は異なるものではあるものの、強い関連性があること、条例が二つにまたがると一覧性を損なうことから、②を採用することとした。この点に関し、「個人情報保護制度と同一の条例上で定めを置くことの是非は意見が分かれるものと思われるが、住民サイドの視点に立てば、一つの条例において、個人情報に関する規定と死者の情報に関する規定が確認できるという利点もあり、特に問題はないであろう」という指摘も

ある[10]。

　実際には、条例の名称を春日井市個人情報「等」保護条例として「等」に死者に関する情報を含ませ[11]、同条例2条2項2号で「死者情報」（個人情報に相当）、3号で「死者識別符号」（個人識別符号に相当）、4号で「要配慮死者情報」（要配慮個人情報に相当）、5号で「保有死者情報」（保有個人情報に相当）、6号で「特定死者情報」（特定個人情報に相当）、7号で「保有特定死者情報」（保有特定個人情報に相当）、8号で「死者の情報提供等記録」（番号法23条の情報提供等の記録に相当）の定義を規定した。そして、同条例の第2章を「個人情報の取扱い」として、個人情報保護法施行条例の内容を規定し、第3章を「死者情報の取扱い」として、「死者情報」を個人情報と同等に保護することを12条から21条にわたって具体的に規定した。

　議会は原則として改正法の対象外であるところ（改正法2条11項2号）、春日井市では他の自治体と同様に、議会に関する改正法の施行に係る条例の制定を検討していた。そこで、同条例に死者に関する情報の保護も盛り込み、春日井市議会個人情報「等」保護条例を制定した。

　なお、死者に関する情報に特有の問題ではないが、春日井市は従前の個人情報保護条例の歴史的意義に鑑み、同条例を廃止することなく、全部改正によって個人情報等保護条例とした。

(2) 条例の規定ぶり

　死者に関する情報を個人情報と同等に保護するとして、死者に関する情報を個人情報に含める旨を条例で規定することは認められない[12]。そこで、条例の規定ぶりにつき、①「死者に関する情報は個人情報の例による」という簡潔な規定で済ませるか、②個人情報を死者に関する情報に置き換えた上で、改正法と同様の規定を一つ一つ規定するか、選択の余地がある。②の方が一覧性が高まり、住民にとっても職員にとっても、死者に関する情報の保護内容がわかりやすいという理由から、春日井市は②を採用した。

（3）死者に関する情報の開示請求

　死者に関する情報（厳密には保有死者情報[13]）の開示請求は、それが遺族等の生存する個人に関する情報でもある場合には、遺族等が自身の個人情報（厳密には保有個人情報）として開示請求することができる。このことは、上記1で述べた、改正法が個人情報に死者に関する情報を含まない理由の一つでもある。一方、遺族等の生存する個人に関する情報ではない死者情報もあり得る。そのような「個人情報ではない死者に関する情報」（厳密には保有個人情報ではない保有死者情報）は改正法による開示請求の対象外となる（改正法76条）。そこで、①「個人情報ではない死者に関する情報」の開示請求を条例で定めるか、②条例で定めないか、選択の余地がある。

　従前の春日井市個人情報保護条例15条3項では、「死者の配偶者（婚姻の届出をしていないが、死者の死亡当時、事実上婚姻関係と同様の事情にあった者を含む。）、子、父母、孫、祖父母及び兄弟姉妹その他市長が規則で定める者（以下「遺族等」という。）は、死者を本人とする保有個人情報であって、かつ、（ⅰ）遺族等自身の個人情報でもあると認められるもの又は（ⅱ）社会通念上、遺族等自身の個人情報とみなし得るほど密接な関係があると認められるものその他市長が規則で定める保有個人情報の開示請求をすることができる」と規定していた（（ⅰ）（ⅱ）の記載は筆者による）。相続人が相続した土地について、被相続人である死者が生前に取り交わした「境界確定承諾書」を、相続人が開示請求する場合のような（ⅰ）は当然として、死者の死亡直前・直後に救急搬送された際の記録を、遺族等が死者の最期の状況を知りたいとして開示請求する場合のような（ⅱ）も、解釈により、改正法における遺族等の生存する個人に関する情報に含まれるとも考えられる。（ⅱ）に関し、改正法においても、近親者固有の慰謝料請求権が発生するか否かにかかわりなく、未成年者である子どもの死亡に関して作成された報告書の開示を親が請求する場合のように、社会通念上、請求者自身の個人情報とみなしうるほど請求者と密接な関係がある情報も、親自身の個人情報と解することが可能であろうとする見解もある[14]。また、そのような情報以外につき、遺族等といえども死者に関する情報を無条件で開示請求できるとすることは、従前の春日井市個人情報保護条例による開

示請求を超えるものであり、死者に関する情報を法的に保護する以上、妥当とは思われない。

そのため、春日井市が従前から条例によって認めてきた死者に関する情報の開示請求は、改正法76条の開示請求によってほぼ対応できると考えられるため、「個人情報ではない死者に関する情報」の開示請求の規定は条例に設けないこととした[15]。

（4）条例に規定を設けるか否かの判断

このように、死者に関する情報を条例で定めるとしても、原則として改正法における個人情報に係る規定と同等のものを設ける一方、例外的に開示請求のように同等の規定を設けないものもあり、個別の判断としている。

4　改正法から考える地方分権

改正法は自治体にとって全国一律の制度を整備するものであり、そのメリットは重々承知しているものの、地方分権にとってはマイナスの面も否定できない。その中でも、改正法が許容する範囲内において自治体独自の選択をし、地方分権を実践する余地も残されており、自治体が試されているともいえる。運用や条例改正も視野に入れれば、この試練は現在も続いているものでもある。

1 大阪地判平成元年12月27日判例時報1341号53頁、東京地判昭和58年5月26日判例時報1094号78頁等。
2 宇賀克也『新・個人情報保護法の逐条解説』(有斐閣、2021年) 53頁。
3 愛知県個人情報保護審議会「個人情報の保護に関する法律の改正に伴う個人情報保護制度の見直しについて(答申)」(令和4年8月19日)。
4 髙野祥一「改正個人情報保護法の施行に向けた死者の個人情報に係る取扱いの整理」行政法研究45号(2022年) 63頁(77頁)。同論文は結論として③を妥当とするものである。
5 死者に関する情報であっても、これを適正に管理すべき要請は生存する個人に関する情報と異ならないこと、保有している情報が生存する個人のものであるか死者のものであるかを分別することが困難であること、死者に関する情報の不適正な取扱いが死者の名誉を傷つけたり、遺族等の権利利益を侵害するおそれがあること等が挙げられる(髙野・前掲注4の66頁)。
6 結論同旨のものとして宇賀・前掲注2の56頁。
7 個人情報保護委員会事務局「個人情報の保護に関する法律についてのQ&A(行政機関等編)」(令和4年2月(令和4年4月更新)) Q2-2-1。
8 結果として鳥取県は鳥取県個人情報保護条例を全部改正し、改正後の鳥取県個人情報保護条例2条1項6号で「死者情報」の定義を規定した。
9 個人情報保護委員会事務局・総務省自治行政局「個人情報保護法の施行に係る関係条例の条文イメージ」(令和4年4月)。なお、逗子市個人情報保護運営審議会「個人情報の保護に関する法律の改正に伴う個人情報保護制度に係る対応について(答申)」(令和4年8月9日)は、改正法の施行に必要な事項だけではなく、市独自の個人情報保護施策についても記載されることから、名称については、個人情報保護法施行条例とするべきではないという興味深い見解を示していた。ただし、実際には逗子市個人情報保護条例が全部改正され、逗子市個人情報保護法施行条例となった。
10 髙野祥一「改正個人情報保護法施行後の地方自治体の対応状況、当面の課題」『情報公開の実務』、『個人情報保護の実務』別冊「IP」vol.58(2023年) 10頁(16頁)。
11 併せて春日井市個人情報保護条例施行規則を春日井市個人情報の保護に関する法律等施行規則に全部改正した。同規則は、改正法と個人情報等保護条例の両者の施行に関する規則と位置づけられるものである。また、春日井市情報公開・個人情報保護審査会条例を春日井市情報公開・個人情報「等」保護審査会条例に一部改正した。
12 ガイドライン13頁。
13 保有死者情報は改正法上の用語ではないが、本文3(1)で紹介した春日井市個人情報等保護条例2条2項5号の用例によった。
14 宇賀・前掲注2の54頁。
15 春日井市では、改正法による死者に関する情報の開示請求ができる「遺族等」の範囲につき、「死者の配偶者(婚姻の届出をしていないが、死者の死亡当時、事実上婚姻関係と同様の事情にあった者(※)を含む。)、子、父母、孫、祖父母及び兄弟姉妹、死者の財産を相続した者、死者の損害賠償請求権、慰謝料請求権等を相続した者並びに死者の死に起因し

て、相続以外の原因により権利義務関係を取得した者である。※春日井市パートナーシップ・ファミリーシップ宣誓制度により市が証明したパートナー等（同制度を適用しなくても、事実上婚姻関係と同様の事情にあった者も含み得る。）」とする解釈運用基準を示している（「個人情報保護事務の手引（第7版）」48頁）。国の犯罪被害者等給付金制度における同性パートナーの位置づけに関する最判令和6年3月26日（裁判所時報1836号3頁）よりも前に示された解釈運用基準であるが、同判決と同旨である。

（吉永公平）

第6章
古賀市の事例
～地方公共団体における仮名加工情報の有用性について～

1 選挙の投票率

　近年、国政選挙、地方選挙後には、新聞等で年代別投票率が公表[1]され、若年層の投票率が低いことが問題になっている。市区町村選挙管理委員会は若年層の投票率を上げるため、様々な選挙啓発を行っているが、効果が出ているとはいい難い状況である。一方、「親が選挙に行く中学生は8割が将来選挙に行く」[2]という調査結果があるように、投票行動は年齢や性別以外の要因も寄与していることがわかっている。市区町村選挙管理委員会は、このことを認識してはいるものの、年齢や性別以外の切り口で投票率を分析する手法を有していないため、効果は低いと感じながらも、従来どおりの選挙啓発を続けざるを得ない状況である。

　データは宝の山と言われる。

　民間企業において、例えばコンビニエンスストアでは、POSデータをもとに需要予測を行っている。またAmazonなどのショッピングサイトでは販売データをもとにおすすめ商品を表示するなど、保有情報の利活用が進んでいる。

　一方、地方公共団体はどうだろうか。わが国では少子高齢化の進展から、今後社会保障費の増大が見込まれる。予算の最適配分等のため、地方公共団体にはＥＢＰＭ[3]が求められてはいるものの、民間企業のような保有情報の利活用はあまり進んでいない。地方公共団体は、住民の氏名や住所等の基本情報に加えて、収入や勤務先といった税情報、医療・健康といった福祉サービスの情報など、大量の個人情報を保有している。それらの多くは、民間企業であれば喉

から手が出るほど貴重な悉皆情報である。しかしながら、地方公共団体において、こうした個人情報に関して「利用」の範囲にとどまっており、統計等の一部の業務を除いて「活用」は進んでいない。

　これは、個人情報保護法により利用目的が厳しく制限されており、目的外利用ができなかった（難しかった）ことが一因である。もちろん、本人同意を得れば、目的外利用も可能であるが、個人情報すべてで本人同意を得ることは現実的ではない。

2　個人情報保護法改正

　個人の特定を防ぎながらデータの利活用を可能とし、社会的なイノベーションを促進するため、2020年個人情報保護法が改正され、仮名加工情報制度が創設された。

　仮名加工情報は、個人情報と匿名加工情報の中間に位置するもので、その意義やユースケースについては、2020年3月11日の規制改革推進会議第7回成長戦略ワーキング・グループ資料[4]に次のとおり記されている。

仮名加工情報（想定される事例）

　仮名加工情報とすることで、それ単体では特定の個人を識別できなくなるため、加工前の個人情報よりも漏えいリスクを低減させつつ、データとしての有用性を、加工前の個人情報と同等程度に保つことにより、匿名加工情報よりも詳細な分析を、比較的簡便な加工方法で実施することが可能。例えば以下のようなケースが想定される。

① 　当初の利用目的としては特定されていなかった新たな目的で、データセット中の特異な値が重要とされる医療・製薬分野における研究用データセットとして用いるケースや、不正検知等の機械学習モデルの学習用データセットとして用いるケース等。

② 　事業者が過去に取得した個人情報を新たな形で利活用（特定の個人を識別する必要のないもの）したい場合に、その利活用が、当初に特定した利用目的の範囲内に該当するものであるか、判断に迷うようなケース。

また仮名加工情報は改正法2条5項で規定されているが、同条6項の匿名加工情報と対比することで、その違いが明らかとなる。

改正法2条5項	改正法2条6項
<u>5</u>　この法律において「<u>仮名加工情報</u>」とは、次の各号に掲げる個人情報の区分に応じて当該各号に定める措置を講じて<u>他の情報と照合しない限り</u>特定の個人を識別することができないように個人情報を加工して得られる個人に関する情報<u>をいう。</u>	<u>6</u>　この法律において「<u>匿名加工情報</u>」とは、次の各号に掲げる個人情報の区分に応じて当該各号に定める措置を講じて＿＿＿＿＿＿＿＿＿＿＿＿＿＿＿＿＿＿特定の個人を識別することができないように個人情報を加工して得られる個人に関する情報であって、<u>当該個人情報を復元することができないようにしたものをいう。</u>

仮名加工情報は匿名加工情報と比較して、

・他の情報と照合しない限り特定の個人を識別できないこと

・復元可否は問わないこと

という大きく2点、取り扱い上の制約が緩和されており、換言すれば、仮名加工情報は、他の情報と照合すれば特定の個人を識別できる程度には、データの粒度が細かく、より詳しい情報を得られることということになる。

繰り返しとなるが、仮名加工情報は、氏名の削除や個人識別符号の削除（置き換え）等の加工により、一定の安全性を確保しつつ、匿名加工情報よりもデータの有用性を保っているもの、詳細な分析を行いうるもの、機械学習での利用に適したものと言える。

改正法2条

1～4　略

5　この法律において「仮名加工情報」とは、次の各号に掲げる個人情報の区分に応じて当該各号に定める措置を講じて他の情報と照合しない限

り特定の個人を識別することができないように個人情報を加工して得られる個人に関する情報をいう。

一　第一項第一号に該当する個人情報　当該個人情報に含まれる記述等の一部を削除すること（当該一部の記述等を復元することのできる規則性を有しない方法により他の記述等に置き換えることを含む。）。

二　第一項第二号に該当する個人情報　当該個人情報に含まれる個人識別符号の全部を削除すること（当該個人識別符号を復元することのできる規則性を有しない方法により他の記述等に置き換えることを含む。）。

6　この法律において「匿名加工情報」とは、次の各号に掲げる個人情報の区分に応じて当該各号に定める措置を講じて特定の個人を識別することができないように個人情報を加工して得られる個人に関する情報であって、当該個人情報を復元することができないようにしたものをいう。

一　第一項第一号に該当する個人情報　当該個人情報に含まれる記述等の一部を削除すること（当該一部の記述等を復元することのできる規則性を有しない方法により他の記述等に置き換えることを含む。）。

二　第一項第二号に該当する個人情報　当該個人情報に含まれる個人識別符号の全部を削除すること（当該個人識別符号を復元することのできる規則性を有しない方法により他の記述等に置き換えることを含む。）。

3　地方公共団体での仮名加工情報の作成等について

　個人の特定を防ぎながらデータの利活用を可能とし、社会的なイノベーション促進が期待される仮名加工情報は、残念ながら地方公共団体では作成できない。改正法41条の仮名加工情報の作成等については、行政機関等の適用がないためである。そもそも行政機関等は、保有個人情報の目的内利用、改正法69条2項2号に基づく目的外内部利用が可能であることから、仮名加工情報を制度化する必要性に乏しいという考え方に基づくものと解される。一方で、行政機

関等が法令の規定に基づき仮名加工情報を取得する場合が想定されること、公的部門についても、個人情報の定義が容易照合型になったため、個人情報に当たらない仮名加工情報の取得があり得ることから、73条の規定が整備されている。

個情委ウェブサイト内のFAQ[5]では、次のように記載されている。

> Q6-1-1　行政機関等において、仮名加工情報又は行政機関等匿名加工情報ではない匿名加工情報を作成することは可能か。
>
> A6-1-1　「仮名加工情報」の作成等（法第41条）の規定は、行政機関等には適用がないことから、仮名加工情報を作成することはできません。行政機関等における仮名加工情報の取扱いに係る義務（法第73条）は、第三者から取得した仮名加工情報の取扱いに係る規定です（第三者から取得した仮名加工情報であっても、他の情報と容易に照合することができ、それにより特定の個人を識別することができる場合には個人情報である仮名加工情報に該当し、法第73条の適用はありません。）。

> 改正法
> （仮名加工情報の作成等）
> 第41条　個人情報取扱事業者は、仮名加工情報（仮名加工情報データベース等を構成するものに限る。以下この章及び第6章において同じ。）を作成するときは、他の情報と照合しない限り特定の個人を識別することができないようにするために必要なものとして個人情報保護委員会規則で定める基準に従い、個人情報を加工しなければならない。
> （利用及び提供の制限）
> 第69条　行政機関の長等は、法令に基づく場合を除き、利用目的以外の目的のために保有個人情報を自ら利用し、又は提供してはならない。
> 2　前項の規定にかかわらず、行政機関の長等は、次の各号のいずれかに該当すると認めるときは、利用目的以外の目的のために保有個人情報を

自ら利用し、又は提供することができる。ただし、保有個人情報を利用目的以外の目的のために自ら利用し、又は提供することによって、本人又は第三者の権利利益を不当に侵害するおそれがあると認められるときは、この限りでない。

一　本人の同意があるとき、又は本人に提供するとき。

二　行政機関等が法令の定める所掌事務又は業務の遂行に必要な限度で保有個人情報を内部で利用する場合であって、当該保有個人情報を利用することについて相当の理由があるとき。

三　他の行政機関、独立行政法人等、地方公共団体の機関又は地方独立行政法人に保有個人情報を提供する場合において、保有個人情報の提供を受ける者が、法令の定める事務又は業務の遂行に必要な限度で提供に係る個人情報を利用し、かつ、当該個人情報を利用することについて相当の理由があるとき。

四　前三号に掲げる場合のほか、専ら統計の作成又は学術研究の目的のために保有個人情報を提供するとき、本人以外の者に提供することが明らかに本人の利益になるとき、その他保有個人情報を提供することについて特別の理由があるとき。

3　前項の規定は、保有個人情報の利用又は提供を制限する他の法令の規定の適用を妨げるものではない。

4　行政機関の長等は、個人の権利利益を保護するため特に必要があると認めるときは、保有個人情報の利用目的以外の目的のための行政機関等の内部における利用を特定の部局若しくは機関又は職員に限るものとする。

(仮名加工情報の取扱いに係る義務)

第73条　行政機関の長等は、法令に基づく場合を除くほか、仮名加工情報（個人情報であるものを除く。以下この条及び第128条において同じ。）を第三者（当該仮名加工情報の取扱いの委託を受けた者を除く。）に提供してはならない。

2　行政機関の長等は、その取り扱う仮名加工情報の漏えいの防止その他

仮名加工情報の安全管理のために必要かつ適切な措置を講じなければならない。
3　行政機関の長等は、仮名加工情報を取り扱うに当たっては、法令に基づく場合を除き、当該仮名加工情報の作成に用いられた個人情報に係る本人を識別するために、削除情報等（仮名加工情報の作成に用いられた個人情報から削除された記述等及び個人識別符号並びに第41条第1項の規定により行われた加工の方法に関する情報をいう。）を取得し、又は当該仮名加工情報を他の情報と照合してはならない。
4　行政機関の長等は、仮名加工情報を取り扱うに当たっては、法令に基づく場合を除き、電話をかけ、郵便若しくは民間事業者による信書の送達に関する法律第2条第6項に規定する一般信書便事業者若しくは同条第九項に規定する特定信書便事業者による同条第2項に規定する信書便により送付し、電報を送達し、ファクシミリ装置若しくは電磁的方法（電子情報処理組織を使用する方法その他の情報通信の技術を利用する方法であって個人情報保護委員会規則で定めるものをいう。）を用いて送信し、又は住居を訪問するために、当該仮名加工情報に含まれる連絡先その他の情報を利用してはならない。
5　前各項の規定は、行政機関の長等から仮名加工情報の取扱いの委託（二以上の段階にわたる委託を含む。）を受けた者が受託した業務を行う場合について準用する。

4　自治体DXと個人情報保護法

　自治体におけるDX推進の意義について、自治体DX全体手順書【第2.1版】[6]（総務省）に、次のような記述がある。

・自らが担う行政サービスについて、デジタル技術やデータを活用して、住民の利便性を向上させるとともに、デジタル技術やAI等の活用により業務効率化を図り、人的資源を行政サービスの更なる向上に繋げていくこと

・データの様式の統一化等を図りつつ、多様な主体によるデータの円滑な流通を促進することによって、EBPM等により自らの行政の効率化・高度化を図るとともに、多様な主体との連携により民間のデジタル・ビジネスなど新たな価値等が創出されること

デジタル技術やデータを活用して、住民の利便性を向上させることやEBPM等により自らの行政の効率化・高度化を図ることとはどういうことか、先進自治体の取組事例により確認したい。

(取組事例１) 三重県のAIを活用した児童虐待対応支援システム

三重県が全国に先駆けて導入した児童虐待対応支援システム[7]は、母親の虐待により４歳女児が死に至ったケースで、AIが「保護率39％」と評価したニュースが独り歩きしている部分もあるが、本システムを用いることで、通告受理から初期対応完了までの時間が約60％削減されるとともに、意思決定の迅速化が図られている。FN（偽陰性）が多く、Recall（再現率）[8]が66.3％と低い点は気になるが、データの蓄積が進めば精度が向上する可能性は高い。

（参考） 児童虐待対応支援システムの評価[9]

Accuracy（正解率）90.7％、Precision（適合率）68.2％、Recall（再現率）66.3％

	児相：一時保護実施 Positive（陽性）	児相：一時保護未実施 Negative（陰性）
AI：一時保護が必要と判定 Positive（陽性）	TP（真陽性） 165	FP（偽陽性） 77
AI：一時保護が不要と判定 Negative（陰性）	FN（偽陰性） 84	TN（真陰性） 1405

（取組事例２）愛知県豊橋市のAIを活用したケアプラン作成

　要介護認定者の介護サービス計画（ケアプラン）をAIが作成する本システムは、豊橋市が保有する要介護認定における調査項目や主治医意見書、介護レセプトなどのデータを学習しており、ケアプラン作成と同時に利用者の状態予測を行う。ケアマネジャーはAIが提示する３つのケアプランや予測内容から利用者に最適なものを選択することで、身体機能改善や重度化防止が期待できる[10]。

　これらは、保有個人情報を利用し自治体DX全体手順書で求められている内容の実現に向け取り組んでいる事例といえる。一方、保有個人情報の目的外利用は厳しく制限されており、利用の可否は改正法69条２項２号により判断する必要がある[11]。

　ここで問題となるのは、デジタル技術やデータを活用して、住民の利便性を向上させることやEBPM等により自らの行政の効率化・高度化を図ることが、改正法69条２項２号の「相当の理由」にあたるかであるが、社会通念上、客観的にみて合理的な理由が必要である[12][13]。これら先進事例に鑑みると、保有個人情報を機械学習等で利用することは「相当の理由」にあたる可能性はあるものの、疑義も生じやすい。

　取組事例１において一時保護の有無は、前述の成長戦略ワーキング・グループ資料の想定される事例①における「特異な値」に相当し、取組事例２のケアプラン作成や状態予測は、想定される事例②における「新たな形で利活用」に相当する。仮名加工情報は、漏えいリスクを低減させつつ、データとしての有用性を保ち詳細分析を可能とするものであり、これらのケースにおいても仮名加工情報を用いることが有益ではないだろうか。

５　特定の個人を識別できる記述の削除

　以下では、個人情報の保護に関する法律施行規則（以下「規則」という。）で定められた基準に準じて加工する方法の一例を記す（改正法41条１項・規則31条）。繰り返しになるが、仮名加工情報は行政機関等に適用されないため、これらの加工を行っても、仮名加工情報とはみなされないが、漏えいリスクの

低減は行うべきであるからである。

> 改正法41条1項
> （仮名加工情報の作成等）
> 第41条　個人情報取扱事業者は、仮名加工情報（仮名加工情報データベース等を構成するものに限る。以下この章及び第六章において同じ。）を作成するときは、他の情報と照合しない限り特定の個人を識別することができないようにするために必要なものとして個人情報保護委員会規則で定める基準に従い、個人情報を加工しなければならない。
>
> 規則31条（仮名加工情報の作成の方法に関する基準）
> 第31条　法第41条第1項の個人情報保護委員会規則で定める基準は、次のとおりとする。
> 　一　個人情報に含まれる特定の個人を識別することができる記述等の全部又は一部を削除すること（当該全部又は一部の記述等を復元することのできる規則性を有しない方法により他の記述等に置き換えることを含む。）。
> 　二　個人情報に含まれる個人識別符号の全部を削除すること（当該個人識別符号を復元することのできる規則性を有しない方法により他の記述等に置き換えることを含む。）。
> 　三　個人情報に含まれる不正に利用されることにより財産的被害が生じるおそれがある記述等を削除すること（当該記述等を復元することのできる規則性を有しない方法により他の記述等に置き換えることを含む。）。

　想定される加工の事例が「個人情報の保護に関する法律についてのガイドライン（仮名加工情報・匿名加工情報編）」（以下「ガイドライン（加工情報）」という。）2-2-2-1-1[14]にあるので、これを参考に住民コードや生年月日などの項目ごとに検討した。

> 【想定される加工の事例】
> 事例1）会員ID、氏名、年齢、性別、サービス利用履歴が含まれる個人情報を加工する場合に次の措置を講ずる。
> 　1）氏名を削除する。
> 事例2）氏名、住所、生年月日が含まれる個人情報を加工する場合に次の1から3までの措置を講ずる。
> 　1）氏名を削除する。
> 　2）住所を削除する。又は、〇〇県△△市に置き換える。
> 　3）生年月日を削除する。又は、日を削除し、生年月に置き換える。

(1) 氏名

　ガイドライン（加工情報）では、想定される加工の事例として、「氏名を削除する」と例示されている。機械学習等において氏名は不要であるため、ガイドライン（加工情報）に従い削除が望ましい。また、個人氏名以外、例えばかな氏名や世帯主氏名などでも同様の対応を行うべきである。

(2) 住所

　ガイドライン（加工情報）では、想定される加工の事例として、「2）住所を削除する。又は、〇〇県△△市に置き換える。」と例示されている。しかしながら、住所は統計分析、特に地理空間上の分析で必要になるため、一定程度の匿名性を有したうえで、データの有用性を担保する必要があると考えられる。住居表示地区では丁目より後ろを、それ以外の地区では番地以降を削除するような処理が、匿名性と有用性のバランスが取れているのではないだろうか。

区分	加工前（例）	加工後（例）
住居表示地区	古賀市駅東1丁目1番1号	古賀市駅東1丁目
それ以外	古賀市薦野1234番地	古賀市薦野

住所については、アドレスマッチングにより住所を緯度経度に変換した上で、丸め処理を行うことも考えられる。Googleマップなどで採用されている世界測地系WGS84において、古賀市役所の緯度経度は33.72882, 130.46999であるが、匿名性と有用性のバランスを考慮すると、小数第3位で丸め処理[15]を行うのが適当だろうか。

加工前（例）	加工後（例）
33.72882, 130.46999	33.73, 130.47

(3) 本籍地

本籍地については、要配慮個人情報[16]にあたることから、すべて削除すべきと考える。

(4) 住民コード

通常、データベースは複数のテーブルに分割されて保存されている。地方公共団体において、一意のキーとして住民コードなどが利用されることが多いが、住民コードは、個人識別符号であるため、規則31条2号により削除が必要である。

しかしながら、他のテーブルと連結するための一意のキーである住民コードを削除すると、他のテーブルと連結しての分析ができなくなることから、規則31条2号かっこ書きによる当該個人識別符号を復元することのできる規則性を有しない方法により他の記述等への置き換え、いわゆる不可逆変換が望ましい。本市の場合、住民コードは9桁の整数であるため、0から999,999,999までの10億件の乱数表を生成し、住民コードを乱数表により置換すれば足りる。

なお、不可逆変換であるハッシュ化[17]も手法として考えられるが、桁数が多くなりすぎる[18]ため使いにくい。

(5) 世帯コード

世帯コードは、「個人」を特定するコードではないため個人識別符号には該

当しないと思われるが、個人識別符号に準ずるものとして取り扱うべきと考える。

　他のテーブルと連結するための一意のキーである世帯コードを削除すると、他のテーブルと連結しての分析ができなくなることから、住民コード同様、規則31条2号かっこ書きによる置き換えが望ましい。

　本市の場合、世帯コードは8桁の整数であるため、0から99,999,999までの1億件の乱数表を生成し、世帯コードを乱数表により置換すれば足りる。

(6) 生年月日

　ガイドライン（加工情報）では、想定される加工の事例として、「3）生年月日を削除する。又は、日を削除し、生年月に置き換える。」と例示されている。

　年齢や年代は統計分析上重要なパラメータである。ガイドライン（加工情報）に従い、単純に「日」を削除し、「年月」に置き換えることや、基準日現在の年齢や年代へ変換してもよいが、次の理由から、行政機関等、特に基礎自治体である市区町村では学年の開始日である4月2日への変換が最適であると判断した。

・年齢計算ニ関スル法律により、児童生徒の学年は4月2日から始まるため、4月1日生まれと4月2日生まれを明確に分ける必要があること。
・年月に置き換えると、データベースソフト側で欠落した「日」を補完する必要があるが、前述の4月2日問題を考慮し年齢・年代変換する必要があること。
・年月日から年齢・年代の計算は容易であること。
・変換後の年齢・年代は、年次分析する際別の問題が生じること。
・生まれ月による差異は、年齢ほど大きいと思われない[19]ため、「月」が欠落しても支障がないこと。

加工前（例）	加工後（例）
1980年1月1日	1979年4月2日
1980年4月1日	1979年4月2日
1980年4月2日	1980年4月2日
1980年5月1日	1980年4月2日

6 おわりに

今後、地方自治体の様々な業務でAIを利用したデータ分析や判断補助が行われると想定され、個人の特定を防ぎながらデータの利活用が可能となる仮名加工情報は、行政機関等においても有用であると思われる。仮名加工情報（個人情報ではないもの）として取り扱うのであれば、利用目的に縛られることなくデータの利活用が可能となり、データの正確性や最新性に関する規制も適用されない。現行法上では、行政機関等において仮名加工情報を作成することはできないが、現在、個情委において3年ごとの見直しに係る検討が進められており、2024年6月27日に「いわゆる3年ごと見直しに係る検討の中間整理」が公表された。その検討事項の中に「本人同意を要しないデータ利活用等の在り方」が挙げられているが、今後の個人情報保護法の改正により、行政機関等における仮名加工情報の制度化を期待したい。

1 国政選挙の年代別投票率の推移について（https://www.soumu.go.jp/senkyo/senkyo_s/news/sonota/nendaibetu/）
2 親が選挙に行く中学生は8割が「将来選挙に行く！」（KCJ GROUP株式会社）（https://www.kidzania.jp/corporate/common/pdf/160616_inquiry.pdf）
3 Evidence Based Policy Making（エビデンスに基づく政策立案）
4 規制改革推進会議　第7回成長戦略ワーキング・グループ（2020年3月11日）資料1-2の9頁「匿名加工情報と仮名加工情報の利活用の事例」（https://www8.cao.go.jp/kisei-kaikaku/kisei/meeting/wg/seicho/20200311/200311seicho02.pdf）
5 https://www.ppc.go.jp/all_faq_index/faq7-q6-1-1_/
6 https://www.soumu.go.jp/main_content/000919579.pdf
7 https://www.pref.mie.lg.jp/TOPICS/m0325000016.htm
8 児童相談所が実際に一時保護したケースのうち、AIが一時保護が必要と判定した割合
9 厚生労働省子ども家庭局『児童虐待におけるAIの活用等について』4頁（https://www.digital.go.jp/assets/contents/node/basic_page/field_ref_resources/993048e0-093c-4f56-a8af-46ed880a8ce8/20220121_meeting_data_pt_04rr.pdf）
10 https://www.chisou.go.jp/tiiki/kinmirai/pdf/03_19_toyohashi_jigyou.pdf
11 機械学習等において、改正法69条2項1号に規定する本人同意を得ることは現実的ではないため、ここでは考慮しない。
12 ガイドライン30頁（https://www.ppc.go.jp/files/pdf/240401_koutekibumon_guidelines.pdf）
13 宇賀克也『新・個人情報保護法の逐条解説』（有斐閣、2021年）479頁
14 https://www.ppc.go.jp/personalinfo/legal/guidelines_anonymous/#a2-2-2-1-1
15 0.01度は緯度で約1.1km、経度で約0.9kmであるため、1kmメッシュに近しい。
16 本人の人種、信条、社会的身分、病歴、犯罪の経歴、犯罪により害を被った事実その他本人に対する不当な差別、偏見その他の不利益が生じないようにその取扱いに特に配慮を要するものとして政令で定める記述等が含まれる個人情報。
17 元のデータを不規則な文字列に置換する処理で、パスワード管理等で使用される技術。
18 SHA-256の場合64桁。
19 乳幼児等を対象とした統計分析を除く。

（内　裕治）

第7章 八王子市の事例
～個人情報等の取扱い・開示決定期限・審議会設置継続に関する制度運用の問題～

1　はじめに

　個人情報保護法の改正に伴い、個人情報保護法制が一元化された。法改正前の個人情報保護条例に基づくルールとのバランスを考慮しながら、円滑かつ適正な制度運用のために、各地方公共団体の担当職員が知恵を絞っていると思われる。

　そこで本章では、個人情報等の取扱い（本人収集の原則が規定されていない点について）、開示決定期限及び審議会設置継続に関する制度運用の問題について、中核市規模の地方公共団体の一実例として、本市の取組みを紹介することとする。

2　個人情報等の取扱い～本人収集の原則が規定されていない点について～
(1) 法改正前

　従来の地方公共団体の個人情報保護条例では、多くの場合、「実施機関は、個人情報を収集するときは、本人からこれを収集しなければならない。」といった規定を設け、本人収集の原則を明らかにしている（東京都個人情報の保護に関する条例4条3項など）（参考文献（以下同）＊1宇賀編著157頁）。

　本市も同様に、八王子市個人情報保護条例（平成16年八王子市条例第33号。令和4年12月16日条例第44号で廃止。以下「旧条例」という。）7条（収集の制限）3項で「実施機関は、個人情報（特定個人情報を除く。次項及び第30条第1項において同じ。）を収集するときは、当該個人（以下「本人」という。）

から収集しなければならない。ただし、次の各号のいずれかに該当するときは、この限りでない。」と規定していた。

　そして、個人情報を本人から収集しない場合は、同項7号による例外規定（(7)　前各号に掲げるもののほか、実施機関が審議会の意見を聴いて、公益上必要であると認めたとき。）に基づき、八王子市情報公開・個人情報保護運営審議会（以下「審議会」という。）に諮問・答申の手続を行っていた。

　本市では、市内の防犯カメラの設置に当たり、設置台数や撮影画角等、設置目的に対し必要最小限の個人情報の収集となっているかどうかについて、審議会に意見を聴いていた。個人情報の収集に当たり、本人から個別に同意を得ることができる事務と異なり、防犯カメラは不特定多数の個人が撮影されることから、個人の権利利益の侵害リスクが高いためである。

(2) 法改正後

　一方で、改正法は行政機関個人情報保護法の考え方を基本としているため、本人収集の原則を定めた規定は置かれておらず、61条1項の「法令……の定める所掌事務又は業務を遂行するため必要な場合」であって、同条2項の「特定された利用目的の達成に必要な範囲」のものであれば、64条に定める「偽りその他不正の手段」による収集でない限り、どこから収集するかについての規制はないことになる（＊1宇賀編著157～158頁）。

　よって、個人情報を本人から収集しない場合も、少なくとも改正法を根拠としては、審議会に諮問をすることはできなくなった。

　それでは、改正法を根拠とせず、地方公共団体の条例（法施行条例）を根拠とすることはできるのだろうか。この点については、本人収集の原則に関し、「保有する個人情報の範囲及び安全管理措置、本人の関与機会の確保を通じて個人情報の保護が既に図られていることから、法律の規律と重複するこのような規定を条例で設けることは許容されません。」とされており（＊1宇賀編著158～159頁）、ガイドラインにおいても、「個人情報保護やデータ流通について直接影響を与えるような事項であって、法に委任規定が置かれていないもの（例：オンライン結合に特別の制限を設ける規定、個人情報の取得を本人から

の直接取得に限定する規定）について、条例で独自の規定を定めることは許容されない。」としている（74頁「11　条例との関係」）。

　この論点について、本市では、2022年6月に、個情委に対し、改正法166条1項に基づく技術的助言を求めた。（以下参照）

【法第64条（適正な取得）関連】防犯カメラ及びドライブレコーダーと本人収集原則について
　地方公共団体又は指定管理者が設置する防犯カメラ及びドライブレコーダーに関する貴会の管理方針を御教示ください。

（質問経緯）
　本市の審議会での諮問事項のうち、大半を防犯カメラ及びドライブレコーダーの設置に伴う本人外収集及び本人通知の省略が占めています。
　審議会への諮問に当たっては、設置台数や撮影画角等、設置目的に対し必要最小限の個人情報の収集となっているかどうか意見を聴いています。
　令和5年度（2023年度）からは、個人情報の保護に関する法律についてのガイドライン（行政機関等編）令和4年1月（令和4年4月一部改正）74頁より、個人情報の取得を本人からの直接取得に限定する規定について、条例で独自の規定を定めることは許容されないため、本市の審議会への諮問事項ではなくなります。
　令和5年度（2023年度）からの、本件に関する貴会の管理方針として、以下のようなものが想定されますが、現時点での見解をお示しください。
(1) 個別案件について貴会に報告させ、設置目的に対し必要以上の個人情報の収集となっている案件について指摘いただく（貴会のキャパシティを超え、現実的ではないと思われます）
(2) 現在貴会で開催されている「犯罪予防や安全確保のためのカメラ画像利用に関する有識者検討会」で、地方公共団体や指定管理者が設置する「従来型防犯カメラ」（及びドライブレコーダー）の規定を定め、適合しているかどうかを地方公共団体自らチェックさせる（同ガイドライン74

頁より、法の解釈運用を委員会が一元的に担うこととした令和3年改正法の趣旨に照らし、許容されないと思われます。以下(3)も同様）
(3) 法第64条（適正な取得）に基づき、適正な取得であるかどうかを地方公共団体自らチェックさせる

（回答）
・ご認識のとおり、個人情報保護やデータ流通について直接影響を与えるような事項であって、法に委任規定が置かれていないものについて、条例で独自の規定を定めることは許容されず、いわゆる本人収集原則を規定することは許容されません。また、個別の事案の法に照らした適否の判断について審議会等への諮問を行うことは許容されません。
・なお、法は個人情報全般について、その保有は法令（条例を含む。）の定める所掌事務又は業務の遂行に必要な場合に限定することとし（法第61条第1項）、特定された利用目的の達成に必要な範囲を超えて個人情報を保有してはならないこととしている（同条第2項）ほか、不適正な利用の禁止（法第63条）、適正な取得（法第64条）、安全管理措置（法第66条）等を定めており、各行政機関等において、具体的場面に応じて、ガイドライン、事務対応ガイド等もご参照いただきながら、これらの法の規定に従い適正に執行していただく必要があります。

　この回答のとおり、個情委は法令の解釈や考え方を示すにとどまり、個別の事案に係る回答は示さず、あくまで地方公共団体の判断である旨を強調するが、それでは従来審議会が担っていた役割を代替することはできない。

（3）適正な取扱いに向けた対応
　この回答を受け、本市としては、審議会への諮問は行わず、審議会に報告をすることとした。前述のとおり、防犯カメラによる個人情報収集は、権利利益の侵害リスクが高いため、引き続き審議会事務局として実施機関からの相談を事前に受け、従前の審議会答申及び審議内容も踏まえ、必要最小限の個人情報

収集となっているかの点検をすることとした。その結果を審議会に報告するという形で、第三者のチェックを加える方向とした。

　従来の諮問に基づく答申にも法的拘束力は無かったものの、今回の法改正により、審議会によるコメントの本市に対する感覚的な拘束性はより一層弱まってしまったと言える。しかしながら、市民および学識経験者からなる審議会に報告を行い、コメントを受けて地方公共団体自ら個人情報の取扱いについて省みることは、適正な制度運用を確保する意味において、意義のあることであると考える。

（4）今後の展望

　なお、今後も上記対応を継続するかは、現時点では未定である。審議会の議論の中でも委員から意見があったところであるが、法の解釈運用を個情委が一元的に担うこととした以上、望ましくは、個情委が具体的なチェック指針を提示することである。

　技術的助言の照会でも触れた「犯罪予防や安全確保のためのカメラ画像利用に関する有識者検討会」は、既に2023年3月に報告書が公表されているが[1]、本検討会自体が、そもそも顔識別機能付きカメラシステム[2]を導入する際に、「個人情報保護法の遵守や肖像権・プライバシー侵害を生じさせないための観点から少なくとも留意するべき点や、被撮影者や社会からの理解を得るための自主的な取組について整理を行った。」（同報告書：1頁）としており、「従来型防犯カメラ」（防犯目的で設置されているカメラのうち、撮影した画像から顔特徴データの抽出を行わないもの。同報告書：6頁）については、一部言及されているに過ぎない。

　顔識別機能付きカメラシステムに関する検討が有益であることは言うまでもないが、従来型防犯カメラについても、個情委による一元的なチェック体制・仕組みの構築が期待される。

3 開示決定の期限
(1) 法改正前

開示決定等の期限については、改正法83条1項により、行政機関個人情報保護法19条1項と同様に開示請求があった日から30日以内とされた。地方公共団体等の一般的な個人情報保護条例では2週間程度の期限が多く、その意味では、統一ルールにより開示決定等の期限が長くなるわけであるが、あくまで「期限」なのであるから、従来は同じような内容の開示請求に対して14日以内に開示決定等を行っていたにもかかわらず、改正法施行後はその期間よりも長くなるという事態は、事務事業の執行体制等に大きな変更がない場合には妥当ではなく、可能な限り速やかに処理を行うべきであると考えられる（＊1宇賀編著187～188頁）。

本市も同様に、旧条例21条（開示決定等の期限）1項で「前条各項の決定（以下「開示決定等」という。）は、開示請求があった日の翌日から起算して14日以内にしなければならない。ただし、第15条第3項の規定により補正を求めた場合にあっては、当該補正に要した日数は、当該期間に算入しない。」と規定していた。

(2) 法改正後
（ⅰ）素案の検討：過去実績の検証

事務局素案では、個人情報保護制度の後退につながらないよう、開示決定等の期限につき、旧条例と同一の14日を維持すべきと考えた。一方、事務局素案につき、審議会に報告したところ、「今後の開示決定等の期限については、調査検討期間が必要な案件も想定されるため、法83条に合わせて30日以内でよいのではないか。」とする意見があった[3]。

慎重な検討を要する要素の一つとして、「延長期限」がある。延長期限については、旧条例21条（開示決定等の期限）2項で「実施機関は、やむを得ない理由により前項に規定する期間内に開示決定等をすることができないときは、開示請求があった日の翌日から起算して60日を限度としてその期間を延長することができる。この場合において、実施機関は、開示請求者に対

し、速やかに延長後の期間及び延長の理由を書面により通知しなければならない。」としていた。

　開示決定等の期限を、法改正後も旧条例と同じ14日間とすると、改正法における延長期限は30日以内と規定されているため（83条2項）、合計が44日となり、事務処理のための期間が16日短縮することになる（下記表参照）。

法令等	開示決定等まで	期間延長（最大）	合計
旧条例	14日以内	46日	60日
改正法	30日以内	30日	60日（変更なし）
法改正後も短縮	14日以内	30日	44日（16日短くなる）

（出典）八王子市作成

　そこで、過去の延長実績を調査し、現実的に運用が可能かどうか検証を行うこととした。2020年度及び2021年度の2か年を対象に調査したところ、開示請求から開示決定等までの平均所要日数はそれぞれ10.3日及び12.4日と、当然ながら旧条例上の決定期限である14日以内に収まっていた。

　一方で、旧条例21条2項に基づく延長件数は15件及び11件と存在し、中でも44日以上を要した件数が6件及び2件存在した。延長事由としては、大量・複雑な請求や第三者照会を要する請求等、本市だけではコントロールできない要因が含まれており、法改正後は、延長期間を含む決定期限内に事務処理を行うことができない事態が想定された。

(ⅱ) 素案の検討：不確定要素の検証

　以上は、過去実績データに基づく検証だが、それに加え、制度改正に伴う不確定要素として、郵送請求や事案の移送の影響も想定された。

　a　郵送請求

　　郵送請求については、本市が保有個人情報開示請求書（以下「請求書」という。）の作成に立ち会うことができないため、必要な個人情報の特定

が十分になされない可能性がある。対面の開示請求では、請求者の意図（保有個人情報開示請求を通じて何を知りたいか）を聞き取り、当該個人情報の公文書上の呼称や保有部課を特定しながら請求書の作成をサポートすることができるが、郵送請求ではそれができない。その結果、（事前に電話相談がある場合を除き）請求書が本市に到達してから、開示請求内容の特定や請求保有個人情報に係る保有部課の探索を開始することになる。

改正法83条1項ただし書によれば、「第77条第3項の規定により補正を求めた場合にあっては、当該補正に要した日数は、当該期間に算入しない」とされているが、形式上の不備がある開示請求であっても、補正を求めるまでの日数は、「補正に要した日数」に含まれない（＊2宇賀逐条解説585頁）そのため、「補正を行うべきかどうか」思慮している期間は決定までの日数に算入されてしまうため、事案によっては日数を消費してしまうおそれがある。

b　事案の移送

事案の移送については、次の課題がある。

仮に、開示請求に係る保有個人情報の中に国や他の地方公共団体から取得した情報が存する場合、開示請求を受けた地方公共団体等は、第三者意見照会の手続を経ることによって、当該保有個人情報の開示・不開示等の判断に係る適正性を担保するのが通例であって、当該手続における国や他の地方公共団体の意見に拘束力はなく、意見を踏まえて自らの責任において判断を行うものとされていた（＊1宇賀編著188頁）。

法改正後は、「行政機関の長等の間でも、請求を受けた行政機関の長等以外の行政機関の長等の事務に関連する情報を含むような場合、本法85条の規定により事案の移送を行わないとしても、後者の行政機関の長等の意見を聴取する運用をすることは否定されておらず、むしろ望ましいといえよう」（＊2宇賀逐条解説593頁）とされているように、改正法85条（事案の移送）又は改正法86条（第三者に対する意見書提出の機会の付与等）のいずれかを選択することになる。

「開示請求を受けた行政機関の長等が開示請求の対象である保有個人情

報をそもそも保有していない場合には、当該行政機関の長等が当該保有個人情報を保有している行政機関等を認識していたとしても、移送の協議の対象にならないことはいうまでもない。この場合、開示請求を受けた行政機関の長等が開示請求者のためになしうるのは、当該保有個人情報を保有している行政機関等について情報提供することである」（＊2宇賀逐条解説590頁）とされるが、現実には、前項で触れた郵送による保有個人情報の開示請求が制度化された以上、そもそも保有していない個人情報に対する開示請求がなされる可能性は、従前に比べて高まった。

この点、窓口における対面請求を原則としていた際は、請求受付段階で、一般的にそもそも保有していない個人情報である場合や、保有する地方公共団体の見当が付く場合（福祉分野における担当団体の移管があった場合等）に、その旨を情報提供することができた。

「移送は、開示請求を受けた行政機関の長等の判断で一方的に行うことはできず、移送先として予定されている行政機関の長等と協議をしなければならない。本項にいう「協議の上」とは、協議が調った場合という意味である。協議が不調に終わった場合には、移送は認められない。」（＊2宇賀逐条解説590頁）とされ、仮に協議が不調に終わった場合、開示決定期限までの日数だけを消費した形になってしまう。

また、事案が移送された段階で14日を超過しているケースも想定される。移送元団体の開示決定期限は30日、移送先団体の開示決定期限は14日、既に開示請求から15日経過している、といったケースがあり得る。この場合、事案の移送を行った時点で、移送先団体においては条例違反の状態となってしまう。

前述のとおり、移送に当たっては事前に両団体間で協議がなされるはずなので、移送先の承諾なく一方的に移送がなされることはないはずだが、移送元が個人情報を保有していない場合、事案を移送せざるを得ない事態は起こり得る。この点、市民（国民）の混乱を防ぐという観点に限って言えば、法施行条例による開示決定期限の短縮を認めず、一律に30日に「一元化」すべきであったとも考えられる。

(3) 適正な取扱いに向けた対応

　そこで、これら不測の事態に適切に対応するため、本市では開示決定期限の短縮は行わず、改正法に準じた開示決定等の期限を30日以内とすることとした。

　なお、本市における法改正後の開示決定等の実績の平均日数は15日程度（2023年度分。本稿執筆時点）と、法改正前の平均日数13日程度（2022年度）と同水準を維持している。これは、本市で旧条例50条に基づき設置し、法改正後も設置を継続した個人情報保護相談員（常設２名）の力によるところが大きい。

　本市では、個人情報の保護に係る相談、受付、連絡調整等の事務を行い、個人情報保護制度を利用しようとする方の利便を図るため、個人情報保護相談員を置いていた。法改正後の法施行条例においても、相談員の設置を継続した。

　この点については、審議会委員より「相談員は、本当に必要か。ほとんどが法律で一本化されることと逆行している気もする。」との意見があった。これに対し、本市の見解としては、個人情報保護相談員は、個人情報保護制度について市民が気軽に相談できるよう設置しているものであり、法による規律の一元化後も、法に基づく個人情報保護制度について市民からの相談に応じる必要があるため、継続する予定とした。

　相談員の事務としては、①相談、②受付、③連絡調整があげられる。①相談の段階では、市民（国民）からの個人情報の保護に関する不安・疑念の声が寄せられた場合、随時本市の個人情報の取扱いにつき説明をしている。事案によっては、この相談の段階で市民の不安・疑念が解消される場合もある。保有個人情報の開示請求は、個人の権利利益保護の手段の一つに過ぎず、開示請求自体が自己目的化すべきものではないと考えられる。市民（国民）が開示請求権を行使することなく事案が解消することは、第一に目指すべきゴールだと考える。

　②受付の段階では、開示請求の手続きを説明するとともに、（対面請求の場合は）市民（国民）が求める意図を請求書に落とし込む作業のサポートを行う。市民（国民）は公文書に精通しているわけではないため、求める個人情報

がいずれの課にどのような名称で存在しているのかを知らない。個人情報ファイル簿の存在があるとはいえ、一般市民（国民）が個人情報ファイル簿を参照し、目当ての情報にたどり着くことは容易なことではないと考えられる。そのため、市民（国民）が自身の求める情報を的確に把握し、開示請求権を適切に行使できるよう、相談員がサポートしている。

③連絡調整の段階では、請求に係る個人情報を保有する部課のサポートを行っている。市民（国民）同様、制度所管課や個人情報保護事務の取りまとめ課以外の一般の課は、保有個人情報の開示請求を担当する機会は多くなく、制度に精通しているわけではない。保有個人情報開示請求の受付から、当該保有個人情報が記録されている公文書の特定、不開示情報の検討、開示等決定の通知、最終的な保有個人情報の開示実施までを総合的にサポートすることで、円滑な保有個人情報開示に努めている。

上記の事務の結果、法改正により開示決定期限が長くなった後でも、法改正前と同等の円滑な保有個人情報開示事務を執行することができている。

4　個人情報保護委員会～個人情報保護審議会の位置づけ、審議事項と個人情報保護委員会との関係～

審議会への諮問については、改正法129条は「地方公共団体の機関は、条例で定めるところにより、第3章第3節の施策を講ずる場合その他の場合において、個人情報の適正な取扱いを確保するため専門的な知見に基づく意見を聴くことが特に必要であると認めるときは、審議会その他の合議制の機関に諮問することができる。」と規定し、法制一元化後も、地方公共団体の機関が、個人情報保護制度に関する専門的な知見に基づく意見を審議会等から聴くことができる旨定めている（*1 宇賀編著221頁）。

一方で、国はこのような審議会について、個別の個人情報の取扱いの判断に際して諮問を受けるものから、定型的な事例についての事前の運用ルールの検討も含めた地方公共団体等における個人情報保護制度の運用やその在り方についての調査審議に重点が移行していくことになると考えており、その理由として、法律による共通ルールについて国がガイドライン等を示し、地方公共団体

等は、これに基づきあらかじめ定型的な事例について運用ルールを決めておくことで個別事案に対処できることを挙げている（＊1 宇賀編著222頁）。

こうした改正を経て、地方公共団体によっては、審議会を廃止又は縮小（人員面又は開催頻度面）した団体もあった可能性がある。本市は廃止又は縮小を行わず、法改正前の状態を継続することとした。以下に、その理由を述べる。

（1）設置面

まず、審議会の設置を継続するか廃止するか、という面では、本市の場合、少なくとも廃止の選択肢はなかった。その理由は、審議会に、マイナンバー法に基づく特定個人情報保護評価の第三者点検主体としての役割があるためである。

特定個人情報保護評価の実施に当たり、対象人数が30万人以上の場合は、全項目評価の第三者点検が義務づけられている[4]。本市の人口は約56万人（2024年3月末日現在[5]）であり、30万人以上であるため、市民一般を対象とした事業の場合、第三者点検の必要が生じる。もっとも、第三者点検の主体は審議会に限られるものではないが、代替する第三者点検機関が無い現状では、同審議会が実施を継続することが妥当である。

（2）人員面及び開催頻度面

それでは、法改正による審議会の役割の変化に伴い、審議会委員の定数を縮小したり、開催頻度を減らしたりする必要があるだろうか。この点についても、本市においては、現状の人員及び開催頻度を維持することとした。その理由は、個情委の今後の体制が予想しきれないことによる。

「令和3年法律第37号による改正で、個人情報保護委員会の所掌事務が大幅に拡大したことを承けて、同委員会の定員・予算も拡充されると思われるし、それを期待したいが、地方公共団体の機関および地方独立行政法人全体について実効的な監視を行いうる程度の定員・予算の拡充が、近い将来において実現しうると考えるのは、おそらく楽観的にすぎるであろう。」（＊2 宇賀逐条解説733頁）とされている。

本市も同様の見解であることから、個人情報の適正な取扱いを確保するため、審議会の役割を整理し、引き続き条例で規定することとした。

(3) 今後の展望

仮に今回審議会を廃止又は縮小した場合、これまで審議会における審議過程を通じて蓄積された見識が少なからず消失していく可能性がある。また、法のいわゆる3年ごと見直しを考慮すると、令和3年改正によって構築された仕組みが永続的なものであるという保証もない。現状は、地方公共団体の個人情報保護制度についても統合後の法律において全国的な共通ルールを規定し、全体の所管を個情委に一元化することとされた（＊1 宇賀編著124頁）ため、各地方公共団体は法令や事務対応ガイド等の読解、改正法166条に基づく地方公共団体による必要な情報の提供等の求め（技術的な助言）により対応していくことになるが、個情委自体も人的資源に限りがある以上、各地方公共団体が直面する課題に即時に対応することができるとは限らない。少なくとも現状では、他の地方公共団体からも、個別事案に対する具体的な助言が得られない、という不満の声が聞こえている。

一度廃止又は縮小した審議会を再構成することは、委員の人員確保の面で困難を極める可能性がある。審議の継続性を維持するためにも、審議会を現状維持し、国の動向を注視する必要があると考える。

1 個情委ウェブサイト（https://www.ppc.go.jp/personalinfo/camera_utilize/）
2 顔画像を撮影するカメラ及び撮影した顔画像から顔特徴データを抽出し顔識別を行うシステムのこと。
　　例えば、あらかじめ検知対象者の顔特徴データを登録した照合用データを作成しておき、ある空間にカメラを設置し、当該カメラに映った人の顔画像から顔特徴量を抽出し、照合用データベースに登録された顔特徴データと照合し、検知対象者を見つけるためのシステムがこれに当たる（同報告書：5頁）。
3 第136回八王子市情報公開・個人情報保護運営審議会会議録7頁（https://www.city.hachioji.tokyo.jp/shisei/001/001/009/001/p007713_d/fil/136.pdf）
4 https://www.ppc.go.jp/files/pdf/hogohyouka_gaiyou_shosai.pdf
5 https://www.city.hachioji.tokyo.jp/hachiouji/jinko/003/p033792.html

〈参考文献〉
＊1　宇賀克也編著、宍戸常寿・髙野祥一著『法改正に対応すべき実務がわかる！自治体職員のための2021年改正個人情報保護法解説』（第一法規、2021年）
＊2　宇賀克也『新・個人情報保護法の逐条解説』（有斐閣、2021年）
＊3　冨安泰一郎・中田響編著『一問一答　令和3年改正個人情報保護法』（商事法務、2021年）
＊4　渡邊涼介『デジタル改革関連法で変わる　自治体の個人情報保護対応』（ぎょうせい、2021年）
＊5　宇那木正寛『改正個人情報保護法で変わる　自治体防犯カメラの法務と実務』（ぎょうせい、2022年）
＊6　宇賀克也『2021年改正対応　自治体のための解説個人情報保護制度　改訂版―個人情報保護法から各分野の特別法まで』（第一法規、2023年）

(越智博明)

第8章
武蔵野市の事例
~個人情報保護審議会の位置づけ等~

1　個人情報保護委員会の実地調査等の実態とその対応方法
（1）実地調査等（改正法の実地調査及びマイナンバー法の立入検査）の概要

　改正法の第6章個人情報保護委員会の第2節が、「監督及び監視」として規定され、個情委の役割として、行政機関等及び個人情報取扱事業者に対する個人情報の取扱いに係る監視・監督が定められている。

　個情委が行う監視・監督業務には、（ⅰ）事案対応、（ⅱ）計画的・定期的な実地調査・立入検査、（ⅲ）施行状況調査・定期報告を挙げることができる。このうちの（ⅱ）計画的・定期的な実地調査・立入検査業務については、改正法146条による立入検査、156条による実地調査及びマイナンバー法35条による立入検査（以下「実地調査等」という。）が該当する。ただし、このうち改正法146条による立入検査は、個人情報取扱事業者等を対象とするものであるため、地方公共団体については、改正法156条による実地調査及びマイナンバー法35条による立入検査が対象となる。

　個情委が、実際に地方公共団体を含む行政機関に対して行っている実地調査等については、改正法に基づくものを「実地調査」とし、マイナンバー法に基づくものを「立入検査」としている。これは、個情委が、公権力の行使の性格を有する立入検査について、国の行政機関を含む行政機関等に行うことは謙抑的であるべきと考えられたことと、罰則による担保がないことがその理由であり、個人情報については実地調査とされたが、特定個人情報については、厳格な保護措置を講ずる必要があり、官民を問わず規制されたものであるため、行政機関等に対しても立入検査として実施されている。

2023年4月から地方公共団体に対しても改正法が適用になったのに併せ、個情委は、地方公共団体の長等に対し、行政機関等における個人情報等の取扱いに関する事務の実施状況について、改正法156条により実地調査を開始している。

　現状、個情委が実施する実地調査については、毎年度3月に出される「令和〇年度の実地調査及び立入検査計画」により、当該年度の実地調査及び立入検査の実施方針と実施予定数が示され、マイナンバー法35条1項による立入検査と一体的に実施されている。

　毎年度の実施予定数について見ると、2023年度の実施予定数は、行政機関、独立行政法人等で約20件、地方公共団体等で約50件の計約70件で、2024年度の実施予定数は、行政機関等及び地方公共団体等で約50～60件とされている。

　実際に、2023年度上半期において、行政機関、独立行政法人等で約10件、地方公共団体等で約25件の実地調査を実施したと報告している。

※2024年度については、2024年3月6日付け「令和6年度の実地調査及び立入検査計画」により、2024年度の実地調査等及び立入検査実施方針が示され、実施予定数については、行政機関等及び地方公共団体等で約50～60件と記載されている。

　また、この計画で、「～実地調査は、マイナンバー法に基づく立入検査と一体的に行うことにより、効率的かつ効果的に実施する。」と記載され、改正法による実地調査については、マイナンバー法に基づく立入検査等と一体的に行うとされている。

　2023年度の実施地方公共団体数については、2023年11月8日に個情委から出された「令和5年度上半期における個人情報保護委員会の活動実績について」で、2023年度上半期に地方公共団体等については、25団体実施（うち23件はマイナンバー法に基づく立入検査と一体的に実施）したとあり、その結果を掲載している。

(2) 実地調査等全体の期間及びスケジュール

　実地調査等の期間について、実際に個情委が現地の地方公共団体に立ち入るのは1日又は2日であるが、最初の通知があり、資料提出、質疑応答、実地調査、結果の通知までの期間を全体の期間とすると、これを6か月以内で実施するというスケジュールが個情委から示される。

（参考1）全体のスケジュール

- 実地調査等の実施の打診
- 検査等対象課の通知
- 検査等の実施通知
- 事前確認事項への回答及び資料提出［依頼から15日後（11開庁日後）が期限※］
- 事前確認事項への回答及び資料提出（追加質問）［依頼から6日後（4開庁日後）が期限※］
- 事前確認事項への回答及び資料提出（再追加質問）［依頼から3日後（3開庁日後）が期限※］
- 事前確認事項への回答及び資料提出（再々追加質問）
- 立入検査等（当日）
  （ヒアリング　→　現地確認　→　講評）
- 不備事項確認票の提出
- 検査等結果の通知（特定項目検査等結果通知書）
- 指導事項の改善状況報告書（案）の提出
- 指導事項の改善状況報告書の提出
- フォローアップ項目（改善状況）の報告
- 検査等結果の公表（個情委ホームページ）
- フォローアップの終了（指導事項の改善完了）
- ハイレベルのリスクコミュニケーション

※表の中で記載している期限は、当市の実地調査等の期限を例示として挙げたもの

(3) 実地調査等までの流れ

① 実地調査等の打診

個情委が年度の上半期に実地調査等を行う場合は、まず当該年の3月又は4月頃、調査対象の地方公共団体に対し、当該年度の上半期に実地調査等を実施する旨の連絡がある。その連絡で、全体の期間を通じて対応が困難であるような事情や、庁舎の移転又はネットワーク環境の移行といった個人情報の管理に大きな影響を与える事案が予定されていないか、また、実地調査等の日程に都合の悪い時期がないかの打診が行われる。

例示に挙げられているような事例は稀であるので、現地での実地調査等を実施する日程については調整可能だが、実地調査等自体を延期又は回避するのは困難だという印象である。

② 実地調査等及び事前確認事項の通知

打診に対して地方公共団体が回答すると、その回答内容も加味し、個情委から実地検査等対象課及び対象事務、現地での実地調査等の日程が示される。それに併せて、事前確認事項のシートが送付され、シートへの記載と提出資料の返送が求められる。

実地検査等対象課については、個情委の方で、複数のセクションから対象事務をピックアップして通知される。2023年度については、実地調査等で1事務、実地調査で1事務と、2つのセクションから各々対象とする事務が選択され、2つの事務について実地調査等が行われた。

・対象事務の例

担当部課	担当事務
○○部○○課	住民基本台帳に関する事務
○○部○○課	個人住民税に関する事務
○○部○○課	後期高齢者医療制度に関する事務
○○部○○課	ひとり親・生活支援事務に関する事務

③ 事前確認事項の回答及び提出資料の作成

事前確認事項のシートは、（ⅰ）概要、（ⅱ）規程の整備状況、（ⅲ）組織体制

の整備状況、(iv)漏えい事案発生等の対応体制、(ⅴ)教育研修、(ⅵ)監査・点検、(ⅶ)委託及び再委託、(ⅷ)書類の保管及び廃棄、(ⅸ)漏えい等の防止及び外部からの不正アクセスの防止、(ⅹ)電子媒体の管理及び使用、(ⅺ)アカウント及びアクセス権の管理、(ⅻ)端末及びサーバの管理、(xⅲ)ログの分析、(ⅸ)その他、といった調査等項目に分かれており、各調査項目に設定された質問への回答を作成するとともに、提出資料を用意していくことになる。

（参考２）実地調査項目

調査等項目※	質問	(提出資料)
(ⅰ) 概要	13	(1)
(ⅱ) 規程の整備状況	8	(9)
(ⅲ) 組織体制の整備状況	20	(8)
(ⅳ) 漏えい事案発生時の対応体制	9	(8)
(ⅴ) 教育研修	22	(15)
(ⅵ) 監査・点検	15	(12)
(ⅶ) 委託及び再委託	20	(18)
(ⅷ) 書類の保管及び廃棄	23	(9)
(ⅸ) 漏えい等の防止及び外部からの不正アクセスの防止	4	(1)
(ⅹ) 電子媒体の管理及び使用	16	(7)
(ⅺ) アカウント及びアクセス権の管理	12	(5)
(ⅻ) 端末及びサーバの管理	24	(11)
(xⅲ) ログの分析	8	(8)
(ⅸ) その他	10	(9)
計	204	(121)

※（　）の数字は提出を求められた資料の数
※表の調査等項目については、「令和５年度上半期における個人情報保護委員会の活動実績について」の「付表　活動実績」の「３．個人情報保護法に基づき計画的に行われた実地調査等の結果（調査等項目別）」から引用し、項目の数については当市にて整理した数

どのような質問に対して回答が求められるかという点については、事務対応ガイドの「（別添）行政機関等の保有する個人情報の適切な管理のための措置に関する指針（以下「指針」という。）」において、行政機関等が実施すべき安全管理措置が挙げられているが、これが質問項目のベースになっていると捉えると分かりやすい。

　まず、各々の地方公共団体において、個人情報に関する安全管理措置をどのように規定しているか回答が求められる。次に指針をベースに、当該地方公共団体として、安全管理措置を実施するにあたりどのような人的体制をとっているか、また、どのような研修を行っているかが質問として挙げられ、回答を求められる。続いて、監査対象事務を対象として、(vii)から(xiii)について設定された質問事項に対して回答を作成し、その回答を説明する表、書面、図面、契約書等を資料として提出していくことが求められる。

④　追加質問、再追加質問回答

　実地調査等の対象の地方公共団体から個情委に提出した当初の回答及び提出資料が不十分であったり、個情委から見て疑問がある場合、追加質問が行われ、追加質問への回答及び提出資料が不十分であったり、個情委から見て疑問が解消されない場合には、さらに再追加質問がなされ、それに対する回答及び資料の提出が求められる。

　追加質問及び再追加質問から回答及び資料の提出までの期限は徐々に短くなっていくため、追加質問及び再追加質問が多いと、回答の作成及び資料の準備に費やせる日数及び時間が、段々と厳しくなっていく。これは、実地調査等を受ける地方公共団体側の体制の問題となるが、最初に回答及び資料を作成、用意する段階で、いかに用意できるかが肝要であるので、普段から表、書面、図面、契約書等の資料等をいかに整備しているかに尽きるように思われる。

　再追加質問への回答及び資料提出までが終了すると、実地調査に向けた確認事項のやりとりは、一端終了する。

⑤　実地調査

その後、実地調査等の数日前に、実地調査等当日のスケジュールと並行して、実地調査数日前に再々追加質問として、質問事項と用意すべき資料が示される。

当日は、個情委から３人１組で構成される検査官のチームが来訪して、実地調査等が行われる。午前中は、再々追加質問により求められた質問への回答と資料について、担当課から確認する形式で実地調査等が進む。午後は、質問及び回答の残りを行い、その後、監査対象事務について担当課の事務室及び電算システム等を設置しているサーバ室の現地確認が行われる。

現地確認が終了すると、検査官の方で不備事項確認票が作成され、その日の最後に、講評として不備事項確認票により検査官から問題点が示され、検査官と実地調査等対象地方公共団体の双方で確認して、実地調査等は終了する。

(4) 実地調査後
① 検査結果通知

実地調査後、概ね１か月後に、個情委から実地調査等対象地方公共団体に検査等結果の通知が届き、特定項目検査等結果通知書という形式で、結果及び改善すべき事項が示される。

② 改善状況提出

特定項目検査等結果通知書により示される不備事項の改善状況については、およそ１か月後を提出期限として改善状況報告書を提出するよう指示される。ただし、指導事項への改善状況報告書の内容が個情委の考えるレベルに達していなかったり、改善予定を報告するものについては、その期限が個情委の見込みと異なることがあるためか、事前に報告書の案を個情委事務局に示すことが求められる。そのため、場合によっては、内容について修正や擦り合わせを行った後に、改善状況報告書の提出となる場合がある。

改善状況報告書提出後も、改善予定で報告したものについては、フォローアップとして、改善が完了したかどうかのやりとりが行われる。

③ ハイレベルのリスクコミュニケーション

改善状況報告書のフォローアップが終了すると、最後に地方公共団体の個人情報保護に関する総括責任者等と個情委事務局の参事官との間で意見交換等（ハイレベルのリスクコミュニケーション※）が行われ、実地調査等が終了する。

意見交換の主な内容としては、
・指導事項となった主な要因や所感について
・改善を行う際の留意点や安全管理措置の考え方について　等が挙げられる。

※ハイレベルのリスクコミュニケーションについては、2023年3月15日付け「改正個人情報保護法等に関する令和5年度の地方公共団体等に対する監視・監督方針」で、「実地調査等において不備事項が確認された地方公共団体に対しては、必要に応じて、当該地方公共団体のマネジメント層との間でハイレベルのリスクコミュニケーションの場を設け、改善に向けた的確かつ迅速な取組を促すとともに、リスク管理等に関する意見交換を実施することで、検査では明確になり難いガバナンス面等の課題についても把握し、アドバイス等の支援を実施する。」と記載された事項で、2024年度についても引き続き実施が予定されている。

（5）実地調査等を受けての感想

一担当者としての雑感ではあるが、今回の実地調査等については、改正法施行直前の3月末に打診があり、6月に実地調査等を受けたことを考えると、2022年度に行った試行的なものではなく、通常形態の実地調査等としては、かなり早期に実施されたものであったと思われる。

当初、打診された時に、安全管理措置に関する規程の整備、個人情報ファイル簿の公表などが遅れていたが、法施行直後であり、法に基づく管理運営体制が整っていない状況で実地調査等を受けて不備事項として指摘されることにより、適切に体制整備が進むとの思いもあった。

実地調査等への体制として、当市は、情報システム担当課と対象事務担当課で回答及び資料を準備し、回答及び資料のとりまとめと個情委との連絡調整を

個人情報保護制度担当課が行うという分担にて実地調査等に臨むこととした。実地調査等が始まって分かったことであるが、この実地調査等で最も大変なのは、(3)実地調査等までの流れの「③事前確認の回答及び提出資料の作成」、「④追加質問、再追加質問回答」で記載した事前確認事項のシートへの回答と、回答を説明する表、書面、図面、契約書等の用意に尽きると思われた。

「(参考2)実地調査項目」の表に数として挙げた204件の事前確認事項への回答の作成と、その回答を補足又は説明するために121件の資料の提出が必要となった。その用意と、提出にあたり、内容の確認、整理番号の附番等の作業も必要となるが、これらを提出日時までの短時間の中で行うことが最も大変な作業であった。また、当市は、追加、再追加及び再々追加の事前確認事項への回答と資料の提出が求められ、その対応も厳しいものであったが、再追加質問がなかったという地方公共団体等もあったとも聞いており、普段からのドキュメント等の整備に尽きるのだろうかというのが、実地調査等を終えた後の感想であった。

当日は、事前に示された再々追加質問に対する回答を確認する形式で進められたが、それまでの文書による質問及び回答と比較すると、淡々と進行したように思われた。最後に、実施調査等終了後、しばらくして行われた「ハイレベルのリスクコミュニケーション」については、初年度ということもあったためか、個情委からの説明でほぼ終えたというところであった。

〈参考文献〉
・宇賀克也『新・個人情報保護法の逐条解説』(有斐閣、2021年)
・宇賀克也編著、宍戸常寿・髙野祥一著『法改正に対応すべき実務がわかる！自治体職員のための2021年改正個人情報保護法解説』(第一法規、2021年)

〈参考資料〉
・「令和6年度の実地調査及び立入検査計画」2024年3月6日付個人情報保護委員会
・「令和5年度上半期における個人情報保護委員会の活動実績について」2023年11月8日付個人情報保護委員会
・「令和5年度の実地調査及び立入検査計画」2023年3月29日付個人情報保護委員会
・「改正個人情報保護法等に関する令和5年度の地方公共団体等に対する監視・監督方針」

2023年3月15日付個人情報保護委員会
・「今後の地方公共団体等に対する監視・監督活動の方向性」2022年8月31日付個人情報保護委員会
・事務対応ガイド

2　個人情報保護審議会の位置づけ、審議事項と個人情報保護委員会との関係

(1) 過去の個人情報保護審議会の位置づけと審議事項

　地方公共団体の機関の個人情報保護条例については、1984年7月に、電算処理に係るものだけではなく個人情報全般を保護する条例として、福岡県春日市で「春日市個人情報保護条例」が制定されたことに始まり、徐々に全国の地方公共団体の機関において制定されていったものであるが、地方公共団体の機関で制定された個人情報保護条例が、2003年に施行された行政機関個人情報保護法と大きく異なる点として、地方公共団体の機関の個人情報保護条例では、各団体で個人情報保護審議会（以下「条例個情審」という。）を設置し、個人情報の保護に関する重要な事項、審議会に諮ることが適当と認める事項といった一般的な事項のほかに、個別の個人情報の取扱いについて諮問し、その審議・答申を踏まえて実際の個人情報の取扱いを行うというところに特徴的な部分があった。

　どのような内容及び事項を条例個情審への諮問事項とするかは地方公共団体の機関ごとに異なるものの、主なものとしては、（ⅰ）個人情報の取得及び取扱い、（ⅱ）要配慮個人情報（センシティブ情報）の取得及び取扱い、（ⅲ）保有個人情報の目的外利用、（ⅳ）保有個人情報の外部提供、（ⅴ）保有個人情報の電算システムによる処理、（ⅵ）保有個人情報のオンライン処理、（ⅶ）保有個人情報の処理の外部委託、（ⅷ）その他の個人情報の取扱いについて、法令の規定や本人の同意等に基づかない取扱いを行いたい場合が挙げられ、条例個情審に諮問し、その答申に基づき実務を行うという手法を多くの地方公共団体の機関で採っていた。

　考えるに、各地方公共団体の機関が個人情報保護条例を制定した当時は、現在のように情報セキュリティポリシーや個人情報の安全管理措置といった標準

となる規程・ルールがまだなく、そのような中では、法令の規定や本人の同意等に基づかず、（ⅰ）から（ⅷ）に該当する新たな案件が生じた場合に、その必要性や安全対策等を示して条例個情審に諮問し、答申を得て実務を行うという方法は、新たな案件を処理する場合において、安全対策を担保するという面で有効な方法であったと思われる。

　ほかにも、条例個情審の委員に関して、その一部を住民という立場から選定している地方公共団体の機関もあったことから、条例個情審に諮問し、その答申に基づき実務を行うというのは、当該個人情報の取扱いを行うことについて、その地方公共団体の住民への説明責任を果たすという側面でも効果的な方法であったと思われる。

(2) 改正法129条により設置された個人情報保護審議会の機能と審議事項

　改正法129条は「地方公共団体の機関は、条例で定めるところにより、第3章第3節の施策を講ずる場合その他の場合において、個人情報の適正な取扱いを確保するため専門的な知見に基づく意見を聴くことが特に必要であると認めるときは、審議会その他の合議制の機関に諮問することができる。」と規定し、改正法の施行後も、地方公共団体の機関が法施行条例に規定することにより、引き続き個人情報保護審議会（以下「改正法129条審議会」という。）を設置することが可能となっている。このように改正法129条審議会により、地方公共団体の機関が個人情報保護制度に関する専門的な知見に基づく意見を聴くために、改正法129条審議会に諮問することができると定められた意義は大きいものと考えられる。

　一方で、改正法129条審議会の機能については、個別の個人情報の取扱いに関して諮問を受ける機関から、定型的な事例についての事前の運用ルールの検討も含めた地方公共団体等における個人情報保護制度の運用やその在り方について調査審議を行う機関に移行するものと個情委は考えているようである。改正法の施行に際してのガイドライン等の内容を踏まえて個情委が作成したQ＆Aを見ると、改正法129条で規定する「個人情報の適正な取扱いを確保するため専門的な知見に基づく意見を聴くことが特に必要であると認めるとき」につ

いては、単に諮問をする必要があるというだけでなく、定型的な案件の取扱いについて、専門的知見に基づく意見を踏まえて国の法令やガイドラインに従った安全管理措置の具体的手法、本人同意の取得方法等に関する運用ルールの細則を事前に設定しておくことで、個人情報の適正かつ効果的な活用が図られることを個情委は想定しており、いわゆる要配慮個人情報の収集制限、オンライン結合の制限、目的外利用及び外部提供の制限などの個別案件における個人情報の取扱いについて、類型的に改正法129条審議会への諮問を行うべき旨を法施行条例で定めることは認めていない※。

※令和3年6月に個情委が出した「公的部門（国の行政機関等・地方公共団体等）における個人情報保護の規律の考え方（令和3年個人情報保護法改正関係）」において、「改正後の個人情報保護法においては、個人情報の適正な取扱いを確保するため専門的な知見に基づく意見を聴くことが「特に必要である」場合に限って、審議会等に諮問することができることとしており、個人情報の取得、利用、提供、オンライン結合等について、類型的に審議会等への諮問を要件とする条例を定めることは、今回の法改正の趣旨に照らして許容されない。」と記載されている。

このほかにも、改正法129条について、個情委は、地方公共団体の機関が改正法129条審議会に対して行う諮問について規定するものであり、地方公共団体の機関が附属機関等として設置する改正法129条審議会が自発的に行う調査、審議又は意見陳述を妨げるものでないとしているものの、地方公共団体の機関が調査等を受けることを事実上の要件としたり、改正法129条審議会の意見を尊重することを義務として定めるような法施行条例の規定を設けることはできないとしている。

一方で、マイナンバー法に基づく特定個人情報保護評価（ＰＩＡ）など、改正法以外の法令に基づき、改正法129条審議会に対し意見を聴くことは妨げられておらず、また、各地方公共団体の機関が法施行条例を規定する中で、横浜市が、個人情報を取り扱う事務の委託、保有個人情報の提供については審議会に報告するものとすると規定しているほか、その他個人情報の保護に関し必要

と認める事項を審議会に報告できるとしているように、他の地方公共団体の機関においても、改正法施行前に条例個情審への審議事項であった、個別案件における個人情報の取扱いを新たに実施した場合には、改正法129条審議会に報告することとしている地方公共団体の機関も見られる。

　個別案件における個人情報の取扱いについて、類型的に改正法129条審議会への諮問ができなくなったとはいえ、個別の新規案件に係る適切な安全管理措置等を、条例個情審に諮問をすることにより確保してきたと考える地方公共団体の機関にとっては、事後的な報告等を行うことも同様の観点から効果的なものであると考えられる。では、引き続き何を報告するかという点で見ると、オンライン結合等については、各地方公共団体の機関が個人情報保護条例を制定した当時と比較すると、情報通信技術も向上していることなど、現状とは状況が異なっている審議事項もあるかもしれないので、何を報告事項とするかは見直す必要があるかと思われる。しかしながら、廃止された個人情報保護条例における条例個情審への審議事項というのは、住民サイドから見て取扱いに懸念を持たれやすい事項であったと考えられ、そうした点も考慮すると、上記（ⅰ）から（ⅷ）までに該当する個人情報の保有、保有個人情報の取扱いを変更する場合に、引き続き、事後的に改正法129条審議会に報告することは、新規の案件について、十分な安全管理措置を講じていることを地方公共団体の機関として担保する意味において、有用な方法ではないかと思われる。

（3）当市における情報公開・個人情報保護審議会について

　改正法が公布され、当市においても、改正法の施行までに、個人情報保護法施行条例に関する事項、改正法施行後の運用及び改正法129条により設置する審議会（以下「新審議会」という。）について検討する必要が生じた。

　他の地方公共団体においては、法施行条例の内容及び法施行後の運用等について、改正法の公布後といった早い段階から、廃止した個人情報保護審議会（以下「旧審議会」という。）に諮問し審議していた地方公共団体等も多かったが、当市においては、法施行条例の骨子の作成及び法施行後の運用等については、庁内の関係課の部課長級の職員で構成した検討会にて検討することとし、

旧審議会には進捗状況を報告しつつ、パブリックコメントを経た条例素案を旧審議会に諮問する形式をとった。

　改正法成立後に開催した旧審議会において、改正法施行後は、現在のように個別事案の実施について、諮問はできなくなるとの報告に懸念が示されたのと同様に、庁内の検討会でもこの点に懸念が示され、改正法施行後も、旧審議会での諮問事項を実施する際に、個人情報保護をどのように担保していくかが課題となった。検討会等で検討した結果、旧審議会での諮問事項であった「(1)過去の個人情報保護審議会の位置づけと審議事項」に挙げた(ⅰ)から(ⅵ)までの事項を新たに実施する場合には、個人情報保護制度担当課と情報システム担当課が実施前にチェックすることで安全対策等を担保し、事後的に新審議会へ報告することとした。

　改正法施行後の個人情報保護については、当市の議会からも、法施行条例の審議において、「新たな条例の施行にあたっては、個人情報を適正に取り扱う仕組みを作り、武蔵野市が守ってきた個人情報保護の取組を堅持されたい。」との付帯決議が付されている。

　また、新審議会では、定期的な議題が縮小されると予想できたので、市情報公開条例で設置していた情報公開委員会と統合することとし、情報公開委員会の所掌事項である報告事項と改正法129条に規定する諮問事項を審議する情報公開・個人情報保護審議会として発足することとした。

〈参考文献〉
・宇賀克也『新・個人情報保護法の逐条解説』（有斐閣、2021年）
・宇賀克也編著、宍戸常寿・髙野祥一著『法改正に対応すべき実務がわかる！自治体職員のための2021年改正個人情報保護法解説』（第一法規、2021年）

〈参考資料〉
・「個人情報の保護に関する法律についてのＱ＆Ａ（行政機関等編）」2022年2月（2024年3月更新）個人情報保護委員会事務局
・「公的部門（国の行政機関等・地方公共団体等）における個人情報保護の規律の考え方（令和3年個人情報保護法改正関係）」2021年6月個人情報保護委員会

(内田直人)

第9章
地方自治体からの質問事項

　本章では、これまでに筆者に対して地方自治体の制度担当者から寄せられた質問事項（個人情報該当性（個人識別性）、個人情報の第三者提供の意義、委託先への個人情報の提供の位置づけ、地方議会議員個人に対する地方自治体の個人情報の提供の可否）について、筆者の見解を述べさせていただく。

1　個人情報の該当性について

　制度における基本的な事項ではあるが、複数の地方自治体から、「何が個人情報に当たるのか」という点について質問があった。

　個人情報に該当するか否かについて検討するに当たっては、まず、個人情報保護制度における情報の取扱いの規制を受ける対象としての「個人情報」と、情報公開制度における不開示対象としての「個人情報」を分けて考える必要がある。個人情報保護制度の本人開示に係る不開示情報である「開示請求者以外の個人情報」は後者に当たる。

(1) 不開示情報としての個人情報

　情報公開制度における不開示情報としての「個人情報」については、定義の中に「特定の個人を識別することはできないが、公にすることにより、なお個人の権利利益を害するおそれがあるもの。」（情報公開法5条1号）という文言がある点に留意する必要がある。個人情報保護制度における本人開示の不開示情報である「開示請求者以外の個人情報」についても、「特定の個人を識別することはできないが、開示することにより、なお開示請求者以外の個人の権利利益を害するおそれがあるもの」（改正法78条1項2号）との文言が規定され

ている。これらの文言が規定されていることにより、不開示情報としての「個人情報」は、特定個人の識別性がない場合であっても該当するケースがあり得る点が重要である。

(2) 個人識別性の基本的考え方

次に、個人情報保護制度における個人識別性の考え方についてである。改正法の「個人情報」は、2条の規定から「特定の個人を識別することができるもの（他の情報と容易に照合することができ、それにより特定の個人を識別することができることとなるものを含む。）」又は「個人識別符号が含まれるもの」のいずれかに該当する情報をいうのであるが、個人識別符号は、例えばマイナンバーのように、その番号単体で特定の個人を識別できるので別建てで規定されているのであり、基本的に個人情報保護制度における「個人情報」は、特定の個人が識別できる情報であると考えることができよう。

ここで言う「特定の個人が識別できる」とは、具体的にどのような場合を指すのであろうか。個人識別性に関しては、これまでにいくつもの研究論文等が発表されているが[1]、本稿は、地方自治体の実務担当者にとって有益な情報を提供することが目的であるから、筆者の実務経験も踏まえ、可能な限り分かりやすい考え方の提示を試みることとする。

条文に書かれているとおり、「氏名、生年月日その他の記述等」により特定の個人が識別できるものであることから、「Aさん」という一人の人物が特定されなければならない。したがって、例えば「○○大学の□□先生のゼミの学生」という情報の場合、当該ゼミの履修生が一人しかいなければ、個人識別性があり、個人情報に該当することになるが、複数の履修生がいる場合には、一人だけが識別されることにはならないので、個人識別性は認められず、個人情報には該当しない。その意味において、個人情報該当性は、個別の情報ごとに総合的に判断する必要があり、相対的である。

「他の情報と容易に照合することができ、それにより特定の個人を識別することができることとなるもの」については、従来の地方自治体の個人情報保護条例の定義では、「容易に」という文言が規定されていないものが多数であっ

たため、「容易に」という文言が入ったことにより、個人情報となるものの範囲が狭くなるのではないかという問題が生じることが懸念されていた。この点については、ガイドラインでは「行政機関等において通常の事務や業務における一般的な方法で、他の情報と容易に照合することができる状態をいい、例えば、他の行政機関等や事業者への照会を要する場合等であって照合が困難な状態は、一般に、容易に照合することができない状態であると考えられる。」とされているが（13頁）、各地方自治体は、保護のレベルの低下を招来しないよう、基本的に、従来と同様の照合要件に基づき個人情報性を判断しているものと考えられ、実務上で大きな問題となっているような事例は聞こえてこない。

(3) 照合先の情報

　考察を要するのは、照合先の情報の種類や内容である。情報公開制度の場合、開示された文書に書かれている個人に関する情報が、開示を受けた者の立場として、他の情報と照合することにより特定の個人を識別することができるか否かが問題となるのに対し（原則的に一般人基準で考えるが、特定の範囲の者にとってのみ特定個人が識別可能な場合も個人情報として不開示となり得る。）、個人情報保護制度の場合、個人情報を取り扱う行政サイドの立場としての照合を考えることになる。収集や利用等に関する法の規制を受けるのは、個人情報を取り扱う行政側の問題だからである。よって、一般人には照合できないものであっても、地方自治体として照合可能なケースは、特定の個人が識別できれば個人情報に該当する。地方自治体の個別セクションがそれぞれの事務事業に関して個人情報が記録されたデータベースを保有・管理している場合、当該データベースは原則的に一般民間人にはアクセスできないが、同じ地方自治体内の他のセクションについては、アクセス可能なケースも想定され（直接アクセスできなくても、照合依頼を行えば回答してもらえる場合もあり得る。）、そのような場合は個人情報に該当する。

　次に、従来から実務上で問題とされてきた照合情報について検討する。それは、住民基本台帳情報（住民票）と登記簿情報である。住民票については、住民基本台帳法（昭和42年法律第81号）11条の2により、個人又は法人の申出に

よる閲覧には制限がかけられており、公開されている情報ではないが、国又は地方公共団体の機関については、同法11条に基づき「法令で定める事務の遂行のために必要である場合」には閲覧が認められている。この場合に、「法令で定める事務の遂行のために必要である旨及びその根拠となる法令の名称」について、どの程度具体的に記載することを要するかという点に関し、総務省自治行政局市町村課長が取りまとめた「住民基本台帳の一部の写しの閲覧に関する質疑応答集」(平成18年9月15日)において、「具体的な記載内容については、市町村長の判断によるものであるが、『法令で定める事務の遂行のために必要である旨』を明らかにするためには、当該請求を必要とする事務の内容を示せば足り、例えば、『犯罪捜査のため』等と記載することが考えられる。また、『その根拠となる法令の名称』は、『刑事訴訟法第197条第2項』等と記載することが考えられる。」とされており、このことから考えると、例えば国や都道府県が市町村長に対して請求する場合に、「個人情報保護法第2条の『個人情報』の該当性を判断するため」という内容でも認められる可能性がある。この住民票との照合が必要と考えられるケースは、個人に関する情報で、氏名等の情報の記載がなく、住所の情報が単体で記載されている場合であろう。ここで注意すべきは、「住所」と類似した情報としての「所在地」との相違である。基本的に、「住所」とは各人の生活の本拠地を指すものであり、「人が住んでいる所」であるのに対し、所在地とは、会社や店、土地などの不動産の在処を指すものである。したがって、住所としての「〇県□市△町1-1」という情報と、所在地としての「〇県□市△町1-1」では、個人識別性の点で違いが生じる可能性が高い。この点については、登記簿情報とも深く関係するのであるが、「地番」は専ら登記関係で使用されるものであり、基本的に土地や建物を特定するための情報である。実務においてよく問題となるのは、単体情報として記載されている「住所や所在地、地番」の個人情報性についてである。情報公開制度におけるこれらの情報の取扱いについては、前述のとおり、情報公開制度における不開示情報としての「個人情報」が「特定の個人を識別することはできないが、公にすることにより、なお個人の権利利益を害するおそれがあるもの。」を含むので、必ずしも特定の個人が識別できない場合であっても、

これらの情報を「個人情報」として不開示にすることがあるのに対し、個人情報保護制度における「個人情報」にはそのような識別性のない情報は含まれないので、住所や所在地、地番の情報から特定の個人が識別されるか否かが個人情報該当性の判断のポイントとなる。実務においては、住所の場合、住民票と照合することにより特定の個人が識別可能として、個人情報とされるケースが多いようであるが、同一の住所において複数の個人が該当するケース（家族や同居人等がいる場合）では、特定の個人が一人だけ識別される訳ではないので、そのような場合には、個人情報には該当しないと考えるべきであろう[2]。所在地については、基本的に不動産の在処を示す情報であるから、その建物の中に誰が住んでいるかという観点から住民票と照合するケースが考えられるにせよ（家屋やマンション、ビル等の所在地情報）、本来的には不動産の在処の情報である以上、それをわざわざ住民票と照合することの必要性がそもそも疑問である。個人情報保護制度においては、個人情報を取り扱う事務における利用目的を第一に考慮する必要があり、また、多くの地方自治体において、個人情報を取り扱う事務に関しては、原則的に登録や公表が必要である。一つの例として、まちづくりに関する情報として3階建て以上の建物の所在地の一覧表を作成する場合を考えると、当該事務事業において、それぞれの建物に居住等する者の個人情報は全く必要ないとすれば、改正法61条の規定により、「所掌事務又は業務を遂行するため必要な場合に限り」個人情報を保有することができるのであり、この事務事業の場合、個人情報は保有できない。したがって、当該事務事業は個人情報を取り扱う事務に該当せず、登録も公表も行われない。それにもかかわらず、所在地情報を住民票と照合して、個人識別性が認められるから個人情報に該当すると解するのでは、制度の考え方や法の規定と矛盾抵触することになる（さらに、所在地や場所、地域・エリア等を意味する情報に関しては、これを住民票と照合するという考え方自体、広げていけば、○○県という地域の情報も住民票との照合で全住民を識別することが可能である。）。この点については、登記簿情報との照合についても同様のことが言える。

　さらに、単体の所在地や地番の情報を登記簿情報と照合して、所有者の情報

が記載されていることをもって個人識別性を認める考え方については、登記簿には所有者として一人だけの情報が記載されているとは限らず、共有の場合には共有者全員の情報が記載されているし、所有権の動きに関する情報（売買による取得等）として前の所有者の情報が記載されていることもある。さらには、個人を相手に抵当権等の設定を行っていれば、抵当権者の個人情報も記載されている。このようなケースでは、特定の人物一人だけが識別される訳ではないので、個人情報該当性を認めるのは疑問である。

(4) 同和地区の所在地

この問題に関係して留意すべき情報に同和地区の所在地がある。人権的な配慮から、そのような地区の所在地が情報公開制度における不開示情報としての個人情報に該当するとすることは、既述のとおり、特定の個人を識別することはできなくても、個人の権利利益を害するおそれがあることを理由として可能であると解される（最判平成26年12月5日判例地方自治390号51頁は、個人情報としてではなく、同和対策事業ないし人権啓発事業の適正な遂行に支障を及ぼすおそれがあるとして、不開示を認めている。）。一方で、個人情報保護制度に関しては、そもそも同和関係の事務事業においては、事務事業の目的上個人情報を取り扱うことが予定されており、加えて、保有個人情報に「同和地区の所在地」の記述が含まれる場合、多くの地方自治体が当該保有個人情報を「要配慮個人情報」として取り扱ってきた経緯がある。しかし、福岡県の取組み事例でも紹介されていたように、個情委は、要配慮個人情報には法や政令・規則で定める記述等を含む個人情報が該当するが、これらの情報を推知させる情報に過ぎないものは、要配慮個人情報には当たらず、「旧同和対策事業対象の所在地名」については、一般にはこのような推知情報に過ぎないので、要配慮個人情報に該当しないとの見解を示している[3]。この見解に従えば、従来保有個人情報に「同和地区の所在地」の記述が含まれる場合、これを要配慮個人情報（センシティブ情報）として取り扱ってきた地方自治体に関しては、当該情報は一般の個人情報と同じ取扱いとなることになり、明らかに保護水準の低下を招来する事態となる。そこで、改正法60条5項に基づき、地方自治体におい

て、保有個人情報に「同和地区の所在地」の記述が含まれる場合を「条例要配慮個人情報」として規定し、個人情報保護のレベルの維持及び適切な住民の権利利益の保護を図ることは、非常に意義のあることであると考える。さらに、人権的な配慮から、個人識別性が認められない場合であっても、同和地区の所在地を「要配慮情報」として特別な取扱いを要する情報とすることは、立法論的には極めて妥当な方策と解され、個人情報保護制度とは別に、このような措置を講じることについても積極的に検討されるべきであろう。

2　個人情報の第三者提供の意義について
(1)　問題の所在
　この問題については、次のような質問が寄せられた。
　「これまでの地方自治体の個人情報保護条例でも改正法69条でも、『利用目的以外の目的のために保有個人情報を自ら利用し』又は『提供してはならない』と規定されている。前者の目的外利用（内部利用）は明確であるが、後者の「提供」（第三者・外部提供）は、（A）「目的外提供」が原則禁止されているのか、（B）目的内か目的外かを問わず「第三者・外部提供」が原則禁止されているのか、不明確である。」
　この点に関して、ある地方自治体の担当者は、以下のような理解をしていた。
　（A）は「利用目的以外の目的のために保有個人情報を」が「提供してはならない」にもかかると読むもので、その実質的な理由としては、目的内であれば第三者・外部提供でも個人情報への侵害（個人の権利利益への侵害）はない（そのような提供が想定されている）から、というものであると考えられる。宇賀克也『新・個人情報保護法の逐条解説』（有斐閣、2021年）477頁では、「行政機関が利用目的以外のために保有個人情報を利用・提供しうる場合には」と記載されており、（A）によっているものと思われる。従前の東京都個人情報保護条例10条・11条も、目的外であるか否かを問わない「外部提供」（11条）と目的外提供（10条2項）を分けて規定していた。
　（B）は「保有個人情報を」のみが「提供してはならない」にもかかると読む

ものである。その実質的な理由としては、目的内とはいえ、当該機関の外部に個人情報が提供されると、個人情報の利用・保管状況が変わり、本人としても想定外の事態となる可能性がある（そのような提供があり得ることを知らされていない可能性がある）から、というものが考えられる。改正法が施行される前の内容ではあるが、個人情報保護研究会編集『個人情報保護の実務』（加除式）1057頁（町田市総務部市政情報課執筆）は、「外部提供とは、収集した保有個人情報を当該自治体以外のものへ提供することをいう」と述べており、（B）によっているものと思われる。同書1057頁〜1058頁は、「また自治体の業務には、福祉事務所の身体障害者手帳の交付の例に見られるように、市町村が国や都道府県等の事務の手続上の窓口となっている業務が相当数あるが、その場合は実施機関が収集した保有個人情報をそれらの機関に外部提供することによりはじめて業務が遂行されていくのである」とも述べられており、目的内提供であっても外部提供であり、法令の定め又は本人の同意等によって許容されるものと整理されていると思われる。

(2) 禁止されている「提供」の内容

本件に関しては、筆者は、目的外の場合に「第三者・外部提供」が原則禁止されていると考える。

その理由として、改正法69条1項が「行政機関の長等は、法令に基づく場合を除き、利用目的以外の目的のために保有個人情報を自ら利用し、又は提供してはならない。」と規定し、同条2項2号で行政機関等の目的外の内部利用が許される場合の例外を定め、3号で他の行政機関、独立行政法人等、地方公共団体の機関又は地方独立行政法人に目的外で提供できる場合を規定しており、これらの組織以外への目的外の提供は、同項4号に基づく「専ら統計の作成又は学術研究の目的のために保有個人情報を提供するとき、本人以外の者に提供することが明らかに本人の利益になるとき、その他保有個人情報を提供することについて特別の理由があるとき」以外は認められない。ガイドラインには、「本来行政機関等において厳格に管理すべき個人情報について、行政機関等以外の者に例外として提供することが認められるためにふさわしい要件として、

個人情報の性質、利用目的等に則して、『相当の理由』よりも更に厳格な理由が必要であるとする趣旨」とされている[4]。

仮に目的内の提供も原則禁止されるのであれば、すなわち、1項に規定する「法令に基づく場合」だけが例外的に許容されるとすれば、ここで言う「法令」に関しては「地方公共団体が制定する条例は、『法令』の委任に基づき定められたものは『法令』に含まれるが、それ以外のものは『法令』に含まれない[5]」とされていることから、法令に規定されている事務事業のみでしか目的内であっても提供が認められないこととなる。したがって、地方自治体が独自条例や内規に基づき行う事務事業では、目的内であったとしても一切提供が認められないことになるが、目的外提供であっても「法令に基づく場合」以外にも例外が認められるのに対し（改正法69条2項各号）、目的内についてそれが認められないというのは制度的にあり得ないと思われる。仮に改正法69条1項は目的内・外を問わず提供を原則禁止していると解する場合に、同条2項が提供の例外でもあるとするならば、1号、3号及び4号がいずれも目的内・外を問わない例外であるのか、目的内もしくは目的外どちらかの場合に適用されるものであるのかを規定上明確にする必要があるものと考えられるが、そのような文言は一切ない。

しかし、たとえば1号に関して、「本人の同意があるとき」を目的内の提供について考えてみると、多くの場合、当該個人情報については、改正法62条の「利用目的の明示」義務の適用があるものと解されるところ、これは「行政機関等は、本人から直接書面（電磁的記録を含む。）に記録された当該本人の個人情報を取得するとき」の要件であるので、原則的に取得時に目的が示され、本人がそれを受けて、書面で自身の個人情報を提出しているので、同意の有無は問題にならない（同意しないのであれば、書面の提出は行わない。）。同様に、当該情報はそもそも本人から提出されたものであるので、それを本人に提供することが目的なのであれば、わざわざ例外として規定する法益は基本的にないものと解される。3号についても、他の行政機関、独立行政法人等、地方公共団体の機関又は地方独立行政法人に保有個人情報を提供することは、そもそも目的として明示されているはずなので、上記と同様に本人がその目的に納

得できないのであれば、個人情報の提出を行わないものと考えられ、例外規定とする意味がないことになる。4号については、掲げられている事由がそもそも目的内提供に適用することになじまないものである。

　加えて、改正法69条1項が目的内・外を問わず提供を原則禁止していると解するのであれば、地方自治体間の連携に基づく施策においては、法令に定めがある場合を除き、目的内であっても一切個人情報（住民データ）が利用できないことになるので、連携協約等に基づく圏域施策の展開は事実上不可能となるし、スマートシティやスーパーシティにおける官民のデータ連携（ここでは住民データもその対象である。）もできないことになる。

　事務対応ガイドには、「行政機関等に対して、利用目的以外の目的のために個人情報を提供する場合は、……」と明記されている[6]。同ガイド107頁から108頁の解説内容は、目的内提供も含むと考えた場合には、意味が通らない箇所が多々あり、そのようなことからも、目的外提供に関する例外であると考えられるのである。

　さらに、目的外提供のみが原則禁止されていると解する方が、「利用目的以外の目的のための利用及び提供を恒常的に行うことを個人情報の取得前から予定している場合は、そのような利用及び提供が可能となるように利用目的を設定しておくべきである」とする事務対応ガイドの記載[7]とも整合性がとれると思われる。

　そして、外部提供する場合の措置要求については、改正法70条において目的内及び目的外（例外の場合）の双方について要求できるものと規定していると考えられる。

（3）目的の適法性や妥当性の担保

　これらのことから、改正法69条2項の例外規定は、「目的外」に関するものであると解されるのであるが、このように解する場合、利用であれ提供であれ、目的内のケースにおける目的の適法性や妥当性についてどのように担保するのか、という点では、改正法61条における「所掌事務又は業務を遂行するため必要な場合」ということ以外に基準がなく、行政サイドの裁量の範囲が広く

とられており、恣意的な目的設定といったリスクへの対応方法が問題になるのではないかとも考えられる。従来の地方自治体における個人情報保護条例の場合、多くの自治体が審議会等に諮問して、個々の個人情報取扱事務における個人情報の取扱いの適正性を図ってきたのであるが、改正法により審議会等の機能が制限された結果、この点に関する行政への統制が弱くなった感は否めない。既述のとおり、個情委は、個別事案の質問には期待したような解答はしないというのが実態であるから、実施機関への負担、特に個人情報保護制度の所管セクションへの負担が増しただけのように思われるのである。

3　委託先への個人情報の提供の位置づけ
(1)　改正法69条と委託先の関係
　この問題に関する質問の趣旨は、次のようなものであった。
「民間企業や公立病院等については、改正法27条5項1号が委託先を第三者から除外しており、本人の同意等がなくても委託先に個人情報を提供できる。他方で、行政機関等については、改正法69条には委託先に関する規定がなく、改正法66条2項では安全管理措置に関して委託先に関する規定がある。宇賀克也氏は『受託者に対する個人情報の提供が本人の同意なしに可能であったとしても、委託により個人情報が第三者に提供される事実には変わりなく』と記載されており[8]、本人の同意等なく委託先への個人情報の提供が可能であることはわかるものの、改正法69条との関係は不明確である。目的内提供であるため、改正法69条が目的外提供のみを原則禁止としていることにより許されるのか、解釈によって委託先が第三者に含まれないとするのか、改正法66条2項が69条の特別規定として機能し、委託先への提供を可能としているのか、それともそれ以外の理由によるものなのかがはっきりとしない。」
　この質問者は、補足として以下のように述べている。
　改正法73条1項では仮名加工情報に関し、委託先を第三者から除外しており、当該規定や改正法27条5項1号との対比からすれば、改正法69条の第三者から委託先は除外されていないとも思われる。宇賀克也氏は「仮名加工情報の取扱いの委託の場合には、民間でも、受託者は仮名加工情報を提供する仮名加

工情報取扱事業者と密接な関係を有する者であり、加工前の個人データとの均衡を図る観点からも、当該仮名加工情報取扱事業者と一体のものとして把握して、第三者提供に係る制限を課さないこととされている（42条2項）。それと平仄を合わせて、本項（73条1項）でも、委託の場合は除いている」と述べている。通常の委託の場合でも、「密接な関係を有する者」や「一体のものとして把握」という点は妥当するとも思われ、改正法69条において、委託先を第三者から除外する旨の規定が設けられても良さそうなところであるが、そのような規定は置かれていない。

(2) 委託先が除外されていない理由

筆者は、この点に関し、次のように考える。

この問題については、改正法60条1項で規定する「保有個人情報」の「保有」の意味について、宇賀克也氏は、「行政機関個人情報保護法」の保有概念と同様に、物理的に占有していなくても、当該個人情報の利用、提供、廃棄等について決定する権限を有し、事実上当該情報を管理しているといえる場合は「保有」していることになるので、委託しても、委託した行政機関が当該個人情報の利用、提供、廃棄等について決定する権限を留保している場合には、改正法の下でも行政機関が保有する情報といえる、という旨を述べている[9]。

このことから、改正法69条の規定が「保有個人情報を自ら利用し、又は提供してはならない」との文言である点において、委託先を除外する必要性がないものと解される。委託先に当該保有個人情報が物理的に存在していても、委託した行政機関が当該個人情報の利用、提供、廃棄等について決定する権限を留保しているのであれば（通常の委託はこれに該当するものと思われる。）、当該行政機関が保有してるとみなされるのであり、提供には該当しないからである。そのため、改正法69条においては、「第三者」という文言は「本人又は第三者の権利利益を不当に侵害するおそれがあると認められるときは」という部分でしか使われていない。ここで言う「第三者」は、提供先を指すものではなく、まさに権利利益が侵害される他の者の意味である。

ただし、そのような解釈であっても、委託先に直接改正法の行政機関等にお

ける安全管理措置の規定が適用されるわけではないので（改正法69条の行為の主体はあくまで行政機関等であるが、66条に関しては、委託先において実際に安全管理措置を施すのは受託業者であって、行政機関等が直接施すものではないからである。）、準用する旨を定めて受託業者を規制する必要があるのではないかと考えられるのである。

　一方で、改正法73条1項の仮名加工情報は「保有個人情報」ではないので、上記の「保有」の概念を適用する余地がなく、提供が原則禁止される提供先の「第三者」から委託先を除外する必要があるものと解される。

4　議員への個人情報の提供の可否
(1) 問題の所在

　これは、筆者が実務担当者であった頃から問題となっていた事項である。質問の趣旨は次のようなものであった。

　「改正法69条2項3号の『他の……地方公共団体の機関』には議会が含まれるが（改正法2条11項2号）、議員は明記されていない。議会と議員の関係もまた不明瞭な点を残すところ、東京高判平成19年2月14日判タ1264号158頁は、教育委員会から議員への個人情報の提供を違法と判示した。議会活動と議員活動の区別、費用弁償と政務活動費の対象の区別、地方自治法89条の改正等、関連する問題もあるが、議員への個人情報の提供につき、どこまでの情報を議員に提供していいのか（議員は議会の構成員・特別職職員である一方、個人としての政治家でもあり、個人情報を提供していいのか、不開示情報以外の情報提供にとどめるべきか、情報公開請求をしてもらうべきか等）、非常に悩ましい問題となっている。」

(2) 議員個人への提供の可否

　これは非常に難しい問題である。筆者としても、明確な根拠はなく、本章1～3で述べたような回答は困難であるが、以下のように考える。

　筆者は、原則的に、議員個人に裁量によって個人情報を提供することには否定的である。

なぜなら、まず、上記東京高判平成19年2月14日でも、「実施機関等」の「等」に議員は含まれないと判示し、議会活動と議員活動を区別していること、議員には個人のプライバシーに該当する情報を法令の根拠に基づかずに収集する権限はないと述べていることが、極めて実態にも即した妥当な判断であると考えるからである。

周知のように、議員には、必ずしも個人情報の取扱いに関する知識を十分に有していないと思われる者も存在する。特別職の公務員といっても、選挙前まではただの一私人であり、特に情報法制とは関係しない立場にあった者が、選挙により当選したからといって、突然そのような知識を十分に獲得できるわけではない。そのような者に、議会からの委任を受けて議会の調査権の一環として行われる場合は格別、法令の根拠なくして、議員個人に個人情報を情報提供するのは、多大なリスクを背負うことになるし、当該個人情報の本人に何らかの権利利益の侵害が生じた場合、行政側も責任を問われることになる。情報の漏えい等は、後からそれを償うことが困難な性質のものなので、殊更慎重な対応が求められると考えられる。現に、議員が個人情報を流出させた事例は複数存在する[10]。

議員サイドからは、住民の代表なのに開示請求によらなければならないのはおかしい、といった声がよく聞こえてくるが、議員個人にそのような調査権が必要なのであれば、それは立法政策的に解決すべき問題なのであって、現行法の枠組みの中で、少なくとも東京高裁が判示したように、議員個人にそのような権限を認めた法令はないのであるから、議員であっても、情報公開請求によるか（個人情報は原則不開示となるが。）、当該個人情報の本人の委任を受けて、任意代理人として請求すべきものと考える[11]。不開示情報以外の情報を提供するという考え方は、そもそもが個人情報であることを前提とするならば、現実的ではないし、開示請求の場合と異なり、情報提供では、対象情報に不開示情報が含まれているか否かの組織としての判断が正式に行われる訳ではないので、万が一の場合に、違法性の阻却要因として考慮されないように思われる。

1 中田響「個人情報性の判断構造」慶應義塾大学メディア・コミュニケーション研究所紀要No.57（2007年3月）、森亮二「パーソナルデータの匿名化をめぐる議論（技術検討ワーキンググループ報告書）」ジュリスト1464号（2014年3月）、梶谷篤「保有個人データ開示請求における個人情報該当性」法学セミナー増刊速報判例解説　新・判例解説Watch vol.34（2024年4月）等。
2 中田・前掲注1は、固定電話番号や住所について一般的な識別要素性が認められるとしている。157頁参照。
3 この点に関係するものとして、本人の同意なしにプロファイリングによって要配慮個人情報を新たに生み出すことについて、法が要配慮個人情報の取得に高いハードルを課している趣旨から、このような場合についての規制の必要性を説く有力説が存する（山本龍彦「プロファイリング規制の現状」NBL1100号（2017年）22～24頁）。
4 ガイドライン31頁
5 前掲注4の29頁
6 事務対応ガイド108頁の※参照
7 事務対応ガイド68頁
8 宇賀克也『新・個人情報保護法の逐条解説』（有斐閣、2021年）465頁
9 宇賀・前掲注8の441頁
10 市議が市民の個人情報流出させ参院選に利用（https://www.tokyo-np.co.jp/article/218971）、市議が個人情報持ち出し選挙利用の疑い（https://www.sankei.com/article/20200905-7IXYIMLPHZMABK2AW32PGU22CY/）、市議が町内会長の名簿を第三者に提供（https://www3.nhk.or.jp/tokai-news/20240313/3000034619.html）等。
11 アメリカの議会では、情報提供の要求につき、議会としての要求と個々の議員からの要求は区別されており、情報の開示は、個々の議員によってではなく、議会、その委員会または小委員会の権限によってのみ強制することができるとされている（"Authority of Individual Members of Congress to Conduct Oversight of the Executive Branch" May 1, 2017、"Application of Privacy Act Congressional-Disclosure Exception to Disclosures to Ranking Minority Members" December 5, 2001）。裁判所も、個々の議員が行政府からの情報を得る権利を認めていない（Exxon Corp. v. FTC, 589 F.2d 582, 593 (D.C. Cir. 1978)、Leach v. Resolution Trust Corp., 860 F. Supp. 868, 874 (D.D.C. 1994)）。Davis Polk "Agencies'Responsibilities to Inform Congress: Two Perspectives, by Brian D. Feinstein"（A blog from the Yale Journal on Regulation and ABA Section of Administrative Law & Regulatory Practice, July 11, 2017）も参照されたい。

（髙野祥一）

補論
地方自治体におけるデジタル化、AIの利活用とその規制[1]

1 はじめに

2024年3月13日に、EUにおけるAI規制法（Artificial Intelligence Act）が欧州議会の承認投票で可決され、その後、5月21日に加盟国の閣僚会議で承認を得て成立した。世界初の包括的なAI規制を目指すものであり、7月12日に官報に掲載され、8月1日に発効した。容認できないリスクをもたらすAIシステムの禁止については2025年2月2日から、透明性要件に準拠する必要がある汎用AIシステムに関する規則は2025年8月2日から適用され、その他のルールは発効から24か月後の2026年8月2日に完全に適用される（法の執行は加盟各国が行う。）[2]。

このAI規制法は、リスクベースアプローチを採用し、「容認できないリスク」「ハイリスク」「限定的なリスク」「最小限のリスク」の4つのリスクレベルを設け、それぞれのリスクに応じた要件・規制を設定している点に特色がある。AI規制法に違反した場合は、最大で3500万ユーロ（約56億円）か企業の年間世界売上高の7％に相当する制裁金が科される[3]。

AI規制に関するその他の先進国の動向を見ると、アメリカではジョー・バイデン大統領が2023年10月、AIの安全性とセキュリティに関する新たな基準を確立するための大統領令に署名し[4]、AIの安全・安心・信頼できる利用を促進するための重要な措置と位置づけている。また、中国では、2023年7月10日に「生成人工知能サービス管理暫定弁法」を公布、同年8月15日に施行し、他

国に先駆けてAI規制を導入している[5]。

　さらに、我が国が議長国として2023年5月に広島で開催したG7広島サミットにおいて、生成AIの安全性とリスクに関して国際的に対処するための枠組みである広島AIプロセスが創設された。その後、同年12月1日、総務省はデジタル庁および経済産業省と共同でG7デジタル・技術大臣会合を開催し、その成果として「広島AIプロセスG7デジタル・技術閣僚声明」が取りまとめられた[6]。同声明では、「我々は、日本のG7議長国下での広島AIプロセスの作業の集大成として、『広島AIプロセス包括的政策枠組み』を承認する。日本のG7議長国下での広島AIプロセスの成果は、高度なAIシステムが我々の社会や経済に与える影響に対処するための指針及び行動規範からなる初の国際的枠組みがとりまとめられたことを意味する。これは、民主主義国家が、先進的なAIシステムの開発を我々が共有する価値観に合致させつつ、責任あるイノベーションと新興技術のガバナンスをリードするために、迅速に行動することができることを示すものである。」としている。

　OECDも、2019年に採択したAIに関する国際指針「AI原則」について、近時のAIによる偏見や差別、偽情報の作成と拡散といった問題の高まりを受け、2024年5月3日、AI開発者らに対し、偽・誤情報への対処を求める項目を新たに盛り込んだ改訂版をOECD閣僚理事会で採択した。OECDの事務総長は、OECDのAI原則がAI政策の策定における世界基準として、グローバルな政策の相互運用性を可能にするとともに、人間中心のイノベーションを促進すること、改訂されたOECDのAI原則は、汎用AIと生成AI、およびそれらが我々の経済社会に与える影響に対応することにより、AI政策に関する世界的な相互運用性を確保し、政策立案者が技術の進歩に適応するための青写真を提供するものであると述べている[7]。

　しかし、このような世界的な動きの中で、日本国内のAIに関する規制のスタンスについては、「楽観的」、「怠慢」といった厳しい批判がある[8]。これまでの日本政府のAI規制に関する考え方は、包括的な法規制には消極的で、いわゆるソフトロー的なアプローチを中心としてきており、AI戦略会議、デジタル空間における情報流通の健全性確保の在り方に関する検討会、AI時代の

知的財産権検討会といった異なる観点からの議論の場が設けられ、検討が行われてきている。これらの会議の成果は「AI事業者ガイドライン第1.0版」(AI戦略会議)[9]や「中間とりまとめ」(AI時代の知的財産権検討会)[10]といった形で取りまとめが進められている。また、本年6月21日に閣議決定された「経済財政運営と改革の基本方針2024 ～賃上げと投資がけん引する成長型経済の実現～」(骨太方針2024)では、「広島AIプロセス等の成果に基づき、AISIを活用した安全性評価を含め国際的な連携・協調に向けたルール作りについて、主導的な役割を果たす」とされている。さらに、これらと並行して、2023年末頃からハードロー的な規制の動きも見られるようになってきている。自民党の「責任あるAI推進基本法(仮)」がそれであり、共同通信は2024年3月18日に「政府がAI法規制を検討　偽情報対策不備なら罰則」とのタイトルで、「政府が大規模な人工知能(AI)開発者を対象とする法規制の検討に入ることが18日分かった。偽情報対策などに不備がある場合の罰則を視野に入れる。欧州連合(EU)をはじめとする各国・地域が強制力のある規制に動いているのを踏まえ、企業の自主的な取り組みを尊重してきた従来の方針を転換する。6月ごろに取りまとめる経済財政運営の指針『骨太方針』への明記を目指す。」と報じた[11]。

　現時点では、実際の法案がどのようなものになるかが不透明なため、必ずしも従来の方針を転換したとまで言えるのかは疑問もあり、今後の政府の動向に注視していく必要があるが、個人情報保護法制の一元化により新たなステージを迎えた我が国のデータ保護法制は、AI等の先進技術への法的対応に関して、国際的な協調のもと、適切な措置を講ずることが求められている(内閣府のAI戦略チームが2024年5月に取りまとめた「AI制度に関する考え方」では、諸外国がソフトロー(規格・ガイドライン)とハードロー(法律・基準)の組合せを指向している中、我が国は、AIの利用促進に向け、AIガバナンスが過剰規制とならないよう、ソフトローの最大限の活用を基本としつつ、リスクの高い使われ方をするAIや人権侵害や犯罪等につながり得るAIに対して必要な法的規制(ハードロー)のあり方を検討する必要がある、としている。)。仮に、政府のAIに関する法規制がEU等のそれに比して十分ではないと評価され

るものとなった場合、後述するような政府が推進するデジタル化・AIの利活用に関する各種の施策において、中心的役割を担うのは住民サービスの提供の担い手である地方自治体であることから、住民の権利利益を守るため、地方自治体には、地方自治の理念に基づき、積極的に必要な措置を講じる義務が課せられているものと解されるのである。

そこで本稿では、我が国の地方自治体におけるデジタル化やAI導入の現状と課題を把握・分析し、今後一層推進されるデジタル化の波の中で、地方自治体がどのような形でAIを利活用していくべきか、さらには、一元化された個人情報保護法制下において、地方自治体としていかに適切に住民の権利利益の侵害を防止するための措置を講ずるべきか、筆者の実務経験も踏まえて提案を試みるものである。

2　地方自治体のデジタル化・AI導入の現況

国は、「包括的データ戦略」（2021（令和3）年6月18日）において、我が国の行政について「今の政府においては、そもそも行政を行うにあたって「データを重視する姿勢・文化」が十分でなく、『データを活用する環境』も整備されておらず、その結果、諸外国との比較において『実際の利活用』も進んでいない。」と指摘した上で、「デジタル社会においては行政機関が最大のデータ保有者であり、行政自身が国全体の最大のプラットフォーム（Platform of Platforms／System of Systems）となり、それがガバメントクラウド上で提供されることを通じて広く国民や民間企業等から活用されることが産業競争力や社会全体の生産性向上に直結する。また、行政自身がEBPMを進める上でも、データの利活用の環境整備が重要である。」と述べている。この「包括的データ戦略」は、「デジタル社会の実現に向けた重点計画」（2023（令和5）年6月9日）に統合され、同計画では「既存のプロセスを単純にデジタルに置き換えるだけでなく、AI等の最新技術も用いて、これまでの業務やビジネスデザインをゼロベースで徹底して見直していき、データを最大限効率的に利活用することで社会全体の改革を図っていく。」とし、さらに「生成AIの利用拡大に鑑み、AIを活用した行政運営の効率化に向けた検討・実装状況や、民間におけ

る利用実態・ニーズを踏まえ、行政データ整備を進め、更なる行政データのオープンデータ化を推進することにより、社会全体のデータ供給を充実させていく。」と述べるとともに、マイナンバーカードを基幹アイテムと位置づけ、マイナンバーカードと各種カードとの一体化や、行政手続のオンライン・デジタル化、市民カード化、民間ビジネスにおける利用、カードの利便性の向上などにより、マイナンバーカードを使った国民の生活の向上を目標に掲げている。ただし、2022年6月の「経済財政運営と改革の基本方針2022（骨太方針2022）」では、「2022年度末にほぼ全国民にマイナンバーカードが行き渡ることを目指す」こととされていたが、2023年3月末時点のマイナンバーカードの交付率は67.0％であり、2024年6月末の保有枚数の割合は約74.0％[12]で、2023年10月以降その伸び率は明らかに鈍化していて、依然として3割弱の国民がマイナンバーカードを保有していない状況である。

　一方で、総務省の「情報通信白書令和5年版」によれば、地方自治体におけるデジタル化の取組状況に関し、上記重点計画において地方公共団体が優先的にオンライン化を推進すべき手続とされている59手続におけるオンライン利用実績は、2021年度で55％[13]となっており、地方自治体におけるAIの利活用に関し、総務省の「地方自治体におけるAI・RPAの実証実験・導入状況等調査　令和5年6月30日版」（以下「総務省調査」という。）によると、都道府県・指定都市で100％、その他の市区町村は45％の割合でAIを導入しており、RPA（Robotic Process Automation）も併せて導入している団体は567団体となっている[14]。

　地方自治体のAIの機能別導入状況については、チャットボットによる応答（住民問い合わせ対応、庁内ヘルプデスク対応、観光情報提供）、音声認識（会議録作成、多言語翻訳）、AI-OCR等が該当する文字認識（申請書読取、調査票読込、アンケート読込）は、全ての規模の自治体で導入が進んでいるが、マッチング（保育所入所マッチング等）、最適解表示（国保特定健診の受診勧奨、国民健康保険レセプト内容点検、戸籍業務における知識支援、乗合タクシーの経路最適化）、画像・動画認識（道路損傷検出、固定資産（住宅）調査、歩行者・自転車通行量の自動計測）、数値予測（次年度予算額の最適値推

定、観光客入込状況の予測）の4分野に関しては、増加傾向にあるが、導入事例が少ないとしている[15]。

　AIの導入に向けた課題としては、「取り組むための人材がいない又は不足している」の回答が最も多く、「取り組むためのコストが高額であり予算を獲得するのが難しい」が2番目に多かったとされているが、「導入効果が不明」や「どのような業務や分野で活用できるかが不明」の回答も上位に位置している点には留意する必要があるように思える。

　総務省調査では、地方自治体のAIの導入効果について、チャットボットや文字認識等の導入分野で大きな時間削減効果があった事例もあり、さらには、AI導入により業務が効率化されるだけでなく、住民サービスの向上に寄与している事例も見られるとされているが[16]、GAFAMに代表されるようなプラットフォーマーが、利用者の様々な個人データ（検索・閲覧履歴、購入履歴、位置情報等）を収集してAIによりプロファイリングを行い、マーケティングやサービス提供に利用しているような事例を我々は日常的に自身のスマホで体験している状況に照らせば、行政、特に地方自治体のAIの利活用は、まだ初歩的な段階にとどまっており、限られた範囲のものという印象を受ける。そこで次項において、地方自治体の行政事務の特質にも考慮しつつ、行政事務におけるAIの利活用と課題について考察を行うこととする。

3　地方自治体の行政事務とデジタル化、AIの利活用
（1）AIの分類とその特性

　一般的にAIは、技術的に大きく「ルールベース」の手法と「機械学習」の手法に分類されており、地方自治体にも双方のタイプが様々な業務で導入されている。ルールベースタイプの場合、我々人間が予め判断基準（ルール）を設定し、当該設定したルールに基づき処理を行って結果を出力する。地方自治体のチャットボットは基本的にこのタイプと考えられる。

　これに対し、機械学習タイプの場合、判断基準自体をAIがデータから解析して導き出すものであり、文字認識や画像認識が代表的である。機械学習タイプは、一般的に「教師あり学習」「教師なし学習」「強化学習」に分けられてい

る。「教師あり学習」は、あらかじめ入力されるデータに正解が付与されているもので、与えられた入出力データの関係をAIが学習して、そこから見出した共通するパターンを未知のデータに適用して予測や識別を行う。「教師なし学習」は、あらかじめ正解を与えられることなく、入力データからAIが関連性やパターンを見出していくものである。「強化学習」は、与えられた環境の中で、AI自体が幾度も試行を重ねて、価値（報酬）が最大化する方法を自ら学習するものである。

　ルールベースタイプの場合、あらかじめ決めたルールに従って結果が得られるので、説明性が高いというメリットがあり、さらに、学習を行わないので、学習用データが必要ないという点も導入しやすい要素であるが、そもそも適切なルールが作成できるのかということや、法解釈の変更、制度改正等によってルールが変わった場合には対応できないというデメリットもある点に留意が必要である。

　一方で、機械学習タイプの場合、これまで実務において職員が見つけることができなかった関連性を、AIが見出してくれる可能性がある点がメリットだと思われるが、出力された結果に関する判断基準を明確に説明することが困難であり、ブラックボックス化してしまうことが最大のデメリットである[17]。特に行政においては、国民・住民に対する説明責任が重視される点において、このデメリットはAI利活用の大きな障害となり得る。総務省のAIネットワーク社会推進会議が2019年8月9日付けで公表した「AI利活用ガイドライン～AI利活用のためのプラクティカルリファレンス～」[18]においても、AI利活用原則の一つに「透明性の原則」を掲げ、AIサービスプロバイダ及びビジネス利用者は、AIシステム又はAIサービスの入出力等の検証可能性及び判断結果の説明可能性に留意するとされている。また、アメリカの国立標準技術研究所（NIST）が2020年8月18日に公表した「説明可能な人工知能の4原則」のドラフトでは、説明（Explanation）及び説明の正確性（Explanation Accuracy）が原則の中に挙げられており、AIシステムは、アウトプットやプロセスに対して、付随する証拠または理由を提供する必要があること、アウトプットを生成する理由やシステムのプロセスを正確に反映していることをその内容として

いる[19]。

このような動きに対して、近年、XAI（説明可能なAI。Explainable AIの略）が注目されている。アウトプットに至った経緯や判断の根拠を説明できるAIを指すものであり[20]、ブラックボックス化を解決させるための技術の一つである。これまで、AIの学習において問題となってきた人種やジェンダー、年齢、地域等に基づいて発生するバイアス、そして実稼働モデルにおける判断ミスといった課題について、判断過程の理解や分析によってその原因を究明することができれば、アルゴリズムを適切に改善することが可能となり、ひいては、ユーザがAIの判断に納得することによるユーザの信頼確保が図られることになるのである。内閣府所管「統合イノベーション戦略」の「AI戦略2022」（令和4年4月22日）においても、「国の行政機関がAIを活用する際には、特に透明性、公平性、説明可能性等の確保が重要であることを理解したうえで、AIの導入促進を図ることが必要である。」とされている。ただ、XAIの導入には、次のような課題がある。第一に、XAIには、対象や目的に応じて様々なアプローチがあるので、個別企業・組織だけでは、研究開発に対応することが困難である。第二に、導入コストも計算コストも高額となり、規模の大きくない民間企業はもとより、予算上の制約が厳しい地方自治体にとっても、気軽に導入することは困難である。前掲「総務省調査」においては、地方自治体のAIの導入に向けた課題として、「取り組むためのコストが高額であり予算を獲得するのが難しい」が第2位に挙げられている。第三に、XAIの利用によって原因の究明を行うことができても、その後の修正は全て人間が自ら行う必要があり、モデルやデータ自体の修正までは対応できないといった点にも留意しなければならない。

XAIは、ブラックボックス化の解決に向けた技術として、今後も研究・開発が進んでいくことが期待されるが、上記のような課題もあり、今後の動向を注視していく必要があるものと思われる。

次に、近時、そのニュース記事や報道を目にしない日はない生成AIについてである。

生成AIとは何かについて厳格な定義はないが、野村総合研究所の研究レポー

ト[21]では、「生成AIとは、『さまざまなコンテンツを生成できるAI』または『さまざまなコンテンツを生成する学習能力があるAI』ということができるだろう」としている。ジェネレーティブAI（Generative AI）ともいわれ、AIの一種ではあるが、新しいコンテンツを創造することを目的とする点で、決められた行為の自動化が目的である従来のAIとは異なるものとされる[22]。従来のAIのように学習したデータを参考としてそれらの特徴に基づき予測した答えを出力するのではなく、主としてディープラーニング（深層学習）の手法によってAI自身が学習を重ねていき、新しいコンテンツとして答えを返すことができる点に特徴がある。

　一般的に、生成AIは「画像生成」「テキスト生成」「動画生成」「音声生成」の4種類に分類される。大学の学生がレポート作成に用いることが問題となったOpen AIのChatGPTはテキスト生成に該当し、テキストを受け取るとそれに沿った画像を出力してくれるモデルであるStability AIのStable DiffsuionやMidjourney研究所のMidjourneyは画像生成に該当する。

（2）行政実務におけるAIの利活用

　生成AIに関しては、前述したG7の広島AIプロセスにおいて、基盤モデル及び生成AIを含む高度なAIシステムによるリスクを軽減しつつ、その革新的な機会を最大化するためには、AIに関する包摂的な国際ガバナンスを形成することが必要であるとの認識の下、「全AI関係者向けの広島プロセス国際指針」及び「高度なAIシステムを開発する組織向けの広島プロセス国際行動規範」を含む「広島AIプロセス包括的政策枠組み」が策定されているが、地方自治体の実務レベルの問題としては、2023年5月8日付けで総務省自治行政局デジタル基盤推進室から「ChatGPT等の生成AIの業務利用について」という事務連絡が発出されていることに留意が必要である（事務連絡ではあるが、これは地方自治法（昭和22年法律第67号）245条の4第1項に基づく技術的な助言と位置づけられている）。同文書では、デジタル社会推進会議幹事会による「ChatGPT等の生成AIの業務利用に関する申合せ（令和5年5月8日）」[23]及び「地方公共団体における情報セキュリティポリシーに関するガイドライン（令

和5年3月版）」に基づき、地方自治体が情報セキュリティ対策に万全を期すことを求めている。中でも、「生成AIが現在のChatGPTのようなサービス形態で提供される場合には、政府統一基準でいうところの「不特定多数の利用者に対して提供する、画一的な約款や規約等への同意のみで利用可能となる外部サービス」（以下「約款型外部サービス」という。）に該当する。約款型外部サービスでは、セキュリティ対策やデータの取扱いなどについて機関等への特別な扱いを求めることができない場合が多く、必要十分なセキュリティ要件を満たすことが一般的に困難であることから、原則として要機密情報を取り扱うことはできない。また、要機密情報を取り扱わない場合であっても、機関等においては、リスクを考慮した上で利用可能な業務の範囲をあらかじめ特定し、個々の利用にあたっては、利用手続に従って、利用目的（業務内容）や利用者の範囲などの利用者からの申請内容を許可権限者が審査した上で利用の可否を決定し、その利用状況について管理することが必要である。」とする部分は、住民の個人情報保護の観点から特に重要である。ただし、この事務連絡の内容は、直接地方自治体の業務において適用されるものではないので、各地方自治体において、その趣旨に即した内規等の整備が必要となる。

　そこで、このような生成AIの利活用における留意点に関しては、地方自治体においても、積極的にガイドライン等を策定する動きが見えてきている。

　福岡県では、業務の効率化と県民へのサービス向上のため生成AIを活用することとし、2023年9月14日に「生成AI庁内利活用ガイドライン」（最新は同年12月27日改訂版）を定めている[24]。同ガイドラインでは、生成AIについて、有効に活用すれば、業務の効率化や生産性の向上、県民サービスの向上につながる可能性があるとする一方で、入力された内容を学習し、その学習した内容を利用して情報の生成を行う可能性があるため、情報漏えいに繋がるおそれがあるとともに、著作権の侵害や回答の正確性や公平性といった課題もあると指摘している。これらのメリットやリスクを踏まえた上で、生成AIを有効かつ安全に利活用するためのルールとして、使用対象者の限定（所管セクションへの事前協議）、使用対象機能の限定（生成した画像の業務利用を禁止）、機密情報の取扱いの禁止（個人情報や非公開情報などの機密性の高い情報の取扱いを

禁止）を掲げるとともに、生成内容の信頼性の確保として、生成AIが生成するコンテンツは必ず使用者がその信頼性（正確性、妥当性、一貫性、説明可能性）を確認し、責任を持って使用することとしている。また、生成AIの利活用例に関しては、庁内アンケートを実施し、その結果に基づき各シーンについて利用の可否を分類して、効果的と判断されたものをガイドラインに例示している。現時点において、生成AIの学習データとして過去の事務処理データは使用していないため、主としてメール案文の作成、文章の要約や言葉の言い換え・修正、翻訳等の場面での利用となっており、活用実績アンケートでは、効率化が図られたとする意見とともに、使いこなし方が分からない、望んだ結果が得られないといった課題も挙げられたとのことである。

その他、東京都や神奈川県、岡山県、川崎市、大阪市、神戸市、北九州市、戸田市、松戸市等、多くの地方自治体がガイドラインや活用方針等を定めており、地方行政における生成AIの利活用の推進が図られつつある。

具体的な実務における生成AIの利活用事例としては、まず、既に多くの注目を集めている神奈川県横須賀市の「ChatGPT活用実証結果報告」[25]が挙げられる。横須賀市では、2023年4月20日からChatGPTの全庁的な活用実証を行い、同年6月5日に「ChatGPTの全庁的な活用実証の結果報告と今後の展開～生成AI開国の地横須賀から描くAIの未来～」を報告として取りまとめている。その中で、注視すべきは「ChatGPTの回答は、どの程度適切だったと感じたか」という質問に対し、半数近くの利用職員が、適切でない答えがくることがあると認識している点[26]、さらに、「ChatGPTの利用で、従来の方法では得られなかったアイデアや知識を得ることができたか」という質問に対し、3割以上の利用職員が「よくわからない」と回答している点である。「行政実務においてどのように生成AIを利活用すれば良いのか」という入り口段階で、未だに大きな課題が存することがうかがえる。一方で、8割以上の利用職員が仕事効率が上がると考えていることから見て、職員の活用スキルがアップすれば、さらなる業務改善が見込まれるものとも思われる。

茨城県つくば市も、2023年4月から段階的に生成AIを業務に導入している。つくば市では、文頭に「検索：」を付けて生成AIに質問するとWEB検索を行

い、その結果に基づいて回答を作成する機能、AIが文章生成で参考にしたと考えられる資料や出典を示す機能、NGワードを登録すると、利用職員がそのNGワードを入力した場合は生成AIへの質問を停止するとともに、管理者にアラートが飛ぶ機能といった独自の機能も追加している。職員に対する研修も積極的に実施しているが、研修を通じて行った生成AIの活用状況アンケートでは、生成AIの利用で、従来の方法では得られなかったアイデアや発送を得ることができたかという質問に対し、回答した職員の6割から7割が「わからない・利用していない」という選択肢を選んでいる結果が示されている[27]。これは、上記横須賀市と共通する課題が、つくば市においても存することを示しているものと解される。

　埼玉県戸田市では、ChatGPTを活用し、自治体の業務において自動化・効率化が可能な領域を洗い出し、その改善策を提案するとともに、リスク・危険性を把握し、安全に利用する方法を検証することで、自治体における業務改革の促進に寄与することを目的として、「ChatGPTに関する調査研究事業」を実施するとともに、その成果物として「自治体におけるChatGPT等の生成AI活用ガイド」を作成・公表している[28]。自治体業務における生成AIの有効性として、文書作成と編集の効率化、情報検索と要約、アイデアの提案とブレインストーミング等が挙げられており、多くの地方自治体のガイドラインと共通するものであるが、特に、文書や資料作成を行う際には、まずは生成AIを活用できないか考えてみることを推奨する点を強調している[29]。

　福岡市では、2023年10月1日～2024年3月31日の期間で、生成AI（QT-GenAI）による行政業務の効率化の実証実験を行った。職員アンケートによれば、生成AIを使用することで、作業時間は平均33.75％削減、業務成果・品質向上は平均36.56％向上したという回答が得られており、発生頻度の多い業務・作業に関し、プロンプトを都度作成しなくても、フォームにキーワードを入力すると返答が返ってくる「モード機能」を開発・搭載した生成AIにより、議事録のフォーマット作成・文書の校正や添削・英語資料の作成業務・プレゼンテーションのFAQ作成などの各種業務に活かされたとのことである[30]。

　大分県別府市では、2023年年11月から、別府市として手を入れていない汎用

的な生成AIの利用を開始している。これまでに、「別府市の子育て分野に関するデータを対象とした生成AIのチャットボットサービス」の実証運用を行うなど、検証を実施しながら積極的な活用を試みているが、利用を行っていく中で、課題として、事実に基づかないことを回答してしまう「ハルシネーション」と「全世界の情報から回答を紡ぎ出す」（別府市以外の情報も含まれるため汎用的な回答になってしまう）の2点を挙げている[31]。

　一方で、実務における生成AIの導入を断念したケースについても触れておきたい。読売新聞オンラインの2024年5月1日の記事「ゴミ出しの問い合わせにAIが架空の部署案内、正答率は目標に届かず『市民向けには時期尚早』」で、香川県三豊市の事例が取り上げられている。三豊市は、2023年6月から生成AIに詳しい東京大学の研究室の協力を得て、ゴミ出しに関する問い合わせシステムの実証実験を始めたが、実在しない部署を案内する、モバイルバッテリーについて発火の可能性がある捨て方を表示する、といった「誤回答」が大きな壁となり、現段階において目標とする正答率の達成は技術的に困難であることを踏まえ、同年12月に本格的な導入の見送りを決めたとのことである。

　これらの地方自治体の事例においては、生成AIによる文書作成支援の効果がクローズアップされているケースが目立つが、正確な記載内容やわかりやすい表現による文書作成は、本来地方自治体の職員に必要不可欠なスキルであり、これを恒常的に生成AIに頼ることは、個々の職員のスキル向上にマイナスの要素があることも留意すべきであろう。業務効率を改善することは確かに重要であるが、筆者の行政職員の経験上、一から時間をかけて熟慮しながら文書案を作成し、それが上司等から何度も修正され、最終的に正確かつわかりやすい文書となっていくプロセスを経ることが、次の別件の文書作成に活かされ、そのような経験を重ねることで、十分なスキルが身についていくのではないかと考えている。正確かつわかりやすい文書が書けるということは、その内容を対面においてわかりやすく説明できるというスキルにもつながるのであるから、文書作成における原案づくりを生成AIにより省力化する場合、安易に生成AIに任せて結果を受け入れるのではなく、出力された文書内容について、自身で再確認するプロセスを意識することが肝要となる。コロナ禍を経て、改

めて対面による住民対応、接遇の重要性が再認識されている中で、行政の意思決定が文書主義であることを前提として、住民への説明責任を全うする観点から、個々の意思決定について、担当職員が住民に対して正確かつわかりやすい説明が行えることは必須であり、そのスキルを向上することと文書作成能力は密接に関係していることを忘れてはならない。

(3) AIの利用による住民の権利利益の侵害の救済

　上記(2)で述べた地方自治体の生成AIの利活用に係るガイドライン等において、生成AIの不適切な利用が情報漏えいにつながるリスクや著作権侵害のリスク、不正確な情報や差別的な情報が回答されるリスクについては共通の認識となっており、東京都やつくば市のように、職員の入力データが学習目的で利用されない、サーバー側に保存されない措置を採っているところもあるが[32]、最終的には、職員のリテラシーに左右されるように思われる。上記のようなガイドラインはあくまで内規であり、対外的な法的効果を持つものではないので、仮に住民に対する権利利益の侵害が生じた場合、その救済をいかに迅速に行うかが問題となる。

　職員が入力した情報がAIに学習され、住民の権利利益を侵害する情報が拡散されてしまった場合、当該情報をネット上から完全に消すことは困難であるが、そのような状況への対応は、まずは迅速にそれ以上の情報の拡散を防止することである。しかし、よくある大量の個人情報の漏えいのようなケースと異なり、特定の住民に関する被害の場合、被害者住民本人があまりネットを利用しない、あるいはIT関係に強くない者であれば、そのような情報の拡散に気付くのが遅くなることも想定され、さらに被害が拡大するケースも考えられる。そもそも、そのような被害が発生したとして、原因となった情報はどのようなものであったのか、なぜその情報が入力されたこと（AIがその情報を学習したこと）によって、住民の権利利益の侵害につながるような情報拡散が生じたのか、明確に把握できないことがあり得るのではないかと考えられるし（入力情報が必ずしもガイドラインに反するものでなくても、AIがネット上の他の情報と結びつけた結果として、想定しないような結果を招来する場合もあ

るように思える。)、入力した情報の性質によっては、複数の地方自治体（場合によっては国も含まれる。）が同一情報や関係情報を保有しているケースもあり得るので、原因がどの地方自治体の職員の行為によるものかを突き止めることも、必ずしも容易ではないケースがあるものと思われる（職員が、禁止されている私的PCの利用を行ったケースも考えられる。)。筆者はAIの技術的な研究者ではないので、これ以上の言及は行わないが、肝心なのは、行政が当該AIのサービス提供者の協力を得て、AIの学習情報の修正や削除といった措置を速やかに行うことであろう。

次に、金銭的な対応についてであるが、職員によるガイドライン等への違反行為があった場合、当該職員が組織内の懲戒処分の対象となる可能性は高いが、被害者に不法行為を理由とした損害賠償請求が認められるかは、訴訟において当該損害と拡散した情報、職員の行為の因果関係等の総合的な判断が必要となり、相応の時間がかかるだけでなく、仮に賠償が認められたとしても、我が国のこれまでの事例から考えれば、決して十分な額とは言えないものとなるように思われる。

このような性質の被害については、住民は一方的な被害者と考えられるのであるから、被害の拡散防止等の迅速な対応が行われる必要性は極めて高く、また、金銭的な救済となった場合にも、少なくとも当該被害住民に何らの帰責事由も認められない場合、いちいち訴訟等の司法的手続によらず、速やかに行政から十分な賠償が行われるような、統一的な仕組みを構築する必要があるのではないかと考える。

(4) デジタル化やAIの利活用の障害となる要因

ここまで、地方自治体におけるAIの利活用を中心に考察してきたが、その前提となるデジタル化の現状についても触れておきたい。ただし、ここで言う「デジタル化」は、単なる事務処理の電子化ではなく、DXの意味合いを重視していることを予めお断りしておく。

まず、総論的な部分として、システムの問題がある。これは、「自治体システム1700個問題」と呼ばれているもので、1700以上ある地方自治体が、個別に

情報システムを開発し運用・保守を行うことは非効率である、という問題である。

　総務省の「自治体デジタル・トランスフォーメーション（DX）推進計画【第2.0版】」によれば、「地方公共団体の職員が真に住民サービスを必要とする住民に手を差し伸べることができるようにする等の住民サービスの向上を目指すとともに、業務全体に係るコストを抑え、他ベンダーへの移行をいつでも可能とすることにより競争環境を適切に確保する等の行政の効率化を目指し、業務改革（BPR）の徹底を前提にして、地方公共団体情報システムの標準化に関する法律（以下「標準化法」という。）第6条第1項及び第7条第1項に規定する標準化基準（以下「標準化基準」という。）への適合とガバメントクラウドの活用を図る、地方公共団体の基幹業務等システムの統一・標準化を、地方公共団体と対話を行いながら進める。」とされている。しかし、日経クロステックの2024年3月7日の記事「能登半島地震で考える『自治体システム1700個問題』、ばらばらでは駄目だ」では、国が同計画において「基幹業務等のアプリケーションをガバメントクラウド上に構築し、地方公共団体がそれらの中から最適なアプリケーションを選択することが可能となるような環境の整備を図る。」としている点について、各IT企業が実装したアプリケーションが複数並立し、それらを選択肢として地方自治体に提供することを目指しているようであり、「統一・標準化」と明記されているが、「統一」するつもりがあるとは到底思えないと指摘している。

　国は、2025年度末までに、住民情報などを扱う20業務システムについて、標準準拠システムへ移行することを地方自治体に対して求めていたが[33]、2023年9月にこの方針を改訂し、ベンダーの撤退などにより「移行の難易度が極めて高いと考えられるシステムについては、デジタル庁及び総務省において、当該システムの状況を十分に把握した上で、標準化基準を定める主務省令において、所要の移行完了の期限を設定する」として、期限の先送りを認める方針変更を行っている[34]。さらに、河野太郎デジタル大臣は2024年3月5日の記者会見において、全自治体の1割に当たる171団体が2025年度末までの移行期限に間に合わないとする調査結果を公表した。その主な要因としては、全国の地方

自治体からの発注が集中したことや（既存のシステム業者の中には、2025年度までに標準仕様書に準拠したシステムの開発が行えないとした業者もあり、新規のシステム業者が見つからない自治体は、2025年度までに標準化対応ができない団体である「移行困難団体」と認定されている。）、児童手当の拡充、定額減税といった急な制度改正への対応の必要性から、現行システムと標準仕様に準拠した新システム双方に改正内容を適用させる必要があり、ベンダーが作業を請け負えないことが挙げられている[35]。また、システム構築の要である標準仕様書が、2022年8月から3回も改訂されている点も見逃せないであろう。このことについて、NHKの2024年3月26日の記事「『デジタル敗戦』から挽回も……"間に合わない"自治体相次ぐ」では、専門家の意見として国と自治体の間のコミュニケーション不足を要因として挙げるとともに、行政のデジタル化に関して、このシステム標準化だけでなく、マイナンバーカードをめぐるトラブル等の混乱が続いている印象が拭えないとし、政府のデジタル化の方針に各地方自治体の作業が追いついていない側面があること、国民に対しても、行政のデジタル化のメリットとリスクの双方について、十分に説明が尽くされていない印象があるとしている。

　また、筆者が調査したある自治体の担当者は、上記のような問題点とともに、次のような点を指摘した。第一に、コストの点に関しては、標準化後のシステム使用料を現行水準と仮定した場合、全体経費（ランニングコスト）は微増する見込みであり、削減効果は期待できないこと（9％増。令和6年7月試算）、第二に、標準仕様書で示される仕様の粒度が荒いため、「標準化」と言いながら、結局のところ、個別に仕様を定める必要があること、第三に、ガバメントクラウドの利用申請方法や管理方法が複雑であるため、自治体が対応に苦慮していることである。

　筆者はこれまでにも、マイナンバー制度の導入や匿名加工情報の導入、個人情報保護法制の一元化に関し、国が地方自治体の意見を十分に聴くことなく、国民に対しても十分な説明を行わないで制度導入や制度改正を行ってきた点について批判を述べてきたが[36]、今回のシステムの統一・標準化に関しても、これまでと変わらない国のスタンスによる様々な弊害が露呈している。

次に、より実務的な問題について考察する。国による行政手続のオンライン化等の推進により、地方自治体の事務処理においても電子化やオンライン化が進んできており、筆者が調査した地方自治体の中には、現時点で電子決裁率が9割を超えているところも珍しくなくなってきたが、規模の小さい地方自治体では、やっと電子決裁処理が行える文書管理システムを導入したというようなケースも散見される。ここで、行政の事務処理においてAIを利活用することについて考えてみたい。公的機関におけるAIの導入に関しては、世界的に見てもアメリカやイギリスといった特定のアーリーアダプター国を除いて苦戦しており、従来の自動化ソリューションが誤って「AI」とラベル付けされている場合も多いとする論文があるが[37]、そのアメリカであっても、政府の公表資料[38]を見る限り、我が国の先例事例[39]と比較して、大きなレベルの差はないように思える。行政の事務処理におけるAIの利活用について、将来的な目標となるのは、単なるルーティン業務の電子化や自動処理化だけではなく、可・不可といった判断を伴う事務処理においても、原案をAIが提案できるようにすることであると思われる[40]。このようなケースを考えるに当たっては、クラウドサービスを利用した生成AIに関して現在禁止されているような機密情報・個人情報等のインプットについても、十分なセキュリティ対策の下に利用可能であることを前提とする。しかし、そうであっても、我が国の地方自治体におけるこのようなAIの利活用には、いくつもの課題がある。

　第一に、AIの学習に必要な電子データの問題である。周知のとおり、AIの出力の精度を向上させるには、学習のための大量の電子データが必要である。しかし、地方自治体によっては、未だに多くの紙の文書が保管管理されている場合がある。福岡県宗像市のように、業務委託による保存紙文書の電子データ化を進めているものもあるが[41]、保存されている紙文書の量によっては、そのような処理が時間的な面だけでなく、コスト面も含めて現実的ではないケースも想定される。また、行政の文書には保存年限があり、長期保存文書を除けば、一般的に3年や5年保存のものが多い。事務の内容によっては、このような期間ではAIの学習に必要十分なデータが揃わない場合もあると思われる。特に、各地方自治体の地域の特性に応じて実施されている自治事務に関して

は、他の地方自治体等のデータを直接利用することができない場合も多いものと解される。文書の電子化によって保存スペースの問題が解消されることを踏まえ、将来的なAIの学習データ確保の観点から、保存年限の見直しにより保存する電子データ量を増やしていくことも検討する必要があろう。ただし、仮に保存年限が到来し、ルール上は廃棄すべき文書（データ）であって、専らAIの学習に使用するために保存してあるものであっても、情報公開制度においては、開示請求の対象となる「公文書」（組織共用文書）に該当するという点には留意する必要がある。その意味において、ルール上の保存年限と実際の保存期間は一致させるべきであろう。

　第二に、事案決定手続の特徴の問題である。既述のとおり、多くの地方自治体において電子決裁が原則となり、保存文書の電子化が進んでいる。しかし、未だに紙による事案決裁が行われている事務も相当程度残っているし、事案決定のプロセス（稟議）に関しては、対面による説明が数多く行われている実態があり、電子決裁を行う前に、協議先となる部署に対し、対面により当該案件の内容の説明と質疑、打診等を行い、実質的に協議が終了してから電子決裁を回付するというケースも稀ではない。説明の際には、過去の類似案件のファイルや関係する図面、資料等を持参しているのが通例であるが、これらの資料は、多くの場合、最終的な電子決裁の文書には添付されていない。添付されている場合であっても、アリバイ的に付けられているだけであって、どの資料のどのページが事案のどの部分に関係しているか、といった詳細な記述まではなされないケースが大半である。さらに、事案の説明において大型の図面を用いるようなケースでは、決裁に関与する個々の職員のPC画面上で効果的な説明を行うことは困難であるし、複数のファイルを用いる場合についても、画面上に何層にもファイルを展開するより、対面で紙の情報により直接示した方が的確で分かりやすいケースも多々ある。そもそも対面での説明が必要な案件の打ち合わせは、協議先における複数の関係職員対担当セクションの職員（複数の場合が多い。）で行われるのが通例であるので、会議室や打ち合わせスペースを利用することになるが、そこでわざわざPCの画面を示して説明するより、紙の情報を配布して説明する方が簡便であるとして、その方法を選択している

実務例も依然として多いものと思われる。会議室等に大型のスクリーン等を設置して、大画面に映し出して説明するといった工夫がされている地方自治体もあるが、各所にそのような設備を整備するには相応の経費が必要であり、一部の地方自治体の先例にとどまっているようである（東京都など）。そのような事情もあり、電子決裁が行われる段階では、既に協議が整っており、最終的な結論しか回付されず、協議段階における議論等のプロセスは、当該決裁案件の電子データとして保存されない場合が多いのである。実務上の事案決定では、協議段階で修正が行われることも多々あるが、そのような修正の履歴を決裁文書自体に残すことは、必ずしも一般的な訳ではない（いわゆる「差替え」が行われるもので、これは紙による事案決定でも同様である。）。そうすると、仮にこのような事案決定の原案をAIに作成させようとする場合、学習に必要な判断プロセスのデータが十分ではないため、望むような結果が得られないということになってしまうものと考えられる。

　一方で、事案決定に係る事前打ち合わせの内容から協議段階の議論、修正履歴等を全て文書として残すということに関しては、情報公開請求への対応等を考えた場合、行政サイドの抵抗感が強いということも予想される。AIに原案を作成させるには、判断に必要なデータが十分に揃っていることが要件となるが、そのためには、長きにわたって行われてきた事案決定手続に係る実務上の慣習や通例を見直す必要が生じるものと思われる。

　第三に、法令の解釈の余地や行政上の裁量の問題である。法令や行政規則の自然言語をAIのコードとして記述することは、行政機関の法令解釈とデジタル技術者のプログラミングとから成るものであるが、通常、法令に精通している公務員は、AIアルゴリズムのコードを解読して、法令内容が正確に転写されていることを検証するスキルを有しておらず、反対に、デジタル技術者が法令解釈を十全に行うことも期待できない。その結果、信頼できる者によって検証されない限り、法令に適合する適切な意思決定がAIによってなされているかは、不透明な状態に置かれてしまうこととなる[42]。このような状況は、申請に対する処分や不利益処分のように、特に理由説明が義務付けられている行政手続においては許容されない。

また、例えば情報公開法における不開示情報である5条4号の「公にすることにより、犯罪の予防、鎮圧又は捜査、公訴の維持、刑の執行その他の公共の安全と秩序の維持に支障を及ぼすおそれがあると行政機関の長が認めることにつき相当の理由がある情報」のように、意思決定（この例では不開示情報該当性の判断）において行政の裁量が広く認められる（行政の裁量が尊重される）ものに関しては、対象となる個別ケースによって、判断に当たっての考慮すべき要素が様々となり、裁量の内容も異なってくると考えられるため（データの内容が定量化できない、ケースの内容が稀なものである等も想定される。）、そのようなデータを網羅的にAIに学習させることは、事実上不可能と思われる[43]。平野晋は「AIに不適合なアルゴリズム回避論：機械的な人事採用選別と自動化バイアス」の中で、AIの特性的・限界的にAI利用がそもそも妥当ではない場合の例として、「〈ルール〉対〈スタンダード〉──衡平法的な考慮要素の衡量や裁量が必要な場合」、「文脈やニュアンスを読まねばならない場合」、「数値化できない業務」、「先例のない事態を予測する場合」、「十分な資金繰りや資力を持たない場合」、「正確な予測に必要なビッグデータが利用不可能な場合」、「社会の価値観の変化を反映できる新しいデータを利用できない場合」の7つを挙げており[44]、「AIを用いる決定は、単純で明確な規範の機械的当てはめが可能なルールやコモン・ロー的決定に適しているけれども、単純ではなく曖昧な規範を事案毎に異なる諸般の考慮要素に鑑みた上で事案の文脈に合うように当てはめて適切な決定を導き出さねばならないスタンダードや衡平法的な決定には不向きである。」、「必要な文脈やニュアンスを汲み取る為にはAI利用が不適切でもある。」としている。

　さらに、制度改正や解釈変更、行政争訟（行政不服審査、行政事件訴訟等）に基づく処分取消し等により、従来の判断プロセスに変更が生じた場合、その都度AIの学習データの更新を行う必要があることにも留意しておかなければならない。

　これらの他にも、偏見やステレオタイプの増幅、自動化バイアス（自動化されたAIの予測に決定権者が過度に依存すること）等の問題があるが、紙幅の都合上、本稿ではこれらの問題の詳細な言及は行わない。

4 今後の地方自治体の行政事務におけるAIの利活用とその規制

　我が国においては、「デジタル田園都市国家構想」の実現を目標に掲げ、デジタル技術の活用により、地域の個性を活かしながら、地方の社会課題の解決、魅力向上のブレイクスルーを実現し、地方活性化を加速するとしており、これまでにも、Society5.0を理念としてスマートシティの構築を進めるとともに（地域ビジョンの実現に資する施策間連携・地域間連携の推進に当たってのモデル地域ビジョンの一つとして位置づけられ、同構想の一翼を担うものとなっている。）、近時は、最初から都市の全面的な領域・分野にデジタル技術を導入し、大胆な規制改革を併せて行い、複数の都市でのデータ連携もビルトインした「スーパーシティ」構想を推進している。

　これらの施策においては、データ連携が要となっており、マイナンバーカードがキーとなるアイテムとして位置づけられている。さらに、スーパーシティ構想では、国家戦略特区制度により、実施主体が国や自治体等に対し、その保有するデータの提供を求めることが可能とされている。

　スマートシティ施策においては、内閣府がスマートシティの構築を支援するためのガイドラインであるスマートシティリファレンスアーキテクチャ（「SCRA」と称されている。）を公表しており[45]、その中で、行政組織や企業等の垣根を越えて分野横断的にデータを連携させることによって、まちと人の情報をつなぐことで地域のさまざまな課題の解決や新たな価値・サービスの創出に取り組むことができると謳っている。

　特に、市民生活に関わる部分では、医療や教育などの生活に関わるデータを活用することによる、生活の利便性の向上、情報共有の強化、新たな観光価値の創造を理念としており、センサー等を活用したIoTによるまちや人のデータ収集とAIによる分析等が行われるとともに、地方自治体が保有する個人データ等もAIの学習データとして利用されるものと考えられる。

　このような未来都市の開発に関しては、諸外国における先進事例としてオランダのアムステルダム、デンマークのコペンハーゲン、スペインのバルセロナがよく取り上げられるが、挫折した事例として有名なのが、カナダのトロントである[46]。カナダ・オンタリオ州の州都であるトロント市において、Googleの

親会社であるアルファベット傘下のSidewalk Labsが進めた再開発プロジェクトは、2017年にスタートしたスマートシティプロジェクトである。Quayside（キーサイド）と呼ばれる12エーカーほどの敷地の開発から始め、将来的には、800エーカーほどのPort Lands（ポートランド）に開発を展開していく予定とされていて、この新都市は、「Innovative Development and Economic Acceleration」の頭文字を取って、「IDEA」という名が付けられた。このプロジェクトの核とされていたのは、あらゆるデータの収集である。キーサイドには、街中にセンサーが設置され、住民の行動はすべて記録に残される。このような方針に対しては、当初から、アルファベットがどのようにデータを集めて保護するのか、誰がそのデータを保有するのかを懸念する多くの批判に晒され、2019年4月には、カナダ自由人権協会（Canadian Civil Liberties Association,CCLA）が政府を相手に、都市の所々に設置されるセンサーと膨大なデータ収集は、プライバシー侵害および情報流出の恐れがあるとの理由で、スマートシティ契約の無効と即時中断を要求する訴訟が提起されている[47]。その後、2020年5月にSidewalk Labsは、COVID-19のパンデミックを主要因として挙げて、経済の不安定さが増したことにより、不動産市場の先行きが不透明になり、プロジェクトの収益性を維持することが困難であるという理由で、プロジェクトからの撤退を表明した。さらに、Sidewalk Labsから独立したReplicaによるポートランドにおけるスマートシティプロジェクトも2021年2月に中止となっており、その主たる要因は、Replicaの提供する人々の移動の方法（徒歩、自転車、自家用車、交通機関など）と移動の目的（通勤、通学、レクリエーション活動など）を経年的に把握するモデルに関し、モバイルの位置情報データにアクセスする方法やデータの匿名化に使用される方法など、プライバシーの侵害を懸念する声が挙がり、プライバシー保護を検証するために完全なデータソースと情報開示を求めるPortland Metroと、自社方針によりデータソースを公開できないというReplica間の認識離齬であると言われている[48]。

　カナダの事例が示唆する点として注目すべきは、やはり個人データの問題であろう。近時「監視資本主義」という言葉を耳にすることがあるが、これは、

ハーバード大学ビジネススクール名誉教授のショシャナ・ズボフ氏が名付けたものて[49]、企業が個人データを収集することにより、消費者の行動を個別に分析・予測し、変容させ、利益を上げる仕組みとされる。山本龍彦は、ビッグデータ社会における我々個人の意思形成過程の歪みを指摘し、特定の意図（多くはマーケティング問題）によって操作された情報提供によってパーソナライズされた個別的「世界」の中で、消費者が「決めさせられる」ことはますます増えていくだろうと述べたうえで、このような自己決定パラダイムの危機に対して、現状の法的規制ないし介入が十分に機能し得るかについて疑問を投げかけている[50]。さらに、行政の問題としてはマイナポータルを例に挙げ、「そこでは、当該個人にとってのみ有用な行政情報が提供」されており、「その意味では、マイナポータルは、政府によって個人化された選択環境とも言えるだろう。」とし、「この環境を政府がどうデザインするかによって、個人の意思形成が歪められ、その決定が政府の政策に合致する方向へと誘導される可能性を否定できない。」[51]と警鐘を鳴らしている。また、小笠原みどりは、「スマート・シティ」が監視資本主義が求める究極の生活環境といえるとし、「携帯電話の位置情報によって、街中の人々がいつどこにいるかが分かり、家の中ではインターネットに接続する家電、街頭では監視カメラやドローンが、一人ひとりの行動を24時間、企業に送信してくれる。パソコンの画面を通しての遠隔医療や遠隔授業も、これまで病院の診察室や学校の教室の壁に守られて、けっしてアクセスできなかった健康情報や学習活動についてのデータを集められるようにしてくれる。個人の生活の隅の隅にまで入り込んで、ありとあらゆる商品の売り込みをかけることができるのだ。」と指摘する。さらに、「もし、あなたの街にスーパーシティ計画がやって来たら、まず自治体に聞くべきは、個人データをどう扱うかだ。トロント市民がしたように、プライバシーの専門家を巻き込んで、データの仕組みを徹底的に明らかにし、具体的な危険性を他の市民にも伝える。同時に、住民を監視資本主義のエサにするような技術は禁止し、計画の中止や個人情報保護法・条例の強化を要求することができる。」と述べて、個人データを守る集団的な取り組みの必要性を訴えている[52]。

小笠原氏が「カナダのトロントで市民の抵抗にあい、頓挫したスマート・シ

ティも、日本版の『スーパーシティ』計画も、表向きは行政・自治体が取り仕切っている。行政は『AIやビッグデータを活用して地域の問題を解決します』とは宣伝するが、そのAIやビッグデータが一人ひとりを特定できる個人情報を含んでいることは言わない。」と指摘するように、スマートシティやスーパーシティに関する国の様々な資料では、住民の個人データを収集し、AIに学習させてプロファイリングし、利活用することについて、ほとんど触れられていない（特に「プロファイリング」という文言は避けられているように思える。）。

　我が国の個人情報の保護に関する法律には、プロファイリングという文言は用いられておらず、当然にその定義も書かれていない。この点は、EUの一般データ保護規則（The General Data Protection Regulation, "GDPR"）がプロファイリングを「自然人と関連する一定の個人的側面を評価するための、特に、当該自然人の業務遂行能力、経済状態、健康、個人的嗜好、興味関心、信頼性、行動、位置及び移動に関する側面を分析又は予測するための、個人データの利用によって構成される、あらゆる形式の、個人データの自動的な取扱い」（4条4項）と定義し、プロファイリングを含むもっぱら自動化された意思決定は、データ主体に対して法的効果（又は同様の重大な影響）を及ぼす場合、原則として禁止され、データ主体から明示的な同意を取得している、データ主体との契約の履行若しくは締結に必要である、又は所定の条件を満たすEU法若しくは加盟国の国内法で認められる場合においては、許容される（22条）こと、データ主体は、自己の特定の状況に関する根拠に基づき、公共の利益において、又は、管理者に与えられた公的な権限の行使において行われる職務の遂行のために取扱いが必要となる場合、又は管理者によって、又は、第三者によって求められる正当な利益の目的のために取扱いが必要となる場合に基づくときは、プロファイリングを含む処理に対して異議申立権を行使することができる（21条1項）こと、といった規律が置かれていることに比して、不十分との評価は免れない。

　そこで、例えば改正法の17条で規定する「利用目的の特定」に関し、改正法についてのガイドライン（通則編）の3-1-1で「本人から得た情報から、本

人に関する行動・関心等の情報を分析する場合、個人情報取扱事業者は、どのような取扱いが行われているかを本人が予測・想定できる程度に利用目的を特定しなければならない。」とされていることを踏まえ、プロファイリングが目的とされている場合には、そのプロファイリングの目的の理解に資するために、分析過程についても一定の説明をすべきと解するなど、現行法の規制規定に関して、これらをプロファイリングに当てはめて解釈を試みる見解がある[53]。この見解では、要配慮個人情報に関し、プロファイリングによりこれを推測・推知することが要配慮個人情報の取得に当たり、改正法20条2項「個人情報取扱事業者は、次に掲げる場合を除くほか、あらかじめ本人の同意を得ないで、要配慮個人情報を取得してはならない。」の規定に基づく本人の同意を要するかについて、これを必要とする説[54]と否定する説[55]があることを紹介したうえで、この点に関して明示的に必要性の考え方を示している「放送受信者等の個人情報保護に関するガイドライン」（令和4年個人情報保護委員会・総務省告示第1号）、「電気通信事業における個人情報等の保護に関するガイドライン」（令和4年個人情報保護委員会・総務省告示第4号）、「情報信託機能の認定に係る指針Ver2.2」及び「情報銀行におけるプロファイリングの取扱いに関する議論の整理」（情報信託機能の認定スキームの在り方に関する検討会）を例示して、「個人情報保護法の解釈としては一律の同意規制を求めていないというところにとどまり、プライバシー権との関係で法的に同意をとらなければならないかやプライバシーへの配慮のために法的にマストではないにしても同意をとるのが望ましいかは、また別論となる。」としている。

　ただし、上記のガイドライン等は内規であり、あくまで法的拘束力を有さない指針に止まるものであるし、冒頭で述べたように、我が国のAIに関する法規制の方向性は不透明である。少なくとも、EUのような明確に規制色の強いものとなることは期待できそうにない。

　筆者はこの問題について、改正法は排他的包括的に規制し当該法令の規制対象事項以外は規制を否定する趣旨ではなく、地方自治体の必要に応じて規制項目を追加することを許容する趣旨であると考えられるのであるから（5条、12条）、法に規定がない事項についても、個人の権利利益の保護に必要なのであ

れば、法に反しない範囲で地方自治体が条例で規律を定め得ると解すべきことを主張し、プロファイリングによって要配慮個人情報が推知または生成されるケース等について、地方自治体が積極的に規制を検討することを期待する旨述べたが[56]、スマートシティやスーパーシティといった施策において、主体となるのは原則的に地方自治体であり（情報通信分野等の民間企業の協力は不可欠である。）、主に利活用されるのは、該当区域に居住する住民の個人データなのである。そこで、これらの住民の権利利益を保護する観点から、当該地方自治体の区域の特性に応じて、AIの利活用やプロファイリングに関して、条例で官民双方を対象とした規制（例えば、プロファイリングによって要配慮個人情報が推知または生成される場合は、本人同意を得ることを原則とする等）を定めることが許されるべきであろう（改正法には、行政機関等に関しては、そもそも要配慮個人情報の取得に係る本人同意の原則の規定がない。）。このような規制は、データの利活用を阻害するというものではなく、適正な利活用を行ううえで必要なルールを定めるという趣旨であり、その意味において、改正法の考え方に反するものとは言えないと解されるのである。

5　おわりに

現時点において、我が国のスマートシティ等の実例では、センサーによる住民の見守り（兵庫県加古川市）や健康状態のポイント化（千葉県柏市）といった一部の事例を除き、住民の個人データを収集し、AIによるプロファイリングを行って利活用した取組は多くはない。

筆者が調査した福岡市では、海を通じて世界とつながり育まれた歴史や文化の魅力、豊かな自然と充実した都市機能がコンパクトに整った都市空間、大学生、特に理工系学生が多い環境などの特性に加え、近年の国家戦略特区の獲得とスタートアップ都市としての地位の確立という強みを活かし、「Fukuoka Smart East」に取り組んでいる。この取組みにおいては、AIやロボットによる自動化による車の自動運転車、画質や音質が飛躍的に進歩した通信による遠隔診療を社会課題の解決策として例示し、福岡市、九州大学、UR都市機構、FDC（福岡地域戦略推進協議会）で設立した「FUKUOKA Smart EASTモビ

リティ推進コンソーシアム」による自動運転バスなど、様々な実証実験やイベントは実施してきているものの、住民データの利活用は明示的には掲げられていない[57]。

しかし、既述のとおり、国の目指す方向性は、住民の個人データを含む様々なデータの連携と利活用であり、地方自治体がその中心的役割を担わされることは明白である。地方自治体には、住民の権利利益を守るため、必要な措置を講じる義務が課せられていることを改めて認識し、驚異的なスピードで進展していくAI等のテクノロジーにも的確に対応していかなければならない。

筆者が調査した地方自治体の担当者の一人が、住民データを使用した今後のAIの利活用の方向性について、「あくまで安全を第一に、決められたルールの下で、可能な範囲で住民データの利活用を検討していく」と述べていたことが印象深いが、留意しなければならないのは、我が国には現状、AIやプロファイリングを直接規制する法制度がないということである。国からの事務連絡はもとより、国や各地方自治体におけるガイドライン、セキュリティポリシー等は内規であって、対外的には法的効力を有さないのであり、これらは厳密な意味での「ルール」とは言えない。職員が仮にこれらの内規を守っていたからといって、住民等に権利利益の侵害が生じた場合、国家賠償制度における過失の有無の判断上で考慮されるに止まり、直ちに違法性が阻却される訳ではない。その意味においても、法的なルールと言える規制の整備が急務なのである[58]。

我が国の個人情報保護法制は、地方自治体が国に先行して制度構築を行ってきた歴史を有することを今一度思い出し、国の対応を待つのではなく、国に先駆けて、地方自治体として条例により必要な規制を積極的に実施していく姿勢が求められていると言えよう。

最後に、本稿の作成に際しては、年度末から年度初めにかけての多忙な時期にもかかわらず、複数の地方自治体の担当者の方々に、筆者の調査への積極的な協力を頂いた。この場を借りて、厚く御礼を申し上げたい。

1 本稿の初出は「IP」vol.60（『情報公開の実務』『個人情報保護の実務』別冊、第一法規、2024年6月）11～32頁。
2 "Artificial intelligence (AI) act: Council gives final green light to the first worldwide rules on AI"
https://www.consilium.europa.eu/en/press/press-releases/2024/05/21/artificial-intelligence-ai-act-council-gives-final-green-light-to-the-first-worldwide-rules-on-ai/
"EU AI Act: first regulation on artificial intelligence"
https://www.europarl.europa.eu/topics/en/article/20230601STO93804/eu-ai-act-first-regulation-on-artificial-intelligence
Regulation (EU) 2024/1689 of the European Parliament and of the Council of 13 June 2024 laying down harmonised rules on artificial intelligence and amending Regulations (EC) No 300/2008, (EU) No 167/2013, (EU) No 168/2013, (EU) 2018/858, (EU) 2018/1139 and (EU) 2019/2144 and Directives 2014/90/EU, (EU) 2016/797 and (EU) 2020/1828 (Artificial Intelligence Act) (Text with EEA relevance)
https://eur-lex.europa.eu/eli/reg/2024/1689/oj
3 "The EU AI Act" https://www.euaiact.com/
4 "Executive Order on AI" https://ai.gov/actions/
5 https://www.gov.cn/zhengce/zhengceku/202307/content_6891752.htm
6 https://www.soumu.go.jp/main_content/000915262.pdf
7 https://www.oecd.org/newsroom/oecd-updates-ai-principles-to-stay-abreast-of-rapid-technological-developments-japanese-version.htm
8 読売新聞2023年5月1日社説「AIの規制　G7は適正なルール構築せよ」（https://www.yomiuri.co.jp/editorial/20230430-OYT1T50200/）
現代ビジネス2024年4月2日「岸田総理の「怠慢」でAI分野で日本が崖っぷちに…実は無策で日本国民が直面するリスクとは」（https://gendai.media/articles/-/126847）
9 総務省　経済産業省「AI事業者ガイドライン　第1.0版」（https://www.meti.go.jp/press/2024/04/20240419004/20240419004-1.pdf）
　なお、AI戦略会議においても、EUのAI規制法成立等の動きを受け、法規制導入へ向けた議論を始めたようであり、「AI制度研究会」を設置した。令和6年5月22日第9回、7月19日第10回会議資料参照（https://www8.cao.go.jp/cstp/ai/ai_senryaku/9kai/9kai.html）（https://www8.cao.go.jp/cstp/ai/ai_senryaku/10kai/10kai.html）
10 内閣府　AI時代の知的財産権検討会（第6回）資料3（https://www.kantei.go.jp/jp/singi/titeki2/ai_kentoukai/gijisidai/dai6/siryou3.pdf）
11 https://www.47news.jp/10668017.html
　ただし、この問題について、ASCIIは2024年4月1日の「政府、生成AI推進に向けて議論を加速」の記事の中で、法案の意図について、トラブルが起きないようにすることで、自由に開発が進められる環境を整えていくというものであり、法規制の側面はあるとは言

え、推進色の強い法案であるとしている。
12 デジタル庁「マイナンバーカードの普及に関するダッシュボード」(https://www.digital.go.jp/resources/govdashboard/mynumber_penetration_rate#data)
　物理的なIDカードをデジタルID利活用の前提とするか否かは議論となる問題である。デジタルIDの先進国であるシンガポール（SingPass）やスウェーデン（Bank ID）では、デジタルIDの取得にIDカードの保持は前提とされておらず、EUでは欧州デジタルID（eIDAS）規則改正案で「EUデジタルIDウォレット（EUDIW）」の提供を加盟国に義務付けているが、IDカードの保持は義務ではない。モバイル端末等に組み込まれたアプリによる利用が可能であり、広く普及している（スウェーデンでは、Swishというモバイルアプリが普及しており、800万人以上が登録し（2022年時点）、2023年には10億回の支払いが行われたとしている。https://www.swish.nu/about-swish）。
13 https://www.soumu.go.jp/johotsusintokei/whitepaper/ja/r05/html/nd24b320.html
14 総務省「自治体におけるAI・RPA活用促進　令和5年6月30日版」2～5頁
15 この点につき、パーソルイノベーション株式会社Reskilling Campの「ChatGPT活用状況レポート」（民間企業660社を対象としたリスキリングの実態と今後についてのインターネットアンケート。調査期間2023年5月23日～2023年5月30日）によれば、AI（ChatGPT等）の活用業務に関しては、「データの分析（35.2%）」「情報の検索（33.9%）」「文章の要約・校正（31.5%）」が多いとされており、地方自治体とは異なる傾向が認められる。
16 前掲注13資料19～20頁
17 ブラックボックスに関する有名な事例として、2015年にGoogle Photosがアフリカ系女性と男性が写る写真に「ゴリラ」とラベル付けしてしまった事件が挙げられる（The Guardian "Google says sorry for racist auto-tag in photo app" https://www.theguardian.com/technology/2015/jul/01/google-sorry-racist-auto-tag-photo-app）。アップロードされた写真に対してAIが自動的にタグをつける機能のバグということであったが、なぜ人間の顔が正しく認識されないのか、写真のどの部分を見てゴリラと予測してしまったのかという点が問題となった。
18 同ガイドラインは、「AI開発ガイドライン」（2017年）と合わせて、見直しに関する検討が行われている。AIネットワーク社会推進会議の2022年7月25日「報告書2022～『安心・安全で信頼性のあるAIの社会実装』の更なる推進～」60頁参照。
19 https://nvlpubs.nist.gov/nistpubs/ir/2021/NIST.IR.8312.pdf
20 大阪大学産業科学研究所の原聡氏は、「【記事更新】私のブックマーク『説明可能AI』（Explainable AI）」（https://www.ai-gakkai.or.jp/resource/my-bookmark/my-bookmark_vol34-no4/）において、「機械学習モデルの出力に加えて、その出力を補助する追加の情報（モデルの解釈、判断根拠の説明、など）を出力する技術一般および研究分野全体を指す用語としてXAI（Explainable AI, 説明可能AI）を用いる。」としている。
21 塩崎潤一「生成AIで変わる未来の風景　突然現れた『生成AI』について知っておくべきこと」野村総合研究所未来創発センター研究レポートVol.10（2023年12月）
22 前掲注20レポート2頁参照。

23 この申し合わせは、2023年9月15日に「ChatGPT等の生成AIの業務利用に関する申合せ（第2版）」として変更されており、「政府における検討等今後の取組や利用状況に応じ、適宜見直しを行うものとする。」とされている。
https://www.digital.go.jp/assets/contents/node/basic_page/field_ref_resources/c64badc7-6f43-406a-b6ed-63f91e0bc7cf/e2fe5e16/20230915_meeting_executive_outline_03.pdf
24 https://www.pref.fukuoka.lg.jp/press-release/generative-ai-fukuoka-guideline.html
25 https://www.city.yokosuka.kanagawa.jp/0835/nagekomi/20230605_chatgpt2.html
26 回答の精度の向上に関しては、横須賀市としてChatGPT-3.5-turboからChatGPT-4へバージョンをアップするとのことである（同報告書58頁参照）。
27 https://tsukuba-city.note.jp/n/n3172ce2fa771
28 https://www.city.toda.saitama.jp/soshiki/154/chatgpt.html
　生成AIではないが、戸田市では、2023年11月から2024年3月末まで、不登校をAIで予測する「不登校予測モデル」構築の実証を行っている（日経クロステック2024.04.04「不登校になりそうな児童生徒をAIが予測、戸田市の教育データ活用実証が示したこと」参照）。
https://xtech.nikkei.com/atcl/nxt/column/18/00138/040101500/
29 前掲注27「自治体におけるChatGPT等の生成AI活用ガイド」概要編スライド5参照。
30 https://prtimes.jp/main/html/rd/p/000000009.000125579.html
31 別府市デジタルファースト推進室「汎用的な生成AIの課題と今後、目指すべきもの」
https://beppu-city.note.jp/n/nfe704f64848e
「市民向け生成AIを活用したチャットボットサービスの実証運用」（https://beppu-city.note.jp/n/n9678dceb5d82）
32 東京都「文章生成AI利活用ガイドライン Version 2.0」9頁参照。
https://www.digitalservice.metro.tokyo.lg.jp/documents/d/digitalservice/ai_guideline
つくば市についてはhttps://tsukuba-city.note.jp/n/n72efbad57cd4参照。
33 地方公共団体情報システム標準化基本方針 令和4年（2022年）10月2～5頁参照。
34 地方公共団体情報システム標準化基本方針 令和5年（2023年）9月4～5頁参照。
35 2024年5月7日の日経XTECHの記事「官製デスマーチがやってくる、全国の自治体やベンダーが証言するシステム移行の実態」では、ベンダー幹部の談として、自治体情報システムの標準化とガバメントクラウド移行のスケジュールは「そもそも常識から逸脱している」としている。
36 この点については、宇賀克也監修、宍戸常寿・髙野祥一著『2021年改正 自治体職員のための個人情報保護法解説』（第一法規、2022年）242頁、拙稿「番号法施行に向けた東京都の取組み～例規整備と特定個人情報保護～」（『情報公開の実務』『個人情報保護の実務』別冊「IP」vol.34、第一法規、2015年5月）31～32頁、「改正個人情報保護法施行に関する地方自治体の条例整備の状況と今後の課題」（「政策法務Facilitator」vol.77、第一法規、2023年1月）14頁を参照されたい。
37 Exploring artificial intelligence adoption in public organizations: a comparative case study（Public Management Review・January 2024）

38 The Government is Using AI to Better Serve the Public（AI.GOV）
https://ai.gov/ai-use-cases/
39 奈良県葛城市の「『人』と『日常』と『AI』の融合〜AIを活用した相談システムの構築〜」、福島県いわき市の「AIを用いて医療・福祉・介護等のデータを分析し、効率的に潜在的なハイリスク者を特定し、早期発見・対応する取組」、兵庫県姫路市の「行政情報分析基盤の構築」など。
40 この点に関連して、黒田哲史は、「自律した汎用型AIが登場し、行政の意思決定の主要なプロセスを担うようになると、実質的には行政機関である人間ではないAIが意思決定していると評価される。人間である行政機関に意思決定を委任している法律の下で、このような形でAIに意思決定を委ねることが許容されるか否かが論点となる。」とし、「データ・情報・知識の学習等により、利活用の過程を通じて自らの出力やプログラムを変化させる機能を有する」AIソフトの使用には、道具としての利用の範囲を越えて判断の委任の性格を帯びるので、権限の委任に準じて慎重な考慮が求められる。」と指摘している。(「『法律による行政の原理』から見た行政過程でのAI活用」日本法学第88巻第3号、2023年）7頁参照。
41 第4次宗像市行財政改革アクションプラン（令和2年度〜令和6年度）の個別プラン9頁参照。https://www.city.munakata.lg.jp/w011/050/030/010/P6-20.pdf
42 黒田・前掲注36「『法律による行政の原理』から見た行政過程でのAI活用」」10〜11頁参照。
　この点について、"Government by Algorithm: Artificial Intelligence in Federal Administrative Agencies" REPORT SUBMITTED TO THE ADMINISTRATIVE CONFERENCE OF THE UNITED STATES（February,2020）では、裁判官にアルゴリズムシステムの「内部」に対する透明性を与えても、それを理解するのに必要な技術的知見がなければ、ほとんど意味がないと指摘している（77頁参照）。
43 ただし、仮にAIにこのような裁量行為についても原案を作成させることが可能なのであれば、類似ケースであっても現在は担当者や決定権者の裁量判断によって多少なりとも結論に差異が生じる可能性を否定できない事務処理について、統一的な判断が担保されるというメリットがある。
　なお、日本の行政におけるユースケースをもとに、行政裁量統制の観点から評価を行った研究として、工藤郁子「行政におけるAIの活用と信頼」（The 35th Annual Conference of the Japanese Society for Artificial Intelligence, 2021）、警察と公的医療保険行政をケースとして、公的組織における人工知能（AI）、裁量権、官僚制形態の関係について考察したJustin,Young, and Wang "Artificial intelligence,bureaucratic form, and discretion in public service"（Information Polity 25（2020）491-506）も参照されたい。
44 総務省 学術雑誌「情報通信政策研究」第7巻第2号（2024年3月）20頁以降参照。
45 https://www8.cao.go.jp/cstp/society5_0/smartcity/architecture.html
46 トロントの事例については、WIRED 2020年5月9日記事「グーグルがトロントで夢見た『未来都市』の挫折が意味すること」、同2019年7月5日記事「グーグルが計画中の未来都市「IDEA」は、徹底したデータ収集に基づいてつくられる」、株式会社NTTデータ経営研究所2021年3月11日レポート「再び歩み始めたトロント・キーサイドの再開発について：

データ利活用を前提としたスマートシティ計画に求められる開発スキームとは？」を参考にさせていただいた。
47 林イラン「Googleが描く未来都市はなぜ実現できなかったのか？～Sidewalk Labsのスマートシティ取り組みからの教訓～」KDDI総合研究所R&A（2022年1月号）3頁参照。
48 林・前掲注47「Googleが描く未来都市はなぜ実現できなかったのか？」7～8頁参照。
　なお、カナダのデータ保護法制については、山本健人「第6章 カナダ：データ保護の隠れたパイオニア Ⅰ法制度」（山本龍彦・小川有希子・尾崎愛美・徳島大介・山本健人編『個人データ保護のグローバル・マップ 憲法と立法過程・深層からみるプライバシーのゆくえ』弘文堂、2024年）を参照されたい。
49 Shoshana Zuboff "The Age of Surveillance Capitalism: The Fight for a Human Future at the New Frontier of Power", January 15, 2019
50 山本龍彦「ビッグデータ社会における『自己決定』の変容」（『〈超個人主義〉の逆説 AI社会への憲法的警句』弘文堂、2023年）48～59頁参照。
51 山本・前掲注50「ビッグデータ社会における「自己決定」の変容」39～40頁参照。山本は、その例として、医療費の抑制という政策目標のために医療や健康に関する個人の決定をかかる方向へと誘導すべく、政府が積極的に選択環境をデザインすることも考えられる、とするが、黒田充は、『あれからどうなった？ マイナンバーとマイナンバーカード 待ち受けるのはプロファイリングと選別』（日本機関紙出版センター、2020年）の中で、マイナポータルが国民一人ひとりに「日常生活改善や健康増進」という名の自助努力を促す装置として機能することになるとし、政府は人々を「真に支援が必要な者」と「本当は必要のない者」に選別するためのプロファイリングの実現を目指していると指摘している（同115～119頁参照）。
52 朝日新聞GLOBE＋2020.10.30記事「小笠原みどりの『データと監視と私』監視資本主義とはなにか『スーパーシティ』の内実を暴く」
53 田中浩之「日本におけるプロファイリング関連制度」（福岡真之介・杉浦健二・古川直裕・木村菜生子編著『AIプロファイリングの法律問題 AI時代の個人情報・プライバシー』商事法務、2023年）42～58頁参照。
54 山本龍彦「インターネット上の個人情報保護」（松井茂記・鈴木秀美・山口いつ子編『インターネット法』有斐閣、2015年）288頁等
55 宇賀克也・藤原靜雄・山本和徳「〈鼎談〉個人情報保護法改正の意義と課題」行政法研究13号（信山社、2016年）[藤原靜雄発言]、新保史生「AIの利用と個人情報保護制度における課題」（福田雅樹・林秀弥・成原慧編著『AIがつなげる社会—AIネットワーク時代の法・政策』弘文堂、2017年）235～236頁等
56 拙稿「改正個人情報保護法施行後の地方自治体の対応状況、当面の課題」（『情報公開の実務』『個人情報保護の実務』別冊「IP」vol.58、2023年11月）32頁参照。
57 https://smartcity.fukuoka.jp
58 我が国のAI規制については、岩本誠吾「人工知能（AI）の利用と規制—よりよい社会を目指して—日本の場合」京都産業大学世界問題研究所紀要第39巻（2024年3月）、福岡真之介

「AIに関する法制化についての日本のアプローチ」立命館国際地域研究第55号（2022年10月）、新保史生「AI規正論」（総務省学術雑誌『情報通信政策研究』第7巻第1号、2023年11月）、同「AI統治と法のゆくえ―AI規制法整備に向けた取組みの国際的動向―」法とコンピュータ№42（2024年7月）も参照されたい。

（髙野祥一）

事 項 索 引

あ

RPA（Robotic Process Automation） … 183
アルゴリズム………………………… 186,198
安全管理基準…………………………… 20,21
安全管理措置…………………… 26,28,38,59,152
安全管理に関する基準………………………22

い

EUの一般データ保護規則 ……………… 203
遺族………………………………… 109,110,113
委託先…………………………………… 173,174
委任状…………………………………… 90,94,106
　——の真正性…………………………………95
茨城県つくば市………………………………189
医療情報等取扱受託事業者……………………57
インカメラ審理……………………………16,19
印鑑登録証明書………………………………42

う

ウェブスキミング……………………………25
ヴォーンインデックス……………………16,19
運用………………………………………… 110

え

営業秘密………………………………………31
AI ……………………………………………130
AI規制法 …………………………………… 179
AI原則 ……………………………………… 180
AI事業者ガイドライン第1.0版 …………… 181
AI時代の知的財産権検討会 ……………… 180
AI制度に関する考え方 …………………… 181
AI戦略2022 ………………………………… 186
AI戦略会議 ………………………………… 180
AIに関する包摂的な国際ガバナンス …… 187
AIネットワーク社会推進会議 …………… 185
AIの安全性とセキュリティに関する新た
　な基準を確立するための大統領令……… 179
AI利活用ガイドライン〜AI利活用のため
　のプラクティカルリファレンス〜……… 185
越境移転………………………………………58
XAI …………………………………………186
XAI（説明可能なAI。Explainable AIの
　略）……………………………………… 186
延長期限………………………………… 138,139

お

大分県別府市……………………………… 190
大阪府………………………………………… 3
小笠原みどり……………………………… 202
沖縄県………………………………………… 3
音声生成…………………………………… 187
音声認識…………………………………… 183
オンライン結合…………………………… 158
オンライン処理…………………………… 156

か

海外移転………………………………………37
開示決定期限……………………………… 133
開示決定等の期限………………………… 139
開示決定の期限……………………… 103,104,138
開示請求……………………………… 105,113,197
　——の手続…………………………………101
開示請求書の様式………………………… 105
外的環境の把握………………………………38
外部委託…………………………………… 156
外部提供……………………………… 156,169,172
顔識別機能付きカメラシステム………… 137
香川県三豊市……………………………… 191
各種カードとの一体化…………………… 183
各大臣………………………………………… 2
画像生成…………………………………… 187
画像・動画認識…………………………… 183
神奈川県横須賀市………………………… 189
ガバメントクラウド……………………… 194
紙の文書…………………………………… 196
仮名加工情報…………… 118〜120,125,130,173
仮名加工情報制度………………………… 118
勧告…………………………………………… 2
監査……………………………………………20
監査責任者……………………………………21
監視・監督業務…………………………… 147
監視資本主義……………………………… 201
監督及び監視……………………………… 147
関与…………………………………………… 2

213

き

議員 …………………………… 175,176
議会 ……………………… 104,112,175
機械学習 ………………… 119,125,184
機械学習タイプ …………………… 185
技術的な助言 ……………………… 187
旧同和対策事業対象の所在地名 ……84
強化学習 …………………… 184,185
協議 ………………………………… 197
教師あり学習 ……………………… 184
教師なし学習 ……………… 184,185
行政機関個人情報保護法と独立行政法人等
　個人情報保護法 ……………………… 1
行政機関等匿名加工情報
　………………… 13〜15,19,38,50,52,56〜59
行政上の裁量 ……………………… 198
行政の裁量 ………………………… 199
行政の事務処理におけるAIの利活用 …… 196
規律移行法人 ………………………23

く

苦情 …………………………… 26,27
国地方係争処理委員会 …………… 2,3

け

経済財政運営と改革の基本方針2022（骨太
　方針2022） …………………… 183
経済財政運営と改革の基本方針2024　〜賃
　上げと投資がけん引する成長型経済の実
　現〜」（骨太方針2024） ………… 181
決裁 ………………………………… 197
限定提供データ ……………………31
権利利益の侵害 …………… 176,192,206

こ

公的機関におけるAIの導入 …… 196
高等裁判所 ……………………………3
高度なAIシステムを開発する組織向けの
　広島プロセス国際行動規範 ………… 187
公文書 ……………………………… 197
公務員等の職務遂行情報 ………… 102
個人識別性 …………………… 164,169
個人識別符号 …………… 119,128,164
個人情報 ……… 109,163〜165,168,170〜173
　——の取扱いの委託について ………32
　——の取扱いの委託を行う場合の措置等…32
　——を流出 …………………………… 176
個人情報該当性 …………… 164,168

個人情報管理責任者 …………… 22〜25
個人情報性 ………………………… 165
個人情報ではない死者に関する情報……… 113
個人情報取扱事業者 …………… 29,35
個人情報取扱事務 ………………… 173
個人情報の収集制限 …………………73
個人情報ファイル ……… 38,39,50〜52,54
個人情報ファイル簿 …… 32,38,50,〜52
個人情報保護条例 ………………………1
個人情報保護審議会 …… 4,8,156,157,159
個人情報保護責任者 …………… 21〜23
個人情報保護相談員 ……………… 142
個人情報保護法制の一元化 ……………1
個人データ ………………… 201,205
個人の権利利益 …………………… 168

さ

再委託 ……………… 26,27,31,32,37
埼玉県戸田市 ……………………… 190
再追加質問 ………………………… 155
最適解表示 ………………………… 183

し

事案決定手続 ……………………… 197
事案の移送 ………………… 140,141
Ｇ７デジタル・技術大臣会合 ……… 180
Ｇ７の広島AIプロセス ……………… 187
Ｇ７広島サミット ………………… 180
ジェネレーティブAI（Generative AI） … 187
資格確認 …………………………… 106
自己決定パラダイムの危機 ……… 202
自己情報のコントロール権 ………… 4
自己処罰 ………………………………30
事後的な報告 ……………………… 159
死者識別符号 ……………………… 112
死者情報 …………………………… 112
死者に関する情報 ……… 109,110,111,112,113
死者の情報提供等記録 …………… 112
システムの統一・標準化 ………… 195
事前確認事項 ……………… 150,155
自治事務 ………………… 1,4,7,196
自治体システム1700個問題 …… 193
自治体デジタル・トランスフォーメーショ
　ン（DX）推進計画【第2.0版】 …… 194
実施機関 …………………………… 104
実地検査等対象課及び対象事務 …… 150
実地調査 …………………… 147,148,152
実地調査等 ………………… 147,149,154

事項索引

児童虐待対応支援システム……………………124
市民生活の安全等に関する情報……………102
事務登録簿……………………12,15,19,32
事務の委託……………………………………159
氏名……………………………………………127
諮問………………………………4,137,156
諮問事項………………………………………156
社会的差別の原因となる社会的身分
　　　　　　　　　　　　　　75〜77,79
社会的身分…………………………………80,84
収集制限のある個人情報……………………84
住所……………………………………………127
住民基本台帳情報（住民票）………………165
取得……………………………………………158
取得及び取扱い………………………………156
照合先の情報…………………………………165
情報銀行におけるプロファイリングの取扱
　いに関する議論の整理……………………204
情報公開・個人情報保護審議会……………160
情報公開制度…………………………………197
情報信託機能の認定に係る指針Ver2.2……204
情報通信白書令和5年版……………………183
情報流出………………………………………201
条例………4,6,7,110,111,113,114,134,205,206
　——による弾力化…………………………2
条例要配慮個人情報……………12,73,79〜81,
　　　　　　　　　　　　　　83〜86,169
職……………………………………………102
職員の「氏名」………………………………102
職務遂行の内容………………………………102
ショシャナ・ズボフ…………………………202
審議……………………………………………156
審議会………………………………………144,145
審査基準……………………………39〜41,43

す

推知させる情報…………………………84,168
数値予測………………………………………183
スーパーシティ…………………………200,205
スーパーシティ計画…………………………202
スマートシティ……………………200,202,205
スマートシティリファレンスアーキテク
　チャ…………………………………………200

せ

請求者自身の個人情報………………………113
生成AI ………………………186,188,189,191,196
生成人工知能サービス管理暫定弁法………179

生存する個人に関する情報…………………109
制度改正への対応……………………………101
生年月日………………………………………129
責任あるAI推進基本法（仮）………………181
是正の要求……………………………………2,3
世帯コード……………………………………128
説明可能な人工知能の4原則………………185
説明責任…………………………157,185,192
全AI関係者向けの広島プロセス国際指針…187
センシティブ…………………………………78
センシティブ情報………………………73,156

そ

相当の理由……………………………………125
Society5.0 ……………………………………200
組織共用文書…………………………………197
訴訟を提起……………………………………3
ソフトロー……………………………………180
損害賠償………………………………………32
損害賠償額……………………………………31

た

第三者……………………………………173,174
第三者・外部提供……………………………170
代理権の確認…………………………………88
代理人による請求……………………………87
代理人の資格を確認する書類………………106
立入検査……………………………………147,148
立入調査……………………………………30,32

ち

地域における事務……………………………33
千葉県柏市……………………………………205
地方公共団体における情報セキュリティポ
　リシーに関するガイドライン（令和5年
　3月版）……………………………………187
地方自治体におけるAI・RPAの実証実
　験・導入状況等調査　令和5年6月30日
　版………………………………………………183
地方自治体におけるデジタル化やAI導入…182
地方自治体の条例制定権……………………7
地方自治法……………………………………1
地方独立行政法人…………16,19,23,27,44〜47
地方分権………………………………………114
ChatGPT ……………………………………189
ChatGPT等の生成AIの業務利用に関する
　申合せ（令和5年5月8日）……………187
ChatGPT等の生成AIの業務利用について…187

チャットボット……………………………… 183
チャットボットサービス…………………… 191
中間とりまとめ……………………………… 181
地理空間上の分析…………………………… 127

つ

追加質問……………………………………… 155
追加質問及び再追加質問…………………… 152

て

DX ……………………………………………… 123
ディープラーニング（深層学習）………… 187
定期的な実地調査・立入検査……………… 147
提供………………………………… 158,159,171
「提供」（第三者・外部提供）……………… 169
定型的な案件の取扱い……………………… 158
データオーナーシップ………………………59
データの有用性……………………………… 119
データの利活用……………………………… 130
データの粒度………………………………… 119
データベースの著作物…………………………59
データ連携…………………………………… 200
テキスト生成………………………………… 187
適正な取扱い………………………………… 136
デジタル化…………………………………… 193
デジタル技術………………………………… 124
デジタル空間における情報流通の健全性確
　保の在り方に関する検討会……………… 180
デジタル社会の形成を図るための関係法律
　の整備に関する法律………………………… 1
デジタル社会の実現に向けた重点計画…… 182
デジタル田園都市国家構想………………… 200
手引き…………………………………………… 4
電気通信事業における個人情報等の保護に
　関するガイドライン……………………… 204
電子決裁……………………………………… 196
電子申請……………………………………… 105
電子データ…………………………………… 196

と

動画生成……………………………………… 187
登記簿情報…………………………………… 165
東京共同電子申請・届出サービス……………41
統合イノベーション戦略…………………… 186
答申…………………………………… 137,156
投票行動……………………………………… 117
投票率………………………………………… 117
透明性の原則………………………………… 185

登録簿……………………………… 18,19,33,38
同和地区……………………………………… 76
　——の所在地…………………………… 84～86,168
　——の所在地名…………………………… 75
独自規定……………………………………… 6,7
徳島市公安条例事件…………………………… 6
特定項目検査等結果通知書………………… 153
特定個人情報…………………………… 20,21,43,47
　——の開示請求………………………… 87～89
特定個人情報事務取扱担当者………………… 23
特定個人情報保護評価………………… 144,158
特定死者情報………………………………… 112
特定の個人が識別できる…………………… 164
特定の個人を識別できない………………… 119
匿名加工医療情報作成事業者………………… 57
匿名加工情報………………………………… 118
鳥取県………………………………………… 111
豊橋市………………………………………… 125
トロント……………………………………… 200

な

内閣総理大臣…………………………………… 2
内部利用……………………………………… 170
なりすまし………………………… 94,106,107

に

任意代理人………………………… 86,88～90,106
　——としての資格を証明する書類…………90
　——による開示請求……………………… 94,106
　——による請求……………………………… 89
　——の資格を有しているかどうかの確認…91

は

ハードロー…………………………………… 181
バイアス……………………………………… 186
ハイレベルのリスクコミュニケーション… 153
八王子市情報公開・個人情報保護運営審議
　会……………………………………………… 134
ハルシネーション…………………………… 191
判断ミス……………………………………… 186

ひ

ビッグデータ………………………………… 202
必要的記載事項……………………………… 106
兵庫県加古川市……………………………… 205
標準仕様書…………………………………… 195
標準処理期間………………………………… 12
広島AIプロセス……………………………… 180

広島AIプロセスG7デジタル・技術閣僚声
　明‥‥‥‥‥‥‥‥‥‥‥‥‥‥‥‥‥‥‥‥‥ 180
広島AIプロセス包括的政策枠組み ‥‥‥‥ 187

ふ

ファクシミリ‥‥‥‥‥‥‥‥‥‥‥‥‥‥‥ 105
不開示情報‥‥‥‥‥‥‥‥‥‥‥‥‥‥ 163,168
福岡県‥‥‥‥‥‥‥‥‥‥‥‥‥‥‥‥‥‥‥ 188
福岡県個人情報の保護に関する法律施行条
　例‥‥‥‥‥‥‥‥‥‥‥‥‥‥‥‥‥‥‥‥‥ 5
福岡県個人情報保護審議会‥‥‥‥‥‥‥‥‥ 73
福岡県宗像市‥‥‥‥‥‥‥‥‥‥‥‥‥‥‥ 196
福岡市‥‥‥‥‥‥‥‥‥‥‥‥‥‥‥‥ 190,205
福岡市個人情報保護審議会‥‥‥‥‥‥‥‥ 101
復元‥‥‥‥‥‥‥‥‥‥‥‥‥‥‥‥‥‥‥‥ 119
不作為の違法の確認‥‥‥‥‥‥‥‥‥‥‥‥‥ 3
附属機関‥‥‥‥‥‥‥‥‥‥‥‥‥‥‥‥ 16,19
不備事項の改善状況‥‥‥‥‥‥‥‥‥‥‥‥ 153
プライバシー影響評価‥‥‥‥‥‥‥‥‥‥‥ 5,8
プライバシー侵害‥‥‥‥‥‥‥‥‥‥‥‥‥ 201
ブラックボックス化‥‥‥‥‥‥‥‥‥‥ 185,186
プラットフォーム（Platform of Platforms
　／System of Systems）‥‥‥‥‥‥‥‥ 182
プロファイリング‥‥‥‥‥‥ 184,203,205,206
文書作成支援‥‥‥‥‥‥‥‥‥‥‥‥‥‥‥ 191
文書の電子化‥‥‥‥‥‥‥‥‥‥‥‥‥‥‥ 197

へ

編集著作物‥‥‥‥‥‥‥‥‥‥‥‥‥‥‥‥ 59
ベンダー‥‥‥‥‥‥‥‥‥‥‥‥‥‥‥‥‥ 194

ほ

包括的データ戦略‥‥‥‥‥‥‥‥‥‥‥‥‥ 182
法人への委任‥‥‥‥‥‥‥‥‥‥‥‥‥‥‥‥ 95
放送受信者等の個人情報保護に関するガイ
　ドライン‥‥‥‥‥‥‥‥‥‥‥‥‥‥‥‥ 204
法定外自治事務‥‥‥‥‥‥‥‥‥‥‥‥‥‥‥ 1
法定自治事務‥‥‥‥‥‥‥‥‥‥‥‥‥‥‥‥ 1
法定代理人‥‥‥‥‥‥‥‥‥‥‥‥‥ 87,88,90
法の解釈権‥‥‥‥‥‥‥‥‥‥‥‥‥‥‥‥ 2,7
防犯カメラによる個人情報収集‥‥‥‥‥‥ 136
防犯カメラの設置‥‥‥‥‥‥‥‥‥‥‥‥‥ 134
法令解釈‥‥‥‥‥‥‥‥‥‥‥‥‥‥‥‥‥ 198
法令に基づく場合‥‥‥‥‥‥‥‥‥‥‥‥‥ 171
補完的ルール‥‥‥‥‥‥‥‥‥‥‥‥‥‥ 54,55
補正‥‥‥‥‥‥‥‥‥‥‥‥‥‥‥‥‥‥‥‥ 140
保存年限‥‥‥‥‥‥‥‥‥‥‥‥‥‥‥‥‥ 196
保有‥‥‥‥‥‥‥‥‥‥‥‥‥‥‥‥‥‥‥‥ 174
保有個人情報‥‥‥‥‥‥‥‥‥‥‥‥‥ 174,175
　——の開示請求‥‥‥‥‥‥‥‥‥‥‥‥‥ 88
　——の利活用‥‥‥‥‥‥‥‥‥‥‥‥‥‥ 117
保有個人情報開示請求‥‥‥‥‥‥‥‥‥ 86,89
保有死者情報‥‥‥‥‥‥‥‥‥‥‥‥‥‥‥ 112
保有特定死者情報‥‥‥‥‥‥‥‥‥‥‥‥‥ 112
保有枚数の割合‥‥‥‥‥‥‥‥‥‥‥‥‥‥ 183
本籍地‥‥‥‥‥‥‥‥‥‥‥‥‥‥‥‥‥‥ 128
本人開示‥‥‥‥‥‥‥‥‥‥‥‥‥‥‥‥‥ 163
本人確認‥‥‥‥‥‥‥‥‥‥‥‥‥‥‥‥‥‥ 90
本人確認書類‥‥‥‥‥‥‥‥‥‥‥‥‥ 89,105
　——の提示又は提出‥‥‥‥‥‥‥‥‥‥‥ 91
本人限定受取郵便‥‥‥‥‥‥‥‥‥‥‥‥‥ 107
本人収集の原則‥‥‥‥‥‥‥‥‥ 3,4,6,7,133,134
本人同意‥‥‥‥‥‥‥‥‥‥‥‥‥‥‥‥‥ 118
本人の委任による代理人‥‥‥‥‥‥‥‥ 87,89
本人の同意‥‥‥‥‥‥‥‥‥‥‥‥‥‥‥‥ 173

ま

マイナポータル‥‥‥‥‥‥‥‥‥‥‥‥‥‥ 202
マイナンバーカード‥‥‥‥‥‥‥‥‥‥ 183,200
　——の交付率‥‥‥‥‥‥‥‥‥‥‥‥‥‥ 183
マッチング‥‥‥‥‥‥‥‥‥‥‥‥‥‥‥‥ 183
窓口受付‥‥‥‥‥‥‥‥‥‥‥‥‥‥‥‥‥ 105

み

三重県‥‥‥‥‥‥‥‥‥‥‥‥‥‥‥‥‥‥ 124

も

目的‥‥‥‥‥‥‥‥‥‥‥‥‥‥‥‥‥‥‥‥ 171
　——の適法性や妥当性‥‥‥‥‥‥‥‥‥‥ 172
目的外提供‥‥‥‥‥‥‥‥‥‥‥‥‥‥ 169,172
目的外の提供‥‥‥‥‥‥‥‥‥‥‥‥‥‥‥ 170
目的外利用‥‥‥‥‥‥‥‥‥‥‥‥‥‥ 118,156
目的外利用（内部利用）‥‥‥‥‥‥‥‥‥‥ 169
文字認識‥‥‥‥‥‥‥‥‥‥‥‥‥‥‥‥‥ 183

や

約款型外部サービス‥‥‥‥‥‥‥‥‥‥‥‥ 188
山本龍彦‥‥‥‥‥‥‥‥‥‥‥‥‥‥‥‥‥ 202

ゆ

有権解釈‥‥‥‥‥‥‥‥‥‥‥‥‥‥ 16,26,52,60
郵送‥‥‥‥‥‥‥‥‥‥‥‥‥‥‥‥‥‥‥‥ 105
郵送請求‥‥‥‥‥‥‥‥‥‥‥‥‥‥‥‥‥ 140
郵便‥‥‥‥‥‥‥‥‥‥‥‥‥‥‥‥‥‥‥‥ 105

よ

容易照合……………………………………30
容易照合型……………………………121
容易に照合……………………………164
要介護認定者の介護サービス計画（ケアプラン）……………………………………125
要機密情報……………………………188
要綱………………………………………4,110
要配慮個人情報
　……………74,80〜82,84,128,156,168,204,205
要配慮死者情報………………………112
要配慮情報……………………………169
予見可能性……………………………32,34,41

り

利益相反…………………………………106
リスクベースアプローチ……………179
利用………………………………………158
利用目的…………………………………118,169
利用目的以外の目的……………………169,170,172
稟議………………………………………197

る

ルールベース……………………………184
ルールベースタイプ……………………185

著者紹介

〔編集・執筆〕

髙野　祥一（たかの　しょういち）

九州産業大学地域共創学部地域づくり学科教授

（略歴）

早稲田大学法学部卒業、東京大学大学院法学政治学研究科修了（修士課程）。東京都職員として交通局、衛生局、情報連絡室、政策報道室、都市計画局、収用委員会事務局、生活文化局で32年間勤務し退職。大阪経済法科大学法学部准教授を経て現職。情報公開制度及び個人情報保護制度については、情報公開課及び各所属局における制度担当者として、約20年の実務経験を有する。

（主著）

『個人データ保護のグローバル・マップ憲法と立法過程・深層からみるプライバシーのゆくえ』（共著、弘文堂、2024年）、『2021年改正 自治体職員のための個人情報保護法解説』（共著、第一法規、2022年）、『自治体のための集合研修ツール　個人情報保護編』（共著、第一法規、2019年）、『完全対応　自治体職員のための番号法解説［実例編］〜条例整備・特定個人情報保護評価・住民基本台帳事務〜』（共著、第一法規、2015年）、『Ｑ＆Ａ特定個人情報保護ハンドブック　番号法に基づく条例整備から運用まで』（共著、ぎょうせい、2015年）、『情報公開制度実務便覧』（共著、ぎょうせい、1998年）等。

〔執筆〕

第2章　平松　優太（東京都総務局総務部情報公開課）

第3章　福岡県総務部県民情報広報課

第4章　吉野　靖啓（福岡市総務企画局行政部情報公開室）

第5章　吉永　公平（春日井市総務部参事）

第6章　内　　裕治（古賀市総務部デジタル推進課課長）

第7章　越智　博明（八王子市総務部公文書管理課）

第8章　内田　直人（武蔵野市総務部総務課、前武蔵野市市民部市民活動推進課情報公開担当）

サービス・インフォメーション

───── 通話無料 ─────
① 商品に関するご照会・お申込みのご依頼
　　　　TEL 0120(203)694／FAX 0120(302)640
② ご住所・ご名義等各種変更のご連絡
　　　　TEL 0120(203)696／FAX 0120(202)974
③ 請求・お支払いに関するご照会・ご要望
　　　　TEL 0120(203)695／FAX 0120(202)973

●フリーダイヤル（TEL）の受付時間は、土・日・祝日を除く
　9:00～17:30です。
●FAXは24時間受け付けておりますので、あわせてご利用ください。

先行事例からわかる
自治体のための個人情報保護法運用ガイド

2024年11月10日　初版発行

編著者　髙　野　祥　一
発行者　田　中　英　弥
発行所　第一法規株式会社
　　　　〒107-8560　東京都港区南青山2-11-17
　　　　ホームページ　https://www.daiichihoki.co.jp/

自治個人ガイド　ISBN978-4-474-02435-9　C2032 (6)